초등수학 속에 담긴 수학

이대현 · 박창우 · 방신옥 · 성창근 지음

KYOWOO

머리말

수학 교사는 학교에서 수학을 가르친다. 교사가 학교에서 가르치는 수학을 '학교 수학', 수학자들이 최초로 발명한 수학을 '학문적인 수학'이라고 한다. 학교 현장에서 교사들은 '학문적인 수학'에서 학생들에게 가르칠 수학으로 교수학적 변환을 시킨 '학교 수학'을 가르치게 된다. 따라서 수학을 현재 가르치고 있는 또는 앞으로 가르칠 교사라면 자신이 가르치는 수학이 학문적인 수학의 어떤 내용에서 변환된 것인가, 즉 학교 수학 속에 담긴 수학의 근원을 알아야 한다. 일례로 초등학교 수학에서 밀기, 뒤집기, 돌리기를 다루고 있다. 이것은 밀기, 뒤집기, 돌리기 활동의 결과로 변하는 것과 변하지 않는 것을 파악하도록 가르치기 위한 것이다. 이 학습 내용의 학문적 근원은 평행이동, 대칭이동, 회전이동으로, '합동 변환'의 여러 가지 이동을 초등화 하여 가르치고 있는 것이다. 따라서 밀기, 뒤집기, 돌리기에 대한 수업을 할 때 교사는 합동변환의 여러 유형과 개념 및 원리에 관한 수학적 지식을 가지고 있어야 하며, 이를 바탕으로 초등학생들의 특성에 부합하도록 변환한 학교 수학 내용을 그 의미에 충실하도록 지도해야 한다.

초등학교 수학 교사들은 학교에서 가르치는 많은 수학 내용들의 근간인 학문적 수학을 파악하여 지도해야 한다는 것과 이를 위해 학문적인 수학과 학교 수학과의 관계를 밝혀주는 것이 필요하다는 것이 교육대학교에서 예비교사들을 가르칠 때 가졌던 생각이었다. 이러한 의도로 학교에서 가르칠 수학 속에 담긴 수학을 탐구할 수 있는 기회를 제공하기 위하여 이 책을 집필하였다. 따라서 이 책은 형식적이고 연역적인 수학 자체의 지식 탐구에 초점을 두기 보다는, 그것이 초등학교 수학과 어떻게 연관을 맺으며, 서로 어떤 관계가 있는가를 제시하는데 주안점을 두었다.

이 책의 내용을 구체적으로 살펴보면, 이 책에서는 초등학교 수학과 교육과정에서 취급하고 있는 수학 내용인 수와 연산, 도형, 측정, 자료와 가능성(확률과 통계 영역), 규칙성 등과 관련된 내용과 더불어, 집합과 논리, 작도, 방정식, 대수, 함수 등과 같은 초등 예비교사에게 필요한 지식과 이들 내용이 학교 수학에 어떻게 구현되고 있는가를 제시하였다. 각 장은 주제의 역사적 배경, 학교 수학에서 지도 내용, 그리고 초등학교 학생들을 가르치기 위해 어떻게 변화되었는지를 중심으로 기술되었다. 구체적으로 역사적 배경에서는 가르치는 내용과 관련된 역사적인 배경과 흐름을 중심으로 기술하였다. 이어서 그러한 내용이 초등학교 교육과정에서 어떠한 위계에 따라 가르쳐지고 있는지, 마지막으로 초등학교 수학에서 지식의 본질은 유지하면서 형식적인 수학이 학생들의 인지 발달 수준에 맞도록 어떻게 변환되었는지, 그러한 수학을 어떻게 가르칠 것인지를 다루었다. 더불어 각 장에는 탐구 문제를 수록하여 학습한 내용을 스스로 평가해 보고, 심화할 수 있는 기회를 제공하고자 하였다.

저자들의 학문적 수학 내용에 대한 이해가 깊지 않아 부족한 점이 많으리라 생각된다. 그렇지만 예비교사에게 필요한 실질적인 수학 내용을 추출하고, 이를 통해 교육대학교의 수학 지도에 내실을 기할 수 있는 새로운 시도로 받아주길 바란다. 또한, 이 책은 예비 교사를 위한 수학 교재의 마침표가 아니라, 초등 예비교사에게 필요한 수학 지식에 대한 물음표를 더하는 것으로 생각해 주길 바란다. 앞으로 독자들과 예비 교사 교육을 담당하는 전문가들의 의견과 조언을 수렴하여 책의 내용을 계속하여 수정 · 보완해 나갈 것을 약속드린다. 끝으로 이 책을 쓸 수 있도록 지원해 준 교우사 관계자에게 감사를 드린다.

2017년 2월

저자

차 례

Chapter 01

수학교육과 수학의 이해

학교 수학의 근간이 되는 수학과 교육과정은 학생들에게 가르칠 수학 내용과 함께 수학교육이 강조해야 할 주안점을 제시하고 있다. 2009개정 수학과 교육과정에서는 수학교육이 지향해야 할 요소로 수학적 창의성을 강조하며, 수학적 창의성이 수학적 과정을 통해 길러지도록 권고하고 있다. 여기서 수학적 과정이란 수학적 문제해결, 수학적 추론, 수학적 의사소통 의미한다(교육과학기술부, 2011). 또한 2015개정 수학과 교육과정에서는 2009 수학과 교육과정에 명시된 '문제해결', '추론', '의사소통'의 세 가지 수학적 과정에 '창의·융합', '정보처리', '태도 및 실천'의 세 가지를 추가하여 수학 교과 핵심역량을 여섯 가지로 규정하였다. 6가지 수학 교과 핵심역량은 의미가 서로 중첩되는 경우도 있으나, 수학과와 직결되면서 가장 대표성이 높은 교과 핵심역량을 여섯 가지로 제시한 것이다(박경미 외, 2015).

학교 수학교육에서 강조하는 주안점에 비추어 학생들은 특히 수학적으로 탐구하고 의사소통할 수 있는 능력과 수학을 배우고 사용하려는 긍정적인 성향을 길러야 한다. 이를 위해 수학교사는 학생들이 특정한 수학적 내용(사실, 기능, 개념, 원리, 법칙 등)을 배우고, 이를 문제해결에 적용하는 방법을 익히며, 수학에 대한 긍정적인 태도를 기르도록 지도해야 한다. 이 장에서는 수학 교사에게 필요한 지식으로 수학의 의미, 수학교육의 목적, 수학의 특성, 수학의 구성 요소 등에 대해 알아본다.

01 수학의 의미

많은 사람들은 수학을 산술과 동일시하는 경향이 있다. 산술은 수와 그 연산에 관한 것으로 교육과정에 비추어 보면 자연수, 분수, 소수, 정수, 유리수, 무리수, 실수 등에 대한 기본 개념과 그 연산을 다루는 것이다.

그러나 우리나라의 2015 개정 교육과정에서 수학의 내용 영역을 초등학교의 경우에 '수와 연산, 도형, 측정, 자료와 가능성, 규칙성'으로, 중등학교의 경우에 '수와 연산, 문자와 식, 함수, 확률과 통계, 기하'로 제시하는 것과 같이, 수학은 산술을 넘어선다. 학교수학에서 관심의 대상이 되는 수학 내용을 근거로, 다음과 같이 수학의 의미를 생각해 볼 수 있다(강문봉 외 18인 역, 1999).

1. 수학은 규칙성과 관계를 탐구하는 학문이다.

많은 수학자들은 수학을 '패턴의 과학'이라고 규정한다(Devlin, 1994; National Research Council, 1990; Schoenfeld, 1994; Steen, 1988). 현대 수학을 특징지을 수 있는 이러한 정의의 형성 과정을 살펴보기 위하여, 수학의 역사를 고찰하면 다음과 같다(Devlin, 1994). ① 기원전 500년경까지의 이집트와 바빌로니아의 수학은 수에 관한 연구의 시기였다. ② 기원전 500년경부터 기원후 300년경까지의 그리스 수학은 주로 기하학에 관심을 두었고, 이 시대의 사람들에게 수학은 수와 형figure에 관한 연구를 의미하였다. ③ 17세기 중엽까지는 수학의 전 분야에 큰 변화가 없었다. 뉴턴과 라이프니츠 이후의 수학은 운동과 변화, 공간에 대한 연구가 중심을 이루었다. ④ 18세기 중엽부터 19세기까지는 수학 자체에 대한 관심이 증가되었던 시기였다. ⑤ 20세기에 들어서 수학적 활동과 결과물의 양이 엄청나게 급증하였고, 대부분의 수학자들이 동의하는 수학은 '패턴의 과학'이라는 것이다. 이와 같이, 현대수학을 '패턴의 과학'이라고 하는 것은 수학이 패턴의 원리와 특성을 결정하기 위하여 공리적으로나 이론적으로 정의된 체계 안에서 시행과 관찰을 기반으로 하는 탐구나 실험을 행하거나, 실생활로부터 패턴을 추출하여 재구성한 체계적인 추상화된 모형이라는 것을 의미한다.

수학자가 연구하는 것은 '추상적인 패턴'이다. 특히, 정보와 통신 및 계산에 의해 지배되는 오늘날에 수학의 영향은 지대한 것이며, 추상적인 패턴은 우리의 삶 자체의 본질을 이루고 있다. 특히, 컴퓨터와 같은 매체의 발달로 인하여, 수학은 그 영향권에 들 수밖에 없게 되었는데, 프랙탈fractal의 등장은 컴퓨터의 힘으로 패턴이 하나의 체계화된 학문의 영역으로 자리잡게 된 결과라고 볼 수 있다.

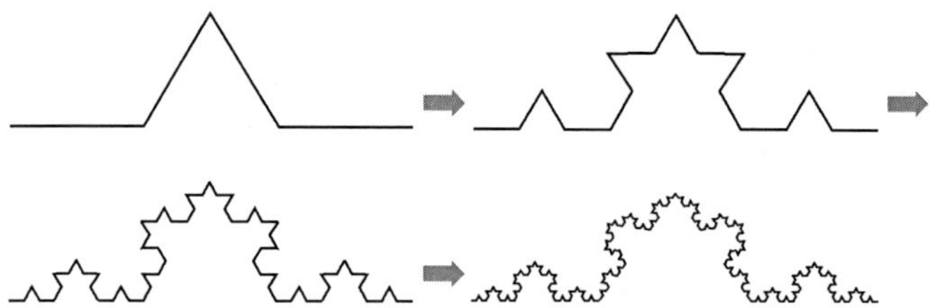

[그림 1.1] 프렉탈 구조-코흐곡선

패턴은 학교 수학에서 문제를 해결하는 방법으로도 중요시되고 있다. 문제해결에서 패턴 탐구는 문제에 주어진 조건을 분석하여 어떤 패턴을 찾아내고, 이 패턴을 이용하여 계산을 함으로써 문제를 해결하는 전략이다. 예를 들어, '자연수의 세제곱의 합이 연속된 자연수의 합의 제곱과 같다'는 것을 다음과 같은 귀납 추론의 과정에 나타난 패턴을 관찰함으로써 발견할 수 있다.

1=1 ==〉 1^2

1+8=9 ==〉 $1^3+2^3=3^2$

1+8+27=36 ==〉 $1^3+2^3+3^3=6^2$

1+8+27+64=100 ==〉 $1^3+2^3+3^3+4^3=10^2$

1+8+27+64+125=100 ==〉 $1^3+2^3+3^3+4^3+5^2=15^2$

따라서 $1^3+2^3+3^3+4^3+5^2+\cdots+n^2=\ \{\frac{n(n+1)}{2}\}\ ^2$이다.

한편, 수학은 여러 가지 수학적 개념들 간의 관계를 탐구하는 학문이다. 교육과정은 이전에 학습한 내용과 새로운 내용을 연결시켜 주는 관계망으로 구성되어 있다. 따라서 학생들은 학습할 내용이 이전에 학습한 내용과 어떻게 관련되는가를 알고, 그러한 관계를 정확히 파악해야 한다. 예를 들면 아래 그림 [1.2]는 「2-1-1. 세 자리 수」(2009 개정 수학과 교육과정) [세 자리 수 단원]에서 지도 계열의 관계망을 보여주고 있다. 수학은 상호 간에 위계적인 내용이 관계망으로 구성되어 있기 때문에 학생들은 학습 계열의 흐름에 따라 순차적으로 학습 내용을 배워야만 한다.

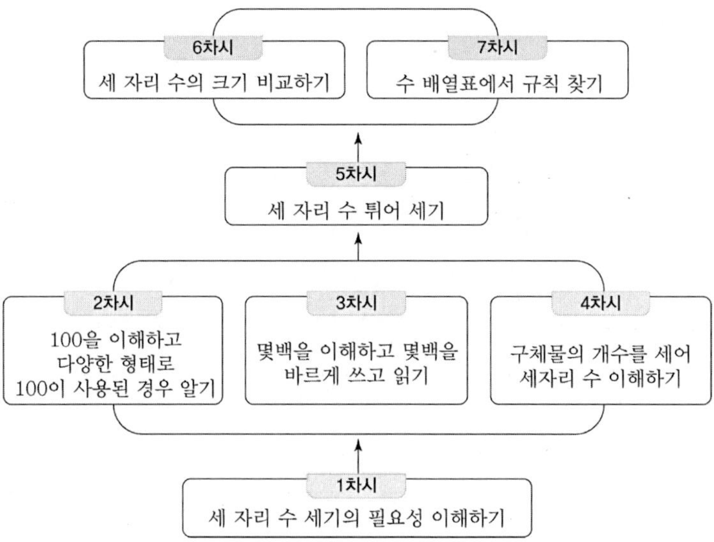

[그림 1.2] 세 자리 수의 학습 내용

2. 수학은 사고하는 방법이다.

수학은 수와 계산만을 다루는 것이 아니라, 다양한 자료를 수집하고 분석하고 해석하여 판단하는 과정 속에서 많은 판단을 요구하는 학문이다. 이러한 과정 속에서 학생들은 다양한 사고를 하게 된다. 어떤 판단을 하거나 문제를 해결할 때에는 직관적으로 판단하기도 하고, 주도면밀하게 체계적인 과정을 통해 판단하기도 한다. 때로는 몇 몇의 연관된 사실을 기초로 유추적으로 사고한다.

수학 학습을 통해 다양한 사고의 방법을 습득하고 익히는 것은 수학교육의 중요한 목적이다. 사고를 구분하는 방법은 여러 가지가 있으나, 여기서는 직관적 사고와 논리적 사고, 귀납적 사고와 연역적 사고, 유비추론유추적 사고에 대하여 알아보자(이정재, 2004).

(1) 직관적 사고와 논리적 사고

직관적 사고는 사고의 대상에 대해 즉각적으로 전체를 감지할 수 있는 사고이며, 수학 문제해결의 실마리나 수학 이론 전개의 방향을 마련해 주는 직관적 관념이다. 직관교육의 중요성은 수학교육자뿐만이 아니라, 다른 여러 분야의 교육학자들도 강조하여 왔다. 그러나 직관주의적 태도는 주관적일 수 있고, 개인적 편견에 사로잡힐 수 있으므로 이를 보완할 수 있는 논리적 사고가 보완되어야 한다(이대현, 2008).

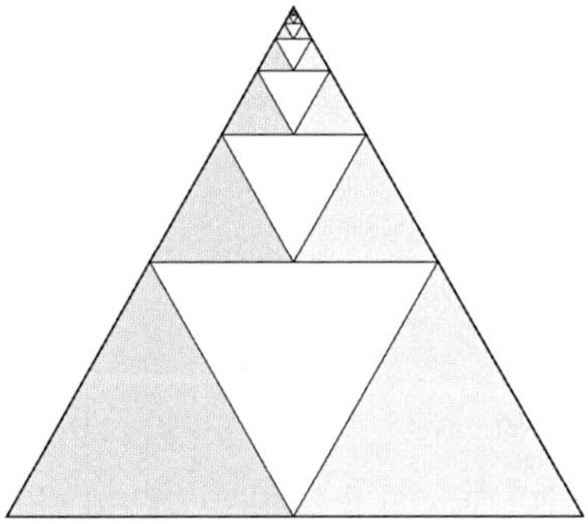

[그림 1.3] 기하급수의 합$(\frac{1}{4}+(\frac{1}{4})^2+(\frac{1}{4})^3+(\frac{1}{4})^4+\cdots=\frac{1}{3})$의 직관적 이해

논리적 사고는 인과관계라는 입장에서 전제로부터 결론을 이끌어 내는 사고이다. 논리적 사고는 분석적이고 단계적이며, 선행하는 명제에서 후속 명제를 정당한 추론으로 이끌어내는 사고이다.

일반적으로 직관적 사고는 논리적 사고의 도움 없이는 정당성을 보장받기 어려우며, 논리적 사고는 직관적 사고를 통해 발견된 사실에 정당성을 부여하는 힘을 준다.

(2) 귀납적 사고와 연역적 사고

귀납적 사고는 개개의 특수 사실로부터 그것들에 공통된 보편법칙이나 성질을 추출해 내는 사고이다. 귀납적 사고의 특징은 특수 사실로부터 일반적인 것에 이르도록 인식시키는 사고라고 할 수 있다.

초등학교에서 삼각형의 세 각의 크기의 합이 180도임을 지도할 때 귀납적 추론이 적용된다고 볼 수 있다. 먼저 한 삼각형을 가위로 오린 후 세 각의 꼭짓점이 한 점에 모이도록 이어붙이면 세 각의 크기의 합이 180도임을 알 수 있다. 그 다음에는 모든 삼각형의 세 각의 크기의 합이 180도 이지 않을까 추측해보는데 바로 여기에 귀납적 추론이 사용된다. 마지막으로 다른 모양의 삼각형을 이용해 세 각의 크기의 합이 180도임을 확인하여 본다.

교과서에서는 ....

활동 1 삼각형의 세 각의 크기의 합을 알아보시오.

- 종이에 삼각형을 그린 후 가위로 오려 보시오.
- 색연필로 세 각의 안쪽을 색칠한 후 삼각형을 잘라 보시오.
- 세 각의 꼭짓점이 한 점에 모이도록 이어 붙여 보시오.
- 삼각형 모양을 잘라 세 각을 이어 붙여 알게 된 것을 이야기해 보시오,

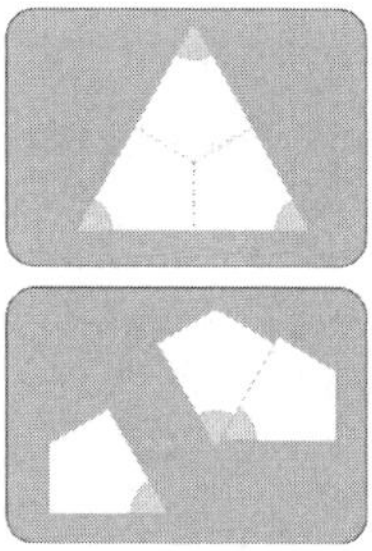

[그림 1.4] 삼각형의 세 내각의 크기의 합

교사는 적절한 발문으로 학생들이 귀납적 추론을 할 수 있도록 자극할 필요가 있다. '공통점은 무엇이지?', '어떤 규칙이 있니?', '모든 삼각형의 세 각의 합은 180도일까?', '모든 삼각형의 세 각의 합이 180도임을 어떻게 확신할 수 있니?' 등.

연역적 사고는 일반적인 경우에 성립하는 원리나 법칙이 알려져 있을 때, 그것을 이용하여 특수한 경우에 성립하는 것을 유도하는 사고이다. 연역 추리의 전형적 방법은 공리계를 설정하여 그것에 의해 이론이 전개되고, 그것을 어떤 특수 상황에 추론의 근거로 적용하는 방법이다. 그러나 학교수학에서는 공리계를 사용하기 어려우므로, 선행된 원리나 법칙, 성질이나 사실로부터 밝히고자 하는 수학적 사실을 체계적으로 추론해 가는 연역적 사고를 훈련시키도록 해야 한다.

(3) 유비추론(유추적 사고)

유비추론은 유추, 유추적 사고라고도 하는데, 두 사실에서 서로 유사한

점을 근거로 하여, 하나의 특수한 사실의 성질을 그와 유사한 다른 특수한 사실의 성질에 비추어 추리하는 사고를 말한다. 유비는 두 사상의 유사성에 유의하여 기지사항으로부터 미지사항의 구조를 유도하는 것이다.

수학 수업에서 본 차시 주제와 이전에 학습한 주제를 관련지어 생각해 보는 것은 유추적 사고를 활용한 방법이라 할 수 있다. 이를테면 두 자리 수의 개념과 원리가 세 자리 수에서도 성립하는지 추측해 보는 것이다. 교사는 다음과 같이 발문함으로써 학생들이 귀납적 사고를 사용할 수 있도록 자극할 수 있다. '10이 5개 있으면 50이다. 100이 5개 있으면 몇일까?', '1이 10개이면 10이다. 10이 10개 있으면 몇일까?'.

교과서에서는 ....

만든 모양을 알아봅시다.

모양				
변의 수				
꼭짓점의 수				

• 과 을 무엇이라고 할까요?

• 왜 그렇게 생각했나요?

[그림 1.5] 유추를 통한 오각형과 육각형 개념 지도

다음으로 유추적 추론은 오각형과 육각형의 개념을 형성하는 과정에서도 찾아볼 수 있다([그림 1.5] 참고). 학생들은 변이 3개, 꼭짓점이 3개이면 삼각형이며, 변이 4개, 꼭짓점이 4개이면 사각형이라는 점을 이미 배워서

알고 있다. 도형의 이름은 변과 꼭짓점의 개수와 관련이 있다는 기지의 지식을 적용해 , 모양의 변과 꼭짓점의 수를 조사해 본 후 오각형과 육각형으로 개념화하게 된다.

3. 수학은 과학이고 예술이다.

사고 활동의 과정으로 보는가와 사고 활동의 결과로 보는가에 따라 수학을 과학과 예술로 볼 수 있다.

수학을 사고 과정으로 보는 관점은 수학을 행하는 과정이 현상을 탐구하여 개념과 원리를 추출하고, 이를 다시 현상에 적용하는 수학화 과정을 중시하는 측면이다. 이 과정에서 수학을 행하는 사고의 유연성과 시행착오를 허락하며, 사고의 유연성을 바탕으로 다양한 접근 방법을 가치 있는 것으로 여긴다.

한편, 사고 활동의 결과로 보는 관점은 사고 활동의 결과로 얻어지는 결과물을 중시한다. 이 관점에서는 수학의 엄밀성과 심미성을 추구하며 수학의 내적, 외적인 가치를 중시한다. 특히 황금비는 주어진 길이를 가장 이상적으로 둘로 나누는 비로, 근삿값이 약 1.618인 무리수이다. 기하학적으로 황금분할은 예술 분야, 특히 건축, 미술 등에서 즐겨 응용된다. 황금비는 우리의 인체 속에서도 반영되어 있다. 인간의 몸은 황금비에 의해서 분할되어 있으며, 이것이 아름다운 몸의 보편적 기준이 되고 있다. 이와 같이 수학적 사실들은 인간이 느끼는 미적 기준의 척도가 되기도 한다.

또한 오랜 세월동안 발달해 온 수학을 살펴보면, 수학적 사실들이 고립된 별개의 사실이 아니라, 수학이라는 큰 테두리 안에서 서로 연관되어 있음을 알 수 있다. 이러한 사실들은 수학을 하나의 완결된 아름다운 예술 작품으로 간주할 수 있음을 의미한다.

수학이야기

생활 속에서 찾을 수 있는 황금비

- **건축물 속의 황금비:** 개선문, 파르테논 신전, 피라미드
- **조각 속의 황금비:** 석굴암의 불상, 밀로의 비너스 상
- **사물 속의 황금비:** 명함, 카드, 액자, 창문, 책, 별모양
- **인체 속의 황금비:** 머리부터 어깨까지 코를 중심으로 분할, 배꼽부터 발까지 무릎을 중심으로 분할, 머리부터 발끝까지를 배꼽을 중심으로 분할하면 각각 황금비가 된다.

4. 수학은 도구이다.

수학은 수학자들이 수학을 발견하고, 발견한 수학을 현상에 적용하고 이용하는 도구이자, 수학을 배운 사람들이 일상에서 부딪치는 많은 문제를 해결하고 현상을 해석하는 도구이다. 즉 수학은 수학자들이 문제를 해결하는 도구이며, 일반인이 생활에서 접하는 문제를 해결하는 유용한 도구이다.

5. 수학은 언어이다.

일생생활에서 언어를 이용하여 서로 간에 의사소통이 일어나듯이, 수학은 수학 사회에서 수학자들과 수학 교실에서 학생들이 수학을 이용하여 수학적으로 의사소통하는 중요한 언어로 인식될 수 있다. 특히 최근에 강조되고 있는 수학 교실에서의 수학적 의사소통은 수학을 이용하여 수

학적으로 이야기하는 수학 교실의 사회적 측면의 중요성을 강조하고 있는 것이다.

일반적으로 수학의 영역은 크게 순수수학과 응용수학으로 나눌 수 있으며, 구체적으로 다음과 같이 분류할 수 있다.

수학의 영역

- **집합과 논리**(set theory and logic)
- **대수학**(algebra): 정수론, 선형대수, 현대 대수 등
- **해석학**(analysis): 미적분학, 미분방정식, 실해석학, 복소해석학 등
- **기하학**(geometry): 유클리드기하, 비유클리드기하, 미분기하 등
- **위상수학**(topology)
- **확률론**(probability)과 **통계학**(statistics)

02 수학교육의 목적

모든 학생들이 수긍할 수 있는 수학교육의 목적을 설정하는 것은 쉽지 않다. 그렇지만 수학을 가르치고 배우는 학생들이 일반적으로 받아들일 수 있는 네 가지 수학교육의 목적을 수학의 가치에서 추출할 수 있다.

1. 실용적 가치

수학은 사회생활을 하거나 과학 등 다른 학문을 공부하는데 도움이 되며, 국가 발전에도 도움이 되기 때문에 학생들은 수학을 배워야 한다. 어떤 수학 지식은 일상생활을 하는데 필수적이다. 수를 읽고 쓰기, 사칙

계산, 그래프 읽기, 여론조사 결과 해석하기, 할부금 계산하기, 자동차 보험금 계산 등을 할 수 없으면 일상생활에서 어려움을 겪게 된다.

고속도로를 설계하는 설계사에게 선의 굽은 정도를 나타내는 곡률이 필요한 수학 지식이듯이, 어떤 수학 지식은 일상생활에서 사용하지는 않지만, 특정 직업에서 사용하기도 한다. 학교에서 배우는 수학은 사회생활에 직접 이용되기도 하지만, 간접적으로 이용되기도 한다. 그렇지만 사회생활에 직접 이용되지 않는 수학 지식도 수학 이외의 학문을 공부하는데 필요한 지식이 된다.

최근에 과학 기술의 발달로 수학을 필요로 하는 분야가 많아지고 있어 수학의 중요성은 점점 증대되고 있다. 그러나 사회생활에서 필요한 수학은 극히 일부분이며, 수학자나 과학자가 되지 않을 학생도 그렇게 많은 수학을 배워야 하는가 하는 의문을 제기할 수 있다. 또한, 실용성의 기준은 시대에 따라 다르기 때문에 어떠한 수학 지식을 장차 응용할 것인지, 그리고 지금 응용하고 있는 수학 지식이 미래에도 여전히 유용할 것인가 하는 의문을 제기할 수 있다.

2. 도야적 가치

도야적 가치는 수학 학습을 통해 우리의 정신 능력을 신장시킬 수 있다는 것이다. 합리적 · 논리적 사고력, 추상적 사고력, 창의적 사고력, 단순화하고 종합화하는 능력 등은 수학을 배움으로써 신장시킬 수 있는 능력이다. 이러한 정신 능력은 미래에 수학과 관련이 없는 분야에 종사하게 될 학생들에게도 필요한 능력으로 수학을 배워야 하는 중요한 이유이기도 하다.

수학교육의 도야적 가치를 중시하는 입장에 따르면, 수학교육에서 중요한 것은 수학을 하는 방법과 그 경험이라고 할 수 있다. 그러나 어떤 수학 내용의 학습을 통하여 정신 능력이 도야될 수 있는지, 과연 수학을 하는 방법이 학습될 수 있는 것인지와 같은 의문이 제기되기도 한다.

3. 심미적 가치

기하학적 도형이나 황금 분할 등을 보면 수학적 대상도 아름답다고 느낄 수 있으며, 수학 공식이나 방법을 절묘하게 적용하는 경우에서도 수학의 아름다움을 찾을 수 있다. 이와 같이 수학과 수학적 활동을 통해 수학적 아름다움을 느끼는 것이 수학의 심미적 가치이다.

수학교육의 심미적 가치를 중시하는 관점에 따르면, 수학을 가르치는 이유는 수학적 안목을 가지고 주변의 현상을 올바르게 파악하고 아름답다고 느낄 수 있도록 하기 위함이다. 그러나 수학의 미적 가치에 대한 견해는 주관적인 요소가 강하기 때문에 수학을 배우는 학생들에게 수학의 심미성을 인식시키기는 쉽지 않다. 그러나 위대한 수학자들은 수학의 아름다움을 인식하였고, 이 아름다움이 그들의 수학 연구에 커다란 원동력이 되었음은 부인할 수 없다.

4. 문화적 가치

문화적 가치는 인류가 오래 전부터 오늘날까지 구축해 온 수학이라는 문화를 우리는 수용하고 더욱 발전시켜 후손에게 전달해야 한다는 것이다. 그러나 그 많은 문화를 전달하는 것이 가능하고 전달할 가치가 있는 것인가, 취사선택하여야 한다면 어느 것을 선택하여 가르쳐야 하는가와 같은 의문이 남는다.

수학을 가르쳐야 하는 이유 중에서 어느 한 가지만을 고집하는 것은 바람직하지 않다. 그 시대의 사회, 경제 구조, 철학 등에 따라 어느 한 쪽을 강조하기도 하고 무시하기도 하지만, 그 경중은 있되 위의 주장을 종합하는 것이 수학교육의 올바른 목적이 될 것이다.

03 수학의 특성

수학의 특성은 수학적 지식의 형성 과정, 적용 및 발전 과정, 정리 및 보존 과정으로 나누어 살펴볼 수 있다. 지식의 형성 과정의 특성으로는 추상성, 형식성, 이상성을 들 수 있고, 지식의 적용 및 발전 과정의 특성으로는 일반성과 특수성을 들 수 있다. 마지막으로 지식의 정리 및 보존 과정의 특성으로는 계통성과 논리성을 들 수 있다.

1. 추상성

구체성에 반대되는 특성인 추상성은 어떤 구체물의 집합에서 이질적인 요소는 제거하고, 동질적인 요소만을 추출하여 만든 표상을 이상화하여 개념을 얻는 것을 의미한다. 예를 들면, 1, 2, 3, 4, … 과 같은 자연수의 개념을 지도할 때, 생활 주변에 있는 물건을 세는 것으로부터 지도할 수 있다. 이는 세는 대상이 되는 물건 자체는 수가 아니고, 수의 개념을 형성시켜 주는 구체물이다. 책 3권, 연필 3자루, 바둑돌 3개, 사탕 3개 등의 구체물의 집합에서 대응의 조작을 통하여 이질적인 요소물질적인 것, 형, 크기 등는 제거해 버리고, 동질적인 속성센 수 3을 추출하여 수의 개념 '3'이 형성되는 것이다.

이와 같이 수학의 추상성은 외부의 물리적 경험을 직접 다루는 것이 아니라, 마음속에 있는 아이디어를 다루는 것이다. 수학에서 다루는 대상은 대부분이 추상화 과정을 통해 얻어진 개념이며, 수학은 이들 개념 사이의 상호 관련성을 다루는 학문이라고 할 수 있다. 추상화는 물리적 대상으로부터의 추상화뿐만이 아니라, 수학적 대상의 더 높은 수준으로의 재추상화도 포함한다.

학교 수학 특히 초등 수학에서는 추상화를 통해 개념을 형성하는 과정 자체가 주요한 학습 내용이다. 따라서 여러 가지 대상에서 이질적인 요소는 버리고 공통적인 요소만 추출해내는 추상화과정을 거쳐 개념을 형성하도록 지도할 필요가 있다. 예를 들어 [그림 1.6]은 생활 주변에 있는 여러 가지 물건으로부터 모양을 추상화하는 과정을 나타낸다. 전자계산기, 식빵, 자가 가지고 있는 무게, 색깔, 길이, 크기, 재질, 부피, 두께, 넓이, 용도 등 수 많은 이질적인 요소에는 관심을 두지 않고, 네모라는 동일한 속성에만 관심을 두어 '사각형'이라는 개념을 형성된다. '삼각형'과 '원'도 마찬가지로 수 많은 이질적인 속성을 제거하고 유일한 동질적인 속성을 추출하는 추상화 과정의 결과로 형성된 개념이다.

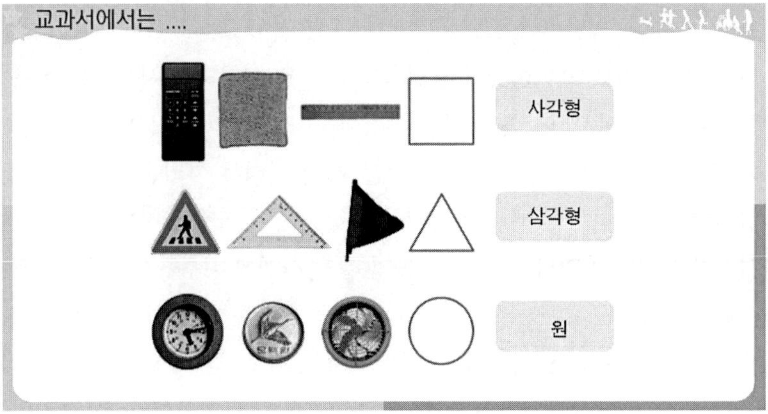

[그림 1.6] 추상화 과정

2. 형식성

형식성이란 어떤 대상에서 추상화의 사고 방법을 통하여 공통적인 원리나 규칙 등을 만들어 형식화해 가는 특성을 의미한다. 수학적 개념이나 원리가 추상화의 과정을 통해 발견된 다음에는 보다 일반성을 가지는 활용 방법을 얻는 과정에 형식화가 필요하다. 이 형식성 때문에 수학의 힘과 응용 능력이 신장되는 것이다. 예를 들면, 정수의 덧셈 계산 형식은 분수와 소수의 덧셈 계산 형식과 공통되는 점이 있어서 최종에는 유리수의 덧셈 계산 형식이라는 틀이 만들어지게 되며, 역으로 이 형식이 정수, 소수, 분수의 계산에 적용되는 것이다.

다른 예로 십진기수법의 경우에 각 자리수마다 독특한 기호를 정하지 않고, 10이 되면 자리의 위치에 따라 의미를 부여하는 방법으로 추상화된 수의 기록 방법을 택하게 된다. 이러한 원리는 다른 진법의 수에도 동일한 원리로 형식화되는 것이다.

3. 이상성

이상성은 사물이나 현상의 본질적인 속성을 무시하고 사유하는 힘을 통하여 사물 또는 현상의 특성을 이상화하여 수학적 개념을 얻는 것을 의미한다. 예를 들면 '빠르기가 일정할 때에 달리는 거리는 주행시간에 비례한다'라고 하는 비례관계는 현실의 장면에서 이것에 정확하게 들어맞는 것은 하나도 없다. 그러나 이들의 실제 사례에서 수학적 개념으로서 비례의 개념을 구성하려는 것은 우리들의 사유하는 힘에 의해서 이 사례를 이상화할 수 있기 때문이다. 마찬가지로 피보나치 수열을 표현하는 이상적인 토끼의 사례도 우리의 사유의 힘으로 토끼의 특성을 규정한 것이다.

수학이야기

피보나치 수열

사육장에 한 쌍의 토끼가 있다. 이 토끼는 두 달이 지나면 한 쌍의 토끼를 낳을 수 있으며, 계속 한 달마다 한 쌍의 토끼를 낳는다. 한편, 새로 태어난 한 쌍의 토끼도 두 달째부터는 매달 한 쌍의 토끼를 낳을 수 있다. 사육장에 있는 토끼 쌍의 수를 차례로 나열하면 1, 1, 2, 3, 5, 8, 13, 21, 34, 55, … 와 같은 수열을 얻을 수 있는데, 이 수열을 피보나치 수열이라고 한다. 그 이름은 13세기에 이 규칙을 연구한 Leonardo of Pisa(Fibonacci 라는 이름으로 더 잘 알려져 있는데, 이 이름은 Filius Bonacci를 줄인 말로 Bonacci의 아들이라는 말임)의 이름을 딴 것이다.

4. 일반성

일반성이란 추상화된 수학적 개념을 보다 넓은 범위에 적용해 가는 특성을 의미한다. 즉 일반화는 주어진 집합에 대한 고찰로부터 이를 포함하면서 더 큰 집합의 고찰로 사고를 옮겨가는 것을 의미한다.

예를 들면, 덧셈의 계산 원리는 한 자리 수끼리의 덧셈 계산 원리로부터 시작하여, 두 자리 수, 세 자리 수, 네 자리 수끼리의 덧셈 계산 원리로 확장일반화해 가는 데서 이루어진다. 이와 같이 한 개념이나 원리는 넓은 범위의 것을 포함하도록 확장해 가는 작용으로 일반성을 가지게 된다. 또 다른 일반성의 예로 예각의 삼각함수에 대한 고찰로부터 임의의 각에 대한 삼각함수의 고찰로 나아가는 것을 들 수 있다.

5. 특수성

특수성이란 특수화의 사고에 의해서 얻어지는 특성으로, 일반성에 대립되는 개념이다. 즉 특수화는 주어진 대상의 집합에 대한 고찰로부터 그 집합에 포함되는 더 작은 집합에 대한 고찰로 이동하는 것을 의미한다.

예를 들면, 연산으로서의 곱셈은 동수누가와 배의 개념으로부터 정의되며, '$a \times b = c$'라는 곱셈 연산으로 일반화된다. 이와 같이 곱셈 계산 형식을 특수 장면에 적용해 가는 것을 볼 수 있는데, 일반화된 곱셈을 어떤 장면에 적용하는 것이 특수성이다. 즉, 공깃돌이 5개씩 몇 번 있을 때, 공깃돌의 총 개수를 구하는 계산이나, 가로, 세로의 길이에서 직사각형의 넓이를 구하는 계산이 곱셈 계산 형식을 특수한 장면에 적용하는 특수성인 것이다.

6. 계통성

계통성이란 어떤 기초적인 내용을 토대로 하여 새로 조합하거나 통합하여 새로운 개념을 구성하고 새로운 내용을 형성하는 것을 말한다. 이런 과정으로 구성된 내용을 토대로 다음 단계의 내용을 만들어 가게 된다.

즉, 앞의 학습 내용과 뒤의 학습 내용을 차례차례 위계적으로 연결하면서 새로운 것을 첨가하거나, 누적적으로 조직하여 수학 내용을 구성해 가는 것이 계통성이다.

예를 들면, 정수, 소수, 분수는 모두 개념으로는 서로 다른 것이지만, 정수와 소수는 십진수라는 점에서 통일되며, 정수와 분수를 통틀어서 유리수라는 개념으로 총괄된다. 또 무리수는 유리수와 대립되는 개념이지만, 이들은 합하여 실수라는 개념으로 발전한다. 연산에서도 구체물에서 첨가나 합병의 조작에 의하여 덧셈을 이루고, 덧셈에서 동수누가는 곱셈을 정의한다. 또 구체물에서 제거나 비교의 조작을 통하여 뺄셈이 이루어지고, 뺄셈에서 동수누감은 나눗셈으로 정의된다. 그리고 뺄셈은 덧셈의 역연산으로, 나눗셈은 곱셈의 역연산으로 정의할 수도 있다.

앞에서 말한 정수, 소수, 분수와 같은 계통이 이들의 수를 사용한 연산을 배경으로 하여, 하나의 새로운 계통을 구성하게 된다. 예를 들면, 곱셈은 처음에 정수를 곱할 때는 동수누가의 뜻에서 시작되지만, 그것이 배의 개념으로 발전하고, 승수가 소수, 분수로 확장됨에 따라 비율에 해당하는 양을 구하는 비율의 조작으로 발전한다.

7. 논리성

논리성이란 수학적 지식이 논리적 요소나 체계에 맞도록 보존, 정리되는 특성을 의미한다. 즉, 수학 지식의 보존 및 정리의 과정에서 수학 지식의 관계가 논리적으로 모순이 없도록 체계화 해가는 것을 의미한다. 이런 면에서 수학자들은 수학의 기본적, 또는 기초적 개념과 추리의 형식인 귀납, 연역, 분석, 종합, 유추 등을 바탕으로 지식간의 관계를 밝혀보고,

논리적으로 모순이 없는 명제를 체계화한다.

논리성의 대표적인 예로는 유클리드의 원론Elements을 들 수 있다. 원론은 그 당시까지 발전하였던 그리스 수학을 연역, 논리적으로 정리한 결과로, 오랫동안 수학의 대표적인 교과서가 되어 왔다. 학교 수학 교과의 내용도 학습에 기초가 되는 내용을 토대로 해서 누적되어 가도록 구조가 이루어져 있음을 알 수 있다. 이 누적은 논리적이며, 계통성이 있으며, 사소한 불합리도 허용되지 않는 엄격한 논리성을 가지고 있다.

그러나 초등학교 학생들에게는 형식화된 논리성의 지도에 대해서는 학습발달 과정상 강조할 것은 못된다. 그러므로 구체적인 조작 활동을 하거나, 실험 실측을 하여 직관적으로 대상을 보고 사고하는 힘을 기르게 해야 한다.

04 수학의 구성 요소

수학 학습을 통하여 학생들은 다양한 수학 내용을 배우게 된다. 학생들이 배우게 되는 수학 내용으로는 사실, 기능, 개념, 정리, 공식, 법칙 등이 있다.

사실fact은 수학에서 표기와 같은 약속 체계이다. 예를 들면, 2는 짝수, $+$은 더하기, i는 허수단위를 의미한다는 것이다.

기능skill은 속도와 정확성을 가지고 수행하는 연산과 같은 과정으로, 순서가 정해진 일련의 알고리즘을 수행하는 것을 의미한다. 예를 들면, 두 자리 수의 덧셈, 교집합 구하기와 같은 것이 있으며, 다양한 문제해결

과정을 통해 습득 여부를 확인할 수 있다.

개념concept은 많은 사물, 현상, 관계 등에서 그들이 가지는 공통적인 특성을 추출하고 공통적이지 않은 특성은 버려서 정신적으로 구성한 관념이다. 이를테면, 책, 복사용지, 칠판 등의 구체물에서 색깔이나 소재 등을 버리고, 공통적인 모양만을 추출해서 직사각형이라는 개념을 추출하게 된다.

개념은 개별개념, 조작개념, 관계개념으로 분류할 수 있다. 개별개념은 자연수, 분수, 소수, 정수, 사각형 등이 있고, 조작개념으로 더한다(+), 뺀다(−), 곱한다(×), 나눈다(÷), 미분한다, 적분한다 등이 있다. 조작개념은 조작을 의미하는 용어이고 개념이지만 기호로 나타내어진다. 관계개념은 평행, 수직, 비례, 반비례, 같다, 합동이다, 닮음, 크다, 작다 등과 같은 관계를 나타내는 용어나 기호이다.

개념은 내포와 외연을 가진다. 사각형에서 '각이 네 개', '변이 네 개' 등은 사각형이라는 생각을 갖게 하는 공통성을 지닌 내포이고, 여러 가지 사각형 중에서 사각형이 적용되는 범위 하나하나를 외연이라고 한다.

정리theorem는 정의나 참이라고 증명된 결과들을 기초로 하여 증명할 수 있는 문장이다. 예를 들어, 'A가 B의 부분집합이고, B가 C의 부분집합이면 A가 C의 부분집합이다.', '미분 가능한 함수는 연속함수이다.'등은 정리이다.

공식formula은 어떤 양 사이의 관계를 나타내는 것이다. 예를 들면, 사다리꼴의 넓이를 S라고 하고, 아랫변의 길이를 a, 윗변의 길이를 b, 높이를 c라고 할 때, 사다리꼴의 넓이를 구하는 공식은 $S=\frac{(a+b)\times c}{2}$이다.

법칙rule은 정리나 공식처럼 일관성 있게 정의할 수 없는 폭넓은 개념으로 공인된 사실을 하나의 형식화된 틀로 구축한 수학적 약속이나 공리를 말한다. 법칙은 정의에서 생각할 수도 있고, 정리 중에서 특수한 경우를 생각할 수도 있으며, 이들이 가지는 고유의 특징으로 생각할 수 있으며, 주로 직관적으로 이해될 수 있는 것들이다. 예를 들어, 자연수의 곱셈에서는 교환법칙이나 결합법칙 등이 성립한다는 것을 들 수 있다.

생각해 볼 문제 1-1

1. 다음 도형에 있는 직사각형의 개수를 각각 구하여라. 그리고 이러한 증가 패턴이 계속된다고 할 때 10번째 도형에 있는 직사각형의 개수를 구하여라.

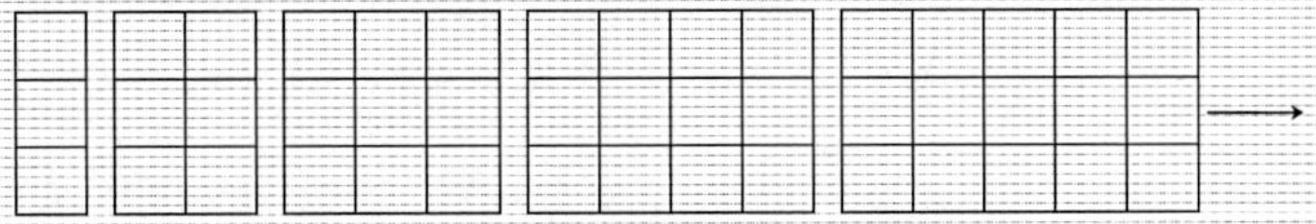

2. 문제 1번과 같은 증가 패턴이 계속된다고 할 때 가로와 세로에 각각 M, N 개씩 배열된 도형에 있는 직사각형의 개수를 구하여라.
3. 학교수학의 의미에 대하여 서술하여라.
4. 수학교육의 목적을 4가지 들어보아라.
5. 수학의 특성을 지식의 생성 과정, 적용 및 발전 과정, 보존 과정으로 나누어 설명해 보아라.
6. 피보나치 수열의 각 항을 첫 번째 항부터 차례로 $F_1, F_2, F_3, F_4, F_5, \cdots$ 로 나타낼 때 다음을 구하여라.
   (1) $F_1 + F_2 + F_3 + F_4 + \cdots + F_n$
   (2) $F_1^2 + F_2^2 + F_3^2 + F_4^2 + \cdots + F_n^2$
   (3) $F_1 + F_3 + F_5 + F_7 + \cdots + F_{2n-1}$
   (4) $F_2 + F_4 + F_6 + F_8 + \cdots + F_{2n}$

05 간추린 수학의 역사

수학은 고대 문명의 발달과 더불어 태동하였는데, 인류는 아주 초보적인 수준일지라도 역사가 기록되기 전부터 수학을 발전시켜 왔다고 추측할 수 있다. 초기의 수학은 메소포타미아, 이집트, 황하 등에서 나타났다. 인간은 수와 도형에 많은 관심을 가지고 사용해 왔는데, 수학은 농업과 국가 통치의 수단으로 이용되기도 하였다.

메소포타미아와 이집트 수학은 그리스로 전해져 체계적이고 연역적인 학문으로 정착되어 오늘날 수학의 근원이 되었다. 여기에 다시 인도와 아리비아에서 태어난 수학이 더해져 중세 유럽으로 전해지게 되었다. 17세기 유럽에서는 해석기하학, 미분적분학, 수리적 자연과학이 형성되었고, 19세기 말에 체계화된 칸토르의 집합론은 수학을 현대수학으로 이끌게 되었다. 이 절에서는 이러한 수학의 역사에 대하여 간략하게 알아본다.

1. 고대 오리엔트 수학

사회 형태가 발전되어감에 따라 초기의 수학은 실용적인 토대 위에 큰 강 유역에서 발생하였다. 이것은 강을 편리한 수송로로 이용했을 뿐만 아니라, 치수 관계 등을 통하여 강 유역의 땅을 비옥하게 만들어 농사를 지을 수 있었기 때문이다. 고대 오리엔트 지역에서 수학은 농업이나 토목, 건축과 같은 일에 필요한 실용적인 과학으로 발생하였다. 그러나 고대 오리엔트 수학에서는 일상적인 문제를 다루고 있는 수치 계산 위주의 실용적인 산술과 측량으로, 오늘날 논증이라고 부르는 어떤 단순한 형태도 찾아볼 수 없었다.

19세기에 메소포타미아 지역에서 발견된 점토판에서는 바빌로니아인들이 60진법 위치 수 체계를 이용했음을 보여준다. 그들은 60진법으로 된 계산표를 이용하여 수 계산을 용이하게 할 수 있도록 하였고, 수학 문제나 흥미 있는 수를 계산하는 것부터 일차방정식이나 특수한 이차방정식의 해법 등과 같은 대수적 조작에도 관심을 가졌다. 한편, 바빌로니아의 기하학은 도형의 면적이나 체적의 계산 방법과 측량과 관계된 것이 많았는데, 주로 대수적인 문제를 해결하는 것이었다.

고대 이집트의 아메스가 작성한 린드 파피루스에 나타난 것과 같이, 이집트 수 체계는 10진법에 기초를 둔 가법적인 성질을 가지며, 위치적 기수법은 아니었다. 또한 1, 10, 100, …등의 수는 각각 다른 상형문자로 표기하였다. 이집트 수 체계에는 단위분수가 나타나며, $\frac{2}{5}$, $\frac{2}{7}$, $\frac{2}{9}$, …와 같은 분수를 크기가 다른 단위분수의 합으로 표현하였다. 이는 분수를 다룰 때 발생하는 어려움을 피하고자 하였다.

2. 그리스의 수학

그리스 수학의 특징은 기하학적 도형을 수학의 주요 대상으로 삼았다는 것이다. 고대 오리엔트의 수학이 '어떻게'에 치중했다면 그리스 수학은 '왜'를 강조하는 논증기하학이 중심을 차지하였다. 기원전 6세기 초반에 탈레스Thales; B.C. 640~546에서 논증기하학은 시작되었는데, 그는 직관이나 실험 대신 논리적 추론을 통해 수학적 성질을 입증하였다.

탈레스보다 약 50년 뒤에 태어난 위대한 수학자 피타고라스Pythagoras; B.C. 580?~500?는 '피타고라스 정리'를 발견하고 증명하였다. 그는 피타고라스학파를 세웠는데, 이들 학파의 철학은 정수가 만물의 근원이라는 가정 위에 세워졌다. 피타고라스학파는 수론의 발달에 크게 기여했으며, 무리수를 발견하였다.

유클리드Euclid; B.C. 300년 경는 정의, 공리 및 논리적 연역에 의해 모든 개념이나 성질을 이끌어 내는 체계인 원론Elements을 저술하였다. 유클리드는 원론에서 많은 증명을 손수 만들어 넣고, 또 많은 내용을 완성시켰다. 그렇지만 그의 업적은 명제를 기술적으로 정선하고 논리적인 결과가 유도되도록 그것을 잘 배열하였으며, 가정으로부터 명제를 연역적으로 추론해 내는 논증수학을 형성·발달시켰다는데 있을 것이다. 유클리드의 원론은 기하학뿐만 아니라, 수론과 약간의 대수의 내용도 담고 있다. 원론은 13권의 책으로 이루어져 있고, 모두 465개의 명제가 수록되어있다.

가장 위대한 고대인이었던 아르키메데스는 정적분법의 아이디어를 개발하였는데, 이것은 물리적 직관에 의해 구의 부피를 계산한 방법 중에 나타나 있다. 그는 평소에 자신이 발견한 위대한 기하학적 도형에 대한 큰 자부심을 가지고 있어 사후에 묘비 위에 직원기둥에 내접하는 구의 그림을 새겨달라고 했다고 한다. 에라토스테네스는 산술에서 n보다 작은 모든 소수를 발견하는 방법을 발견하였는데, 이를 '체'라고 한다. 그 외에 그리스의 위대한 수학자들로 헤론, 디오판투스, 파푸스 등이 있다.

3. 동양수학

고대 중국의 수학에 대한 자료는 남아있는 것이 거의 없는데, '구장산술'은 한나라 때 쓰여진 것으로 농업, 상업, 공업, 측량 등 246개의 문제를 제시하고 있다. 구장산술의 제8장 방정方程에서는 다원일차방정식을 취급하고 있는데, 오늘날의 '방정식'이라는 용어는 여기서 유래하였다.

구장산술보다 오래된 것으로 추정되는 책으로는 주비산경이 있는데, 이 책에는 피타고라스 정리에 관한 논의가 제시되어 있다. 한편 로마에서 사용되었던 계산도구인 abacus가 중국에 전해지고 주판과 주판에 의한 계산법인 주산珠算이 발명되었다.

고대 인도의 수학에 대해서도 정확한 기록의 부족으로 별로 알려진 것이 없다. 인도에서는 0의 발견, 인도 숫자와 위치적 기수법의 발명, 음수의 발견, 이차방정식의 근의 공식의 발견이 기원전부터 12세기까지 걸쳐서 이루어졌다. 인도-아라비아 수 체계는 인도인들이 발명하고 아라비아인들이 서유럽으로 전파했다고 하여 붙여진 이름이다. 초기에는 0도 없고 위치표시도 이용되지 않았으나, 알 콰르즈미가 825년에 출간한 책에서는 완전한 인도 수 체계를 설명하는 것으로 볼 때, 0과 자릿값이 800년 이전부터 사용되었을 것으로 생각된다.

우리에게 알려진 최초의 아라비아 산술책은 알 콰르즈미가 쓴 것으로, 이후 후대의 제자들이 산술책을 쓰는 계기가 되었다. 한편 대수代數, algebra라는 용어도 알 콰르즈미의 논문으로부터 유래하였다. 이 책의 이름은 오늘날 Algebra=대수학의 어원이 되었으며, 저자 알콰리즈미는 Algorithm=계산법의 어원이 되었다.

4. 6세기에서 16세기까지 유럽 수학

로마제국이 몰락한 5세기 중엽부터 11세기에 이르는 기간을 '유럽의 암흑시대'라고 하는데, 수학도 이 암흑시대의 500여 년 동안 이렇다 할 업적을 이루지 못하였다. 13세기 초에 피보나치는 산술과 초등대수에 관한 산반서를 출간하였고, '피보나치 수열'이라고 불리는 문제도 이 책에 나타나 있다.

16세기의 가장 큰 업적은 이탈리아 수학자들에 의한 3, 4차 방정식의 대수적 해법의 발견일 것이다. 삼차방정식의 대수적인 해법은 카르다노에 의해 발견되었고, 카르다노의 제자인 페라리Ferrari에 의해 사차방정식의 해법이 발견되었다. 이후, 오차 또는 그 이상의 고차방정식의 해법을 발견하려는 노력은 결국 아벨N. H. Abel에 의해 일반적으로 오차방정식과 그 이상의 고차방정식은 대수적으로 풀 수 없다는 사실로 입증되었다.

16세기의 수학자 비에트F. Viète; 1540~1603는 기호대수의 발전에 커다란 기여를 한 유명한 책인 '해석학 서설'을 출간하였다. 이 책에서 비에트는 미지의 량을 나타낼 때는 모음을, 기지의 량을 나타낼 때는 자음을 사용하는 예를 제시하였다. 오늘날과 같이 미지의 량을 나타낼 때에는 알파벳의 뒤의 문자(x, y, z 등)를, 기지의 량을 나타낼 때에는 알파벳의 앞의 문자(a, b, c 등)를 이용하는 관습은 1637년 데카르트에 의해서 소개되었다.

5. 근대 유럽의 수학

17세기는 수학의 역사에서 가장 빛나는 시기였다. 17세기 초에 네이피어는 로그를 고안하여 천문학, 항해, 무역, 공학 등 수치 계산이 중시되는 분야에서 계산이 빠르고 정확하게 수행할 수 있도록 하였다. 17세기 후반에 데자르그G. Desargues; 1593~1662와 파스칼B. Pascal; 1623~1662은 순수기하학의 새로운 장을 열었고, 페르마P. Fermat; 1606~1665는 현대정수론의 기초를 확립하고 1653년에 수삼각형론을 출간하였다. 17세기 유럽에서는 데카르트에 의해 해석기하학을 이용하여 일반적인 경우의 문제를 풀 수 있는 새로운 전기를 마련하였다.

17세기 말에 주목할 만한 수학의 역사적 사실은 뉴턴I. Newton; 1642~1727)과 라이프니찌G. W. Leibniz; 1646~1716가 만든 미적분학의 출현이다. 18세기 수학에 주요한 공적을 남긴 사람들은 베르누이, 드 무아브로, 테일러, 메클로린, 오일러, 라그랑주, 라플라스 등이 있다. 이들의 수학은 대부분 역학과 천문학 분야에 미적분학의 응용으로부터 시작하였다. 이와 같이 18세기의 수학은 새롭고 강력한 방법인 미적분학을 개발하는데 소요되었다.

6. 19세기 수학의 발달

이 시대의 유명한 수학자로는 가우스C. F. Gauss; 1777~1855를 들 수 있다. 그는 아르키메데스, 뉴턴과 더불어 3대 수학자로 손꼽히고 있다. 19세기 전반에 주목할 수학적 발전이 일어났는데, 1829년에 유클리드 기하학과는 다르며 그 자체가 모순이 없는 비유클리드 기하학의 발견이 그것이다.

7. 현대의 공리적 수학

19세기 말에 체계화된 칸토르G. Cantor; 1845~1918의 집합론은 수학을 공리와 구조라는 거대한 건축물로서 현대수학으로 유도하였으며, 실무한의 수학적 취급에 기초를 두어 초한수 이론을 발전시키고 초한수 계산법을 만들었다. 집합론이 부딪힌 역설을 해결하고자 하는 노력으로 주어진 가정으로부터 결론을 얻어내는 논리 자체를 엄밀히 검토하게 되어 수리 논리가 등장하였다. 현대의 주요 수리철학의 학파로는 러셀B. Russell; 1872~1970과 화이트헤드A. N. Whitehead; 1861~1947가 주요 개척자인 논리주의, 브로워L. E. J. Brouwer; 1882~1966가 이끄는 직관주의, 힐베르트D. Hilbert; 1862~1943의 형식주의가 있다. 그러나 어느 학파도 완벽한 수학적 기초를 확립하지는 못하였다.

Chapter 02

자연수 지도

수는 인류의 역사와 함께 발생되었으며, 사람들은 물건이나 가축의 수 등을 세기 위하여 자연수를 사용하였다. 수의 개념은 자연수에서 0, 음수, 유리수, 무리수로 확장되어 16세기에는 복소수가 도입되었다.

학생들은 수학적 소양을 갖추기 위하여 수체계를 먼저 이해하여야 한다. 학생들은 0의 역할과 십진기수법의 원리, 자릿값 등 수체계의 특징을 알고, 다양한 상황에서 수를 유연하게 이용할 수 있어야 한다. 이를 위해 학생들은 어릴 때부터 훌륭한 수감각number sence[1]을 기를 필요가 있다. 이 장에서는 자연수의 지도 내용과 수를 지도하는데 필요한 교수학적 내용 지식에 대해 알아본다.

1) 수감각이란 수의 의미(집합수, 순서수, 명칭수)를 알고, 수들 사이의 관계를 이해하며, 수의 상대적 크기를 인식하고 수에 작용하는 연산의 상대적 효과를 인식하고, 주변의 사물과 상황의 측정을 위한 기준을 개발 할 수 있는 능력을 말한다(NCTM, 1989).

01 학교수학에서 자연수 지도 내용

수학에서 다루는 대상 중에서 가장 기본이 되는 수는 여러 가지 방법으로 수를 세고, 여러 가지 기호로 수를 나타내어야 하는 생활에서의 필요성 때문에 발생되었다. 세계적으로 널리 사용되는 인도-아라비아 숫자는 인도에서 유래된 것이며, 12세기경 아라비아 상인들에 의해 유럽에 전해져 오늘에 이르고 있는 것이다. 지금까지도 우리는 실생활이나 다른 교과, 수학의 다른 영역을 학습하는 데 수를 많이 활용하고 있다.

자연수의 지도는 먼저, 100까지 수를 도입하여 십진기수법의 원리를 이해하고, 수를 읽고 쓰고 자릿값을 이해하도록 하며, 이어서 자연수의 범위를 1000까지, 그리고 10000까지 확장하고, 마지막으로 10000 이상의 자연수를 다룬다.

교과서에서는 ....

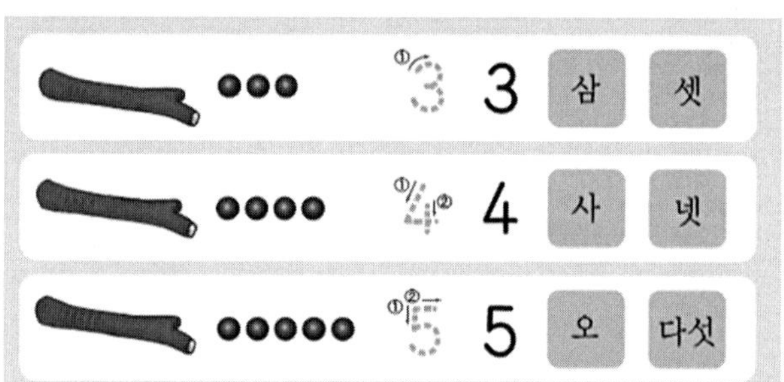

[그림 2.1] 집합수 개념과 쓰기, 읽기 지도

수의 도입에서는 집합수와 순서수 개념을 통해 지도한다. 수를 배울 때는 수를 나타내는 물건의 집합, 그 수를 나타내는 언어인 수사, 그 수를 나타내는 기호인 숫자의 세 가지가 바르게 결합되어 해석할 수 있도록 지도해야 한다([그림 2.1] 참고). 자연수 지도는 1에서 5까지 먼저 지도하고, 0을 지도한 다음, 6에서 10까지 지도한다. 여러 구체물을 직접 세어 봄으로써 자연수를 추상화 한다. 0은 아무것도 없는 수로 지도하는데, 구체물을 가지고 한 수에서 시작하여 점차로 하나씩 없애는 활동을 통하여 지도한다. 0에는 '아무 것도 없음there is nothing at all'과 '자리지기place holder'로서의 의미가 있다([그림 2.2] 참고).

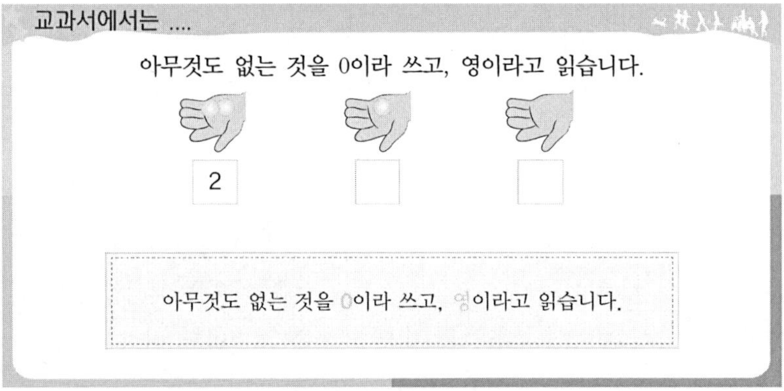

[그림 2.2] 0(영)의 지도

10과 그 이상의 수를 학습하기 위하여 '10이 되면 묶는다.'는 십진기수법의 원리를 알아야 한다. 십진기수법의 원리를 이해하기 위해서는 10씩 묶어 보는 활동이 중요하다. 세 자리 수 이상의 수의 지도는 두 자리 수의 지도와 같이 구체물과 모의 화폐를 이용할 수 있다. 그러나 10000 이상의 큰 수는 구체물로 나타내기가 어렵기 때문에 네 자리 수의 개념을 바탕으로 십진기수법에 의한 자리잡기의 원리를 이용하여 확장하도록 한다. 즉,

1000이 10이면 10000이고, 10000은 9999보다 1 큰 수, 9900보다 100 큰 수 등으로 10000을 도입한다. 그리고 10000이 5개이면 50000, 8개이면 80000 등으로 학습한다.

02 자연수 지도를 위한 교수학적 내용 지식

1. 기수법과 명수법

임의의 수를 일정한 숫자나 기호로 나타내는 방법을 기수법이라고 한다. 기수법에는 로마 숫자와 같이 수가 어디에 있든, 언제나 같은 수를 의미하는 절대적 기수법과 인도-아라비아 숫자와 같이 수가 어느 자리에 있는가에 따라 크기가 달라지는 위치적 기수법이 있다. 학생에게 다섯 개의 사과를 보이고 이를 기호로 나타내도록 하면, 학생들의 수준에 따라 손가락 다섯 개를 보이거나 5, V, 五 등과 같은 기호를 제시할 것이다. 추상적인 양의 크기인 수를 나타내는 기호를 숫자라고 한다.

기수법 중에서 가장 원시적인 방법은 덧셈의 원리에 의한 기수법이다. 이것을 가법적 기수법이라 하는데, 대표적인 것은 로마숫자이다. 또한 곱셈의 원리에 의한 승법적 기수법더 정확히 말하면 덧셈과 곱셈의 원리를 이용의 예로는 한숫자漢數字가 있다. 이에 비해 인도-아라비아 숫자는 그 수가 어느 자리에 있는가에 따라 그 크기가 달라지는 특징이 있다.

• **절대적 기수법** : 가법적 기수법(로마기수법)
승법적 기수법(한숫자)
• **위치적 기수법** : 인도-아라비아 숫자

기수법 체계는 다음과 같은 특징을 가지고 있다.

① 자릿값 : 숫자의 위치는 그 값을 나타낸다. 예컨대, 23에서 2는 '이십'을 나타내며, '이'를 뜻하는 32에서의 2와는 다른 수학적 의미를 갖는다.

② 십진법의 밑 : '밑'이라는 용어는 모임을 의미한다. 우리의 수 체계에서는 10이 새로운 모임을 결정하여 0에서 9까지 10개의 숫자를 갖는다.

③ 0의 사용 : 아무 것도 없음을 나타내는 영에 대한 기호가 존재한다. 예를 들면, 309는 백과 일은 있지만 십은 없음을 나타낸다.

④ 가법성 : 수를 자릿값에 대해 더할 수 있다. 예를 들면, 123은 100+20+3이라는 수의 이름이다.

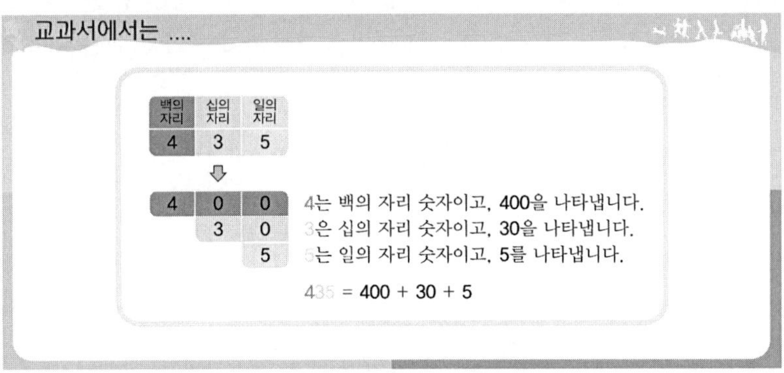

[그림 2.3] 세 자리 수의 자릿값과 가법성 지도

(1) 여러 가지 숫자

1) 이집트 숫자

이집트와 바빌로니아메소포타미아에는 B.C. 2500년 내지 600년 전부터 수학이 존재하였다. 이집트인들은 물건의 개수를 셀 때 작은 돌을 사용하여, 물건 하나에 돌 하나씩을 대응시켜 10개씩 모아지면 한 단위를 올리는 십진법을 사용하였다. 십진법을 사용하게 된 이유는 인간의 손가락이 10개라는 사실이었다. 이집트인들은 파피루스라는 갈대로 만든 종이에 숫자를 나타내었다.

1 10 100 1000 10000 100000 1000000

[그림 2.4] 이집트 숫자

이집트 숫자는 가장 원시적 기수법인 가법적 기수법을 사용한다. 이는 기록된 수의 합으로 해석하는 기수법으로, 고대 이집트의 상형문자식 기수법이 이에 속한다. 이집트 숫자의 특징은 완전하지는 않지만 십진기수법 체계를 이루고 있고, 자릿값place value 개념이나 0에 관한 관념이 없으나, 반복의 원리와 덧셈의 원리가 있다. 가법적 기수법의 가장 큰 결점은 큰 수를 표현할 때 많은 개수의 숫자를 기록해야 하는 번거로움에 있다.

2) 로마 숫자

로마 숫자는 밑수를 10으로 하였는데 1, 10, 100, 1000에 대한 기본적인 기호 Ⅰ, Ⅹ, C, M 이외에도 5, 50, 500에 대하여 Ⅴ, L, D가 추가로

제시되어 있다. 또한 작은 단위의 기호를 보다 큰 단위에 대한 기호 앞에 놓아, 그 단위의 차를 나타내는 뺄셈 원리가 이용되기도 하였다.

이 숫자들의 짜임은 다음과 같다.

Ⅰ=1,	Ⅱ=2,	Ⅲ=3,	Ⅳ=4=5−1,
Ⅴ=5,	Ⅵ=6=5+1,	Ⅶ=5+2,	Ⅷ=5+3,
Ⅸ=10−1,	Ⅹ=10,	L=50,	D=500,
XL=40,	CD=400,	C=100,	M=1000,
XC=90,	CM=900		

3) 중국 숫자

중국의 숫자는 위치적 십진기수법에 가까운 기수법으로 다음과 같다.

一, 二, 三, 四, 五, 六, 七, 八, 九, 十, 百, 千, 萬,
十萬, 百萬, 千萬, 億, 十億, 百億, 千億, 兆…

한숫자漢數字의 성질도 자릿값의 원리나 0에 의한 자리잡기의 원리 등이 없다. 이는 로마 숫자, 이집트 숫자와 거의 비슷하지만, 반복의 원리와 가법의 원리가 있으며, 동시에 승법의 원리가 적용된다.

1983 = 一千 九百 八十 三
= $1 \times 1000 + 9 \times 100 + 8 \times 10 + 3$ (가법·승법의 원리)

즉, 가법적 기수법에다 배倍 개념을 도입한 것이다. 한숫자로 六千七百五十二에서, 六千은 六과 千이 아니고 六의 千배, 즉 6×1000을 나타내는 것이다. 七百도 七과 百이 아니라 7×100을 뜻한다.

4) 위치적 기수법

인도-아라비아 숫자와 같이 위치에 따라 달라진다는 뜻에서 '위치적 기수법'이라고 한다. 이것은 천, 백, 일 등의 묶음을 나타내는 독자적인 기호를 쓰지 않고, 숫자가 놓인 위치에서 자릿값을 나타내는 것이 특징이다.

4	3	6	8
↑	↑	↑	↑
천의 자리	백의 자리	십의 자리	일의 자리

우리가 사용하는 기수법이 자릿값의 원리를 쓸 수 있게 된 데는 빈 자리를 나타내는 기호인 0이 결정적인 역할을 하였다.

(2) 명수법

천진법과 만진법은 수를 읽을 때에 1천 또는 1만을 단위로 하여 세는 방법을 말한다. 수를 읽을 때 우리나라와 일본, 중국은 만진법萬進法을 채택하고 있으며, 유럽과 미국 등에서는 천진법千進法을 사용한다.

명수법은 기수법에서 수의 계열에 수의 이름number name을 붙여주는 방법을 말한다. 따라서 수는 양의 크기를 말하고, 숫자는 수의 크기를 기호로 나타낸 것을 뜻하며, 수사는 수의 이름을 불러주는 언어적 표현이다.

[표 1.1] 우리나라와 영어의 명수법

숫자	1	2	3	4	5	6	7	8	9	10	11	12
한국	일	이	삼	사	오	육	칠	팔	구	십	십일	십이
	하나	둘	셋	넷	다섯	여섯	일곱	여덟	아홉	열	열하나	열둘
미국	one	two	three	four	five	six	seven	eight	nine	ten	eleven	twelve

우리나라의 경우에 일상생활에서 수를 읽을 때 우리말로 읽는 경우와 한자로 읽는 경우가 있으며, 100이상의 수에서는 우리말과 한자를 섞어서 읽는다. 세는 대상이 이산량인 경우에는 하나, 둘, 셋,…으로 읽는다. 예를 들어 종이 3장은 종이 '세 장'이고, 사과 65개는 사과 '예순 다섯 개'다. 그러나 세는 대상이 연속량이거나 명칭수인 경우에는 한자말로 읽는다. 예를 들어 몸무게 45kg은 '사십오kg,' 아파트 906호는 아파트 '구백육호'이다. '243번'에서 번이 횟수를 나타내면 '이백마흔셋'으로 번호를 뜻하는 경우라면 '이백사십삼'으로 읽는다. 시간의 경우에는 한 시간, 한 시 등과 같이 우리말로 읽는다.

생각해 볼 문제 2-1

1. 수 24323을 고대 이집트 숫자로 표현해 보아라.
2. 다음 글에 나타난 수를 읽어 보아라.
   - 우리 반 학생 수는 63명이야.
   - 그 물건의 번호는 324입니다.
   - 다음 모임은 11시에 시작됩니다.
3. 여러 나라의 숫자를 조사해 보아라.

2. 자연수와 범자연수

(1) 자연수 개념과 페아노 공리

수는 삶 속에서 물건의 개수를 나타내거나, 길이, 넓이, 부피와 같은 측정 결과를 나타내기 위한 필요에 의해서 만들어졌다. 따라서 수를 이해하기 위해서는 수의 발생 과정을 살펴보고, 수집합 구성의 특징을 알아보아야 한다.

자연수는 $N=\{1, 2, 3, 4, \cdots\}$로 표시되는 수집합이다. 자연수에서 '자연自然'이란 있는 그대로의 뜻으로 조작되지 않은 수임을 의미하며, 물건의 개수를 한 개, 두 개, …와 같이 세거나, 순서를 첫째, 둘째, 셋째, …와 같이 정할 때 이용한다. 자연수는 역사상 가장 오래 전에 발생한 수로서, 모든 수학의 기초 개념 형성에 크게 도움을 주며, 다른 여러 가지 수를 형성하는데 기초가 된다. 이런 면에서 크로넥커L. Kronecker는 '자연수는 신이 만든 수이다. 그 밖의 모든 수는 인간이 만들었다.'고 하였다.

자연수의 구성을 잘 설명해 주는 것이 페아노Peano의 자연수에 관한 공리이다. 19세기에 페아노는 공리계를 설정하여 자연수를 엄밀하게 정의하였는데, 이를 '페아노 공리'라고 한다. 페아노 공리는 자연수의 성질을 연역적으로 논의하는데 이용되는데, 무정의 용어로 1, 자연수, 후자 등을 이용하고 있다. 다음의 공리계를 만족시키는 원소들의 집합을 자연수의 집합이라고 한다.

> **Peano의 공리**
> ① 1은 자연수이다.
> ② 임의의 자연수 x에 대해서 x의 후자 x'이 꼭 하나 있고, x'도 자연수이다.
> ③ $x'=1$이 되는 자연수는 존재하지 않는다.
> ④ $x'=y'$이면 $x=y$이다.
> ⑤ (수학적 귀납법의 공리) M을 다음 조건을 만족시키는 공집합이 아닌 자연수의 집합이라고 한다.
> (a) 1은 M에 속한다.
> (b) x가 M에 속하면 x'도 M에 속한다.
> 이 때, 모든 자연수는 M에 속한다.

페아노 공리에서 ①과 ③은 1이 자연수에서 최초의 수임을 나타내며, ②와 ④는 자연수 1에서 다음 수, 또 다음 수(1, 2=1+1=1′, 3=2+1=2′)에 의하여 자연수가 순서성이 있음을 나타낸다. 그리고 ⑤는 자연수의 순서수적 성격을 추상화하여 공리계로서 정리한 것으로, 앞의 4개의 공리의 결과로 얻어지는 일련의 계열성에 의하여 자연수가 구성되어 있음을 보증하는 수학적 귀납법에 의한 증명이다.

페아노 공리로부터 자연수에 관한 성질을 증명할 수 있는데, 다음 정리를 증명해 보자.

> [정리 1] 임의의 자연수에 대하여 $x' \neq x$이다.

증명 $x' \neq x$인 자연수 x전체의 집합을 M이라 하고, 공리 ⑤를 이용하여 증명할 수 있다.

1) 공리 ①과 ③에서 $1' \neq 1$이므로 1은 M에 속한다.

2) x가 M에 속하면 $x' \neq x$이다. 공리 ④의 대우를 이용하면 $(x')' \neq x'$이다. 따라서 x'도 M에 속한다.

따라서 공리 ⑤에 의하여 M은 모든 자연수를 포함한다. 즉 임의의 자연수에 대하여 $x' \neq x$이다. ■

자연수의 사칙연산은 페아노 공리를 바탕으로 다음과 같이 정의한다.

[가법 정의]

x와 y를 임의의 자연수라고 할 때, 이들로부터 제3의 자연수(이것을 $x+y$라고 쓴다)를 정하는 연산으로 다음 성질을 갖는 것을 가법이라고 한다.

(i) 임의의 x에 대해서 $x+1=x'$

(ii) 임의의 x, y에 대해서 $x+y'=(x+y)'$

이 때, $x+y$를 x에 y를 더한 합이라고 한다.

[승법 정의]

x와 y를 임의의 자연수라 할 때, 이들로부터 제3의 자연수(이것을 $x \times y$, $x \cdot y$ 라고 쓴다)를 정하는 연산으로 다음 성질을 만족시키는 것을 승법이라고 한다.

(i) 임의의 자연수 x에 대해서 $x \times 1 = x$

(ii) 임의의 자연수 x, y에 대해서 $x \times y' = x \times y + x$

이 때 $x \times y$를 x에 y를 곱한 곱이라고 한다.

[감법 정의]

x와 y를 $x < y$인 임의의 자연수라 할 때, 가법 $x+z=y$를 만족시키는 자연수 z를 $y-x$로 나타내고, 가법 $x+z=y$의 z를 구하는 연산을 감법이라고 한다. 이 때, $y-x$를 y에서 x를 뺀 차라고 한다.

[제법 정의]
x, y, z 를 $x=y\times z$되는 자연수라고 할 때 승법 $x=y\times z$를 성립시키는 자연수 z를 $x\div y$로 나타내고, 승법 $x=y\times z$에서 z를 구하는 연산을 제법이라고 한다. 이 때, $x\div y$를 x를 y로 나눈 몫이라고 한다.

이상과 같이 자연수의 사칙 연산을 정의하면 교환법칙, 결합법칙, 분배법칙 등 여러 가지 연산법칙이 성립함을 증명할 수 있다. 또 대소 관계 등에 대한 성질도 유도해 낼 수 있다.

[정리 2] 임의의 자연수 x, y, z에 대하여 $(x+y)+z = x+(y+z)$가 성립함을 보여라.

증명 x와 y를 고정시키고, 위의 성질을 만족시키는 z의 집합을 M이라 하자.

① $z=1$이라 하면 $(x+y)+1=(x+y)'$ [가법 정의 (i)]

$=x+y'$ [가법 정의 (ii)]

$=x+(y+1)$ [가법 정의 (i)]

따라서 1은 M에 속한다.

② z_1이 M에 속한다고 하면 $(x+y)+z_1=x+(y+z_1)$ 이 성립한다. 이때

$(x+y)+z_1'=\{(x+y)+z_1\}'$ [가법 정의 (ii)]

$=\{x+(y+z_1)\}'$

$=x+(y+z_1)'$ [가법 정의 (ii)]

$=x+(y+z_1')$ [가법 정의 (ii)]

따라서 z_1'도 M에 속한다.

①, ②에 의하여 M은 모든 자연수를 포함한다. 즉 모든 자연수에 대하여 덧셈의 결합법칙이 성립한다. ■

생각해 볼 문제 2-2

1. $x \neq 1$인 자연수 x에 대하여 $y' = x$인 자연수 y가 존재한다는 것을 보여라.
2. 임의의 자연수 x, y에 대하여 $x+y=y+x$가 성립함을 보여라.
3. 페아노 공리를 이용하여 3+2=5임을 보여라
4. 일상생활에서 쓰이는 자연수의 예를 들어 보아라.

마지막으로 자연수에는 다음과 같은 성질이 있다.

① 최소의 수는 1이고, 최대의 수는 없다.

② 집합수이며, 순서수이다.

③ 자연수 중에서 대표가 되는 수는 1이다. 즉 모든 자연수는 1에 의해 만들어 질 수 있다. 1, 2=1+1, 3=1+1+1, …

④ 인접하는 두 자연수 사이에는 다른 자연수가 존재하지 않는다.

(2) 범자연수 개념

범자연수whole number는 W={0, 1, 2, 3, 4,…}로 표시되는 수집합으로, 자연수의 집합에 0을 추가한 수집합이다. '0과 자연수'라는 표현은 수의 이름이 아니고, 수의 조직을 나타내는 성질이기 때문에 이를 구분하기 위하여 '범자연수'라고 일컫는다.

범자연수에서 1은 양의 크기가 있는 것을 나타내는 대표적인 수이며,

0은 양의 크기가 없는 것을 나타내는 대표적인 수이다. 0은 기수법에서 중요한 역할을 하는데, 그 성질을 분명히 알아두어야 한다. 먼저, 0은 양의 크기가 하나도 없는 공집합을 나타내는 0(아무 것도 없음)과 수의 자리지기place holder를 나타내는 0, 그리고 수직선에서 기준점을 나타내는 0으로 생각할 수 있다.

자연수에는 0이 없으므로 수직선상에 나타낼 때 양의 크기를 등간격에 의하여 정할 수가 없고, 단지 순서성만을 유지한다. 그러나 범자연수는 0이 있으므로 수직선상에 단위길이에 의한 등간격의 원리와 순서성이 있게 된다.

범자연수에는 다음과 같은 성질이 있다.

① 최소의 수는 0이고, 최대의 수는 없다.
② 집합수이며, 순서수이다.
③ 자연수 중에서 대표가 되는 수는 0과 1이다.
④ 인접하는 두 범자연수 사이에는 다른 범자연수가 존재하지 않는다.

(3) 소수

1) 소수와 소인수분해

자연수는 소수prime number와 합성수composite number로 나눌 수 있는데, 소수는 2, 3, 5, 7, 11, … 과 같이 '1과 자기 자신만을 약수로 가지는 수'이다. 반면에 합성수는 12의 약수가 1, 2, 3, 4, 6, 12인 것과 같이 '1과 자기 자신 외에도 약수를 가지는 수'이다.

자연수에서 소수를 찾는 방법으로 '에라토스테니스의 체'라는 방법이 있다. 예를 들어 2~200의 자연수를 써서 늘어놓고, 2 이외의 2의 배수,

3 이외의 3의 배수, … 의 순서로 지워 가면, 체로 쳤을 때처럼 끝에 남는 것이 소수이다. 수를 나열할 때에도 아래와 같이 6줄만을 이용하면 소수의 특징을 발견할 수 있다. 각 줄을 살피면서 소수의 어떤 특징을 발견할 수 있는지 조사해 보자.

1,	2,	3,	4,	5,	6
7,	8,	9,	10,	11,	12
13,	14,	15,	16,	17,	18
19,	20,	21,	22,	23,	24,

한편, 어떤 수를 소수들만의 곱으로 표현하는 것을 소인수분해라고 한다. 예를 들어 18을 소인수분해하면 $18=2\times3^2$이라고 쓸 수 있다. 이 경우에 2, 3은 18에 대해 한 가지로 정해지며, 거기에 대응되는 1, 2도 한 가지로 정해진다. 이것을 정리하면 다음과 같이 쓸 수 있는데, 이 정리가 초등 정수론의 기본 정리이다.

'1보다 큰 정수 a는 소수의 곱으로 분해할 수 있고, 그 결과는 (순서를 무시하면) 유일하다.'

그런데 1을 소수의 범위에 넣게 되면 이 정리는 서로 다른 결과를 산출하게 되어 매끄럽게 이용할 수 없게 된다. 따라서 1을 소수에서 제외시키는 것이다. 어떤 수의 소인수분해는 유일하지만, 그 방법은 여러 가지가 있다. 예를 들면 수형도를 이용하는 방법에도 다음과 같은 여러 가지 경로를 통해 소인수분해할 수 있다.

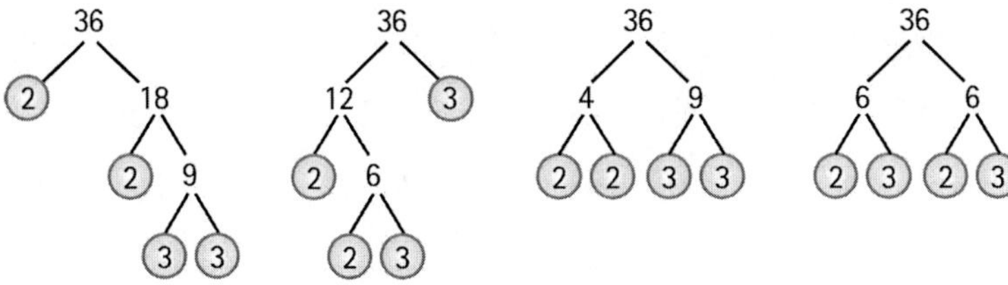

[그림 2.5] 소인수분해의 여러 가지 방법

> [정리 3] 소수는 무수히 많다.

증명 소수가 유한개이고, 그 각각을

$$p_1,\ p_2,\ p_3,\ \cdots,\ p_n$$

이라고 하자.

이제 새로운 수

$$P = p_1 \cdot p_2 \cdot p_3 \cdots\cdots p_n$$

을 생각해 보자. 이 수는 어느 소수보다 크기 때문에 소수가 아니고 합성수임을 알 수 있다. 즉 소수를 몇 개 곱한 수이다. 그런데 이 수는 $p_1,\ p_2,\ p_3,\ \cdots,\ p_n$의 어느 것으로도 나누어떨어지지 않으므로 모순이다. 따라서 소수는 무한개이다. ■

2) 여러 가지 소수

$(p,\ p+2)$인 관계에 있는 두 소수를 쌍둥이 소수라고 한다. 예를 들면 (3, 5), (11, 13), (17, 19), (71, 73), (101, 103), … 등이 쌍둥이 소수이다. 쌍둥이 소수가 무수히 많은지, 어떤 규칙으로 나타나는가 등은 아직도 미해결된 문제이다.

메르센느는 소수 p에 대하여 '메르센느 수' $M_p = 2^p - 1$을 정의하고, M_p중 소수인 것을 메르센느 소수라고 명명하였다. 예를 들면 $3=2^2-1$, $7=2^3-1$, $31=2^5-1$이므로 3, 7, 31은 메르센느 소수이다. 메르센느 수 M_p는 큰 소수를 발견하는데 유용한데, M_{121701}이 메르센느 소수임이 한 대학생에 의해 밝혀지기도 하였다.

3) 완전수 탐구

정수론은 수에 대한 이론으로 가장 오래된 수학의 분야이며, 정수론이 있기 전에는 수비학數秘學이 있었다. 그리고 수비학은 오늘날까지도 설명할 수 없는 예언이나 미신으로 남아 있다. 수의 신비주의는 수에 대한 여러 특성을 밝히는 수학자들의 활동으로 나타났는데, 피타고라스학파는 수를 특히 숭배했다고 한다. 그들은 짝수를 여성과 지상과 관계를 맺고 있는 수로, 홀수를 남성적이고 천상과 관계를 맺고 있는 수로 간주하였다. 따라서 1은 불변이기 때문에 이성을, 2는 견해를, 4는 정의를, 5는 결혼을 의미한다.

수에 대한 특성을 밝히는 연구 중에 완전수가 있다. 수는 진약수의 합이 원래 수보다 큰 수와 작은 수, 같은 수로 나눌 수도 있는데, 이를 과잉수, 부족수, 완전수라고 한다.

- 과잉수 : 진약수의 합이 원래 수보다 큰 수
- 부족수 : 진약수의 합이 원래 수보다 작은 수
- 완전수 : 진약수의 합이 원래 수와 같은 수

예를 들어 8의 진약수는 1, 2, 4이고 그 합은 7이므로 부족수이다. 6의 진약수는 1, 2, 3으로 그 합은 6이므로 완전수이다. 완전수는 드물고 간격도 큰데, 6, 28, 496, 8128 등이 완전수이다. 완전수를 소인수분해하고 그 결과를 살펴보면, 짝수 완전수는 n이 자연수일 때 2^n-1이 소수이면 $2^{n-1}(2^n-1)$의 형태로 나타날 수 있음을 짐작할 수 있다. 이때 어떤 자연수 n에 대하여 2^n-1을 메르센느 소수라고 하는데, 이를 알면 완전수를 발견할 수 있음을 알 수 있다. 그렇지만 메르센느 소수는 30여 개 밖에 되지 않으며, 1998년에 37번째 $2^{3,021,377}-1$이 발견되었다. 한편 피타고라스는 완전수에 관심을 가지고 여러 가지 성질이 있음을 밝혀냈는데, 특히 완전수는 연속되는 자연수의 합으로 표현됨을 발견하였다.

$$6 = 1 + 2 + 3$$
$$28 = 1 + 2 + 3 + 4 + 5 + 6 + 7$$
$$496 = 1 + 2 + 3 + 4 + \cdots + 29 + 30 + 31$$

수학이야기

소인수분해를 이용한 게임 수학

소인수분해에 대한 개념적 이해를 위하여 다음과 같은 상황을 생각해 보자. 안이 보이지 않는 주머니에 다음과 같이 수가 할당되어 있는 여러 개의 블록을 넣고 상대편에게 몇 개의 블록을 꺼내어 꺼내어진 블록에 할당된 수들의 곱을 구하여 말하도록 한다. 물론 경기자는 그 블록을 볼 수 없다. 그러면 꺼내어진 블록의 종류와 그 개수를 어떻게 알 수 있는가? 이에 답하기 위하여 필요한 지식은 무엇인가?

빨강 = 2, 오렌지 = 3, 노랑 = 5, 파랑 = 7

예를 들어 상대편이 28이라고 말했다면 꺼내어진 블록의 종류는 어떻게 되겠는가? 빨강 2개와 파랑 1개임을 알 수 있다. 수를 크게 하여 1260이라고 말했다면 꺼내어진 블록의 종류는 어떻게 되겠는가? 이 물음에 답하기 위해서는 1260을 소인수 분해하여야 한다. 꺼내어진 블록의 종류와 수를 구하기 위하여 왜 소인수분해를 해야 하는지 생각해 보자.

(4) 약수와 배수

1) 합동 이론

[정리 4] n을 주어진 양의 정수라 하자. n이 차 $a-b$를 나누면 즉, 어떤 정수 k에 대해 $a-b=kn$이면 두 개의 정수 a와 b를 법 n에 대해 합동이라 말하며 기호로 표현하면

$$a \equiv b(\mathrm{mod}\, n)$$

예를 들면 $3 \equiv 24(\mathrm{mod}\, 7), -15 \equiv -64(\mathrm{mod}\, 7)$이다.

[정리 5] $n>1$이 고정되고 a, b, c, d를 임의의 정수라 하자. 그러면 다음 성질이 성립한다.

(a) $a \equiv a(\mathrm{mod}\, n)$

(b) $a \equiv b(\mathrm{mod}\, n)$이면 $b \equiv a(\mathrm{mod}\, n)$이다.

(c) $a \equiv b(\mathrm{mod}\, n)$이고 $b \equiv c(\mathrm{mod}\, n)$이면 $a \equiv c(\mathrm{mod}\, n)$이나.

(d) $a \equiv b(\mathrm{mod}\, n)$이고 $c \equiv d(\mathrm{mod}\, n)$이면 $a+c \equiv b+d(\mathrm{mod}\, n)$이다.

(e) $a \equiv b(\mathrm{mod}\, n)$이고 $c \equiv d(\mathrm{mod}\, n)$이면 $a-c \equiv b-d(\mathrm{mod}\, n)$이다.

(f) $a \equiv b(\mathrm{mod}\, n)$이고 $c \equiv d(\mathrm{mod}\, n)$이면 $ac \equiv bd(\mathrm{mod}\, n)$이다.

증명 (1) $a-a=0$이므로 $a-a=0n$을 만족하는 정수 0이 존재한다. 따라서 $a \equiv a(\mathrm{mod}\, n)$

(2) $a \equiv b(\mathrm{mod}\, n)$ 이면 $a-b=nk$인 정수 k가 존재한다. 따라서 $b-a=n(-k)$인 정수 $-k$가 존재한다. 즉, $b \equiv a(\mathrm{mod}\, n)$이다.

(3) $a \equiv b(\mathrm{mod}\, n)$이고 $b \equiv c(\mathrm{mod}\, n)$이면 $a-b=nk$, $b-c=nl$인 정수 k, l이 존재 한다. 두 식을 더하면 $(a-b)+(b-c)=a-c=n(k+l)$인 정수 $k+l$이 존재한다. 따라서 $a \equiv c(\mathrm{mod}\, n)$이다.

(4) $a \equiv b(\mathrm{mod}\, n)$이고 $c \equiv d(\mathrm{mod}\, n)$이면 $a-b=nk$, $c-d=nl$인 정수 k, l이 존재 한다. 두 식을 더하면 $(a-b)+(c-d)=(a+c)-(b+d)=n(k+l)$인 정수 $k+l$이 존재한다. 따라서 $a+c \equiv b+d(\mathrm{mod}\, n)$이다.

(5) $a \equiv b(\mathrm{mod}\, n)$ 이고 $c \equiv d(\mathrm{mod}\, n)$ 이면 $a-b=nk$, $c-d=nl$ 인 정수 k, l이 존재 한다. 두 식을 빼면 $(a-b)-(c-d)=(a-c)-(b-d)=n(k-l)$인 정수 $k-l$이 존재한다. 따라서 $a-c \equiv b-d(\mathrm{mod}\, n)$이다.

(6) $a \equiv b(\mathrm{mod}\, n)$ 이고 $c \equiv d(\mathrm{mod}\, n)$ 이면 $a-b=nk$, $c-d=nl$인 정수 k, l이 존재 한다. $ac-bd=(b+nk)(d+nl)=bd+bnl+ndk+n^2kl-bd=n(bl+dk+nkl)$인 정수가 존재한다. 따라서 $ac \equiv bd(\mathrm{mod}\, n)$이다.

예 1 정수 $2^{32} \times 14^{41}$을 11로 나누었을 때의 나머지를 구하여라.

풀이 $2^2 \equiv 4(\mathrm{mod}11)$, $2^4 \equiv 16 \equiv 5(\mathrm{mod}11)$, $2^8 \equiv 25 = 3(\mathrm{mod}11)$,

$2^{10} \equiv 3 \times 4 = 1(\mathrm{mod}11)$, $2^{32} \equiv (2^{10})^3 \times 2^2 = 2^2 \equiv 4(\mathrm{mod}11)$,

그리고 $14 \equiv 3(\mathrm{mod}11)$이고 또 다음이 성립한다.

$3^2 \equiv 9 \equiv -2(\mathrm{mod}11)$, $3^4 \equiv 4(\mathrm{mod}11)$, $3^8 \equiv 5(\mathrm{mod}11)$,

$3^{10} \equiv -10 = 1(\mathrm{mod}11)$, $3^{41} \equiv (3^{10})^4 \times 3 = 3(\mathrm{mod}11)$

따라서 $2^{32} \times 14^{41} \equiv 4 \times 3 \equiv 12 \equiv 1(\mathrm{mod}11)$이므로 $2^{32} \times 14^{41}$을 11로 나눈 나머지는 1이다.

2) 약수와 배수

자연수 a가 자연수 b로 나누어떨어질 때, 곧 $a=b\times$(자연수)의 꼴로 나타낼 수 있을 때, b를 a의 약수, a를 b의 배수라고 한다(단, 약수와 배수는 자연수에서만 생각하기로 한다). 이 때 모든 자연수 a에 대하여 $a=1\times a$이므로 다음과 같은 성질을 갖는다.

- 1은 모든 자연수의 약수이다.
- a는 자기 자신의 약수이며 배수이다.

그리고 어떤 수의 배수를 찾기 위해서는 다음과 같은 배수판정법을 이용할 수 있다.

- 2의 배수 : 일의 자리 숫자가 0 또는 2의 배수
- 5의 배수 : 일의 자리 숫자가 0 또는 5
- 4의 배수 : 끝의 두 자리가 00 또는 4의 배수
- 3의 배수 : 각 자리의 숫자의 합이 3의 배수
- 9의 배수 : 각 자리의 숫자의 합이 9의 배수

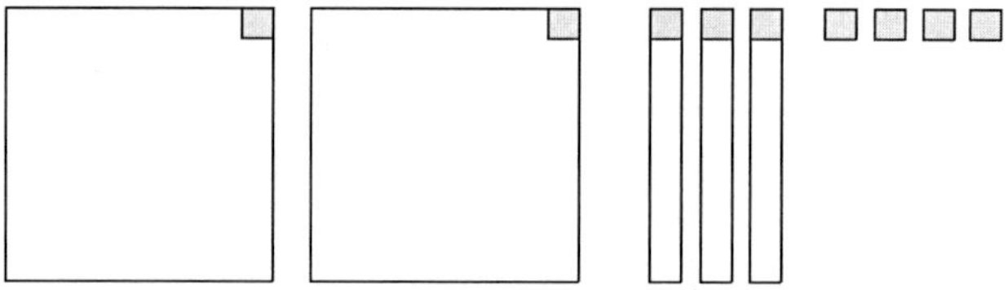

[그림 2.6] 234가 3의 배수이며 9의 배수인 이유

〈9의 배수 판정법〉

$abcd$를 임의의 4자리 수라 하면

- $abcd = a \times 1000 + b \times 100 + c \times 10 + d \times 1$

$$= a \times (999+1) + b \times (99+1) + c \times (9+1) + d$$

$$= 999a + a + 99b + b + 9c + c + d$$

$$= (999a + 99b + 9c) + a + b + c + d$$

위 식에서 $999a + 99b + 9c$는 항상 9의 배수이므로

$a + b + c + d$가 9의 배수이면 네 자리수 $abcd$는 9의 배수이다.

배수판정법은 합동 개념을 이용하여 증명할 수 있다.

양의 정수 a를 $2^k, 5^k(k \geq 1)$으로 나누었을 때의 나머지를 구해보자.

먼저 10은 2, 5로 나누어진다. 즉 $10 \equiv 0(\mathrm{mod}2)$, $10 \equiv 0(\mathrm{mod}5)$, $10^k \equiv 0(\mathrm{mod}2^k)$, $10^k \equiv 0(\mathrm{mod}5^k)$이므로 다음이 성립한다.

$$10^k \equiv 10^{k+1} \equiv \cdots \equiv 10^n \equiv 0(\mathrm{mod}2^k),$$

$$10^k \equiv 10^{k+1} \equiv \cdots \equiv 10^n \equiv 0(\mathrm{mod}5^k),$$

따라서 $a = a_n 10^n + a_{n-1}10^{n-1} + \cdots + a_1 10 + a_0$ 일 때

$$a \equiv a_{k-1}10_{k-1} + \cdots + a_1 10 + a_0(\mathrm{mod}2^k)(1 \leq k \leq n)$$

$$a \equiv a_{k-1}10_{k-1} + \cdots + a_1 10 + a_0(\mathrm{mod}5^k)(1 \leq k \leq n)$$

이고, 특히 다음이 성립한다.

$$a \equiv a_0(\mathrm{mod}2),\ a \equiv a_1 10 + a_0 \equiv a_1 a_{0_{(10)}}(\mathrm{mod}4)$$

$$a \equiv a_0(\mathrm{mod}5),\ a \equiv a_1 10 + a_0 \equiv a_1 a_{0_{(10)}}(\mathrm{mod}25)$$

예 2 $a = 42681016$일 때 다음이 성립한다.

$a \equiv 6 \equiv 0(\mathrm{mod}2)$, $a \equiv 16 \equiv 0(\mathrm{mod}4)$,

$a \equiv 16 \equiv 0(\mathrm{mod}8)$, $a \equiv 1016 \equiv 8(\mathrm{mod}16)$

따라서 a는 2, 4, 8로 나누어 떨어지고 16으로 나눈 나머지는 8이다.

$$a \equiv 6 \equiv 1(\mathrm{mod}5),\ a \equiv 160(\mathrm{mod}25),$$

이므로 a를 5, 25로 나눈 나머지는 각각 1, 16이다.

양의정수 a를 3, 9, 11로 나누었을 때의 나머지를 구해보자.

먼저 $10 \equiv 1(\mathrm{mod}3)$, $10 \equiv 1(\mathrm{mod}9)$, $10 \equiv -1(\mathrm{mod}11)$,

$$10^k \equiv 1(\mathrm{mod}3),\ 10^k \equiv 1(\mathrm{mod}9),\ 10^k = (-1)^k(\mathrm{mod}11)$$

이므로 $a = a_n 10^n + a_{n-1}10^{n-1} + \cdots + a_1 10 + a_0$일 때 다음이 성립한다.

$$a \equiv a_n + a_{n-1} + \cdots + a_1 + a_0(\mathrm{mod}3),$$

$$a \equiv a_n + a_{n-1} + \cdots + a_1 + a_0(\mathrm{mod}9),$$

$$a \equiv a_0 - a_1 + a_2 + \cdots (-1)^n a_n(\mathrm{mod}11)$$

예 3 $a = 42681016$일 때 다음이 성립한다.

$$42681016 \equiv 4+2+6+8+1+1+6 \equiv 28 \equiv 1 \pmod{3},$$

$$42681016 \equiv 4+2+6+8+1+1+6 \equiv 28 \equiv 1 \pmod{9},$$

$$42681016 \equiv 6-1+0-1+8-6+2-4 \equiv 4 \pmod{11},$$

따라서 a를 3, 9, 11로 나눈 나머지는 1, 1, 4이다.

한편, 두 개(또는 그 이상)의 자연수의 공통인 약수를 그들 수의 공약수라고 한다. 그리고 공약수 중에서 가장 큰 수를 최대공약수라고 한다. 최대공약수의 성질로는 '두 개(또는 그 이상)의 자연수의 공약수는 그들의 최대공약수의 약수이다.'를 들 수 있다. 따라서 공약수를 구하는 방법은 최대공약수를 구하여 최대공약수의 약수를 구하면 된다. 특히 공약수가 1뿐인 두 자연수를 서로소라고 한다.

다음으로 두 개(또는 그 이상)의 자연수의 공통인 배수를 그들 수의 공배수라고 한다. 그리고 공배수 중에서 가장 작은 수를 최소공배수라고 한다. 최소공배수의 성질로는 '두 개(또는 그 이상)의 자연수의 공배수는 그들의 최소공배수의 배수이다.'를 들 수 있다. 따라서 공배수를 구하는 방법은 최소공배수를 구하여 최소공배수의 배수를 구하면 된다.

최대공약수와 최소공배수를 구하는 방법으로는 소인수분해를 이용하는 방법과 공통인 소인수로 나누어 구하는 방법이 있다.

3) 유클리드 호제법

최대공약수를 쉽게 구하는 방법으로 유클리드 호제법이 있다. 유클리드 호제법은 다음의 성질을 이용하는 것이다.

> [정리 6] $A = BQ + R(0 < R < B)$일 때 A와 B의 최대공약수는 B와 R의 최대공약수와 같다.

증명 자연수 A, B에 대하여 A를 B로 나누었을 때의 몫을 q, 나머지를 r이라 하자.

$$A = a'x$$

$$B = b'x\ (a', b'\text{는 서로소})$$

$A = BQ + R$ 에서 $a'x = (b'x)q + r$이고

$r = a'x - b'xq = (a' - b'q)x$이다.

따라서 A, B 의 최대공약수 x는 B 와 r의 공약수임을 알 수 있다.

■

즉, 큰 수와 작은 수의 최대공약수는 작은 수와 나머지(큰 수를 작은 수로 나눌 때)의 최대공약수와 같다는 것이다. 예를 들면 $94=6\times15+4$이므로 94와 6의 최대공약수는 6과 4의 최대공약수인 2이다.

> [정리 7] 부정 방정식 $ax + by = c$ (단 a,b,c 는 모두 정수)는 정수해를 가지는 것은 $d = \gcd(a, b)$일 때 d가 c로 나누어 떨어질 때이다. 유클리드 호제법을 이용하면 $as + bt = d$(s, t는 정수)가 되는 s, t가 존재함을 알 수 있다.
> 여기서 $ax_0 + by_0 = c$가 되는 해 x_0, y_0를 찾으면 일반해
> $x = x_0 + \frac{b}{d}t$, $y = y_0 - \frac{a}{d}t$ (단 t는 임의의 정수) 이다.

예 1 $710x + 68y = 6$의 정수해를 구하여라.

풀이 $710 = 68 \times 10 + 30$

$68 = 30 \times 2 + 8$

$30 = 8 \times 3 + 6$

$$8 = 6 \times 1 + 2$$
$$6 = 2 \times 3 + 0$$
$$d = \gcd(710, 68) = 2$$

$$\begin{aligned} 2 &= 8 - 6 \\ &= 8 + (30 - 8 \times 3) \times (-1) \\ &= 30 \times (-1) + 8 \times 4 \\ &= 30 \times (-1) + (68 - 30 \times 2) \times 4 \\ &= 68 \times 4 + 30 \times (-9) \\ &= 68 \times 4 + (710 - 68 \times 10) \times (-9) \\ &= 68 \times 94 + 710 \times (-9) \ \ ,s = 94,\ t = -9 \end{aligned}$$

그러므로 $68 \times 282 + 710 \times (-27) = 6$이다.

여기서 정수해는 $x = -27 + \frac{68}{2}t,\ y = 282 - \frac{710}{2}t,\ t \in \mathbb{Z}$이다.

생각해 볼 문제 2-3

1. 유클리드 호제법을 이용하여 68과 48의 최대공약수를 구하여라.

2. 완전수, 부족수, 과잉수에 대하여 조사하고, 각각의 예를 들어라.

Chapter 03

분수와 소수 지도

물건을 한 개씩 세기 위해 자연수가 필요했으나, 길이, 넓이, 무게 등과 같이 대상의 크기를 재기 위해서는 다른 수가 필요하게 되었다. 이와 같이 단위로 측정할 수 없는 상황을 수로 표현하기 위한 것이 분수이다. 분수는 유리수를 표현하는 한 가지 방법으로, 분수가 조각이나 부분의 의미로 사용되기 시작된 것은 약 4000여 년 전이다. 이 장에서는 분수와 소수의 지도 내용과 분수와 소수의 지도에 필요한 교수학적 내용 지식에 대해 알아본다. 또한 무리수와 실수에 대해서도 알아본다.

01 학교수학에서 분수와 소수 지도 내용

학생들이 처음 분수를 배울 때에는 등분할의 의미를 바탕으로 '전체를 똑같이 ~으로 나눈 것 중의 ~'이라는 표현으로 부분과 전체의 관계를 이해하게 하고, 부분을 나타내고 읽고 쓸 수 있게 한다. 또 부분을 분수로 나타내는 활동에 익숙해지면 쉽게 등분할 수 있는 연속량을 제시하여 주어진 분수를 나타내게 한다.

분수를 도입할 때에는 등분할, 세어보기, 용어와 기호의 도입, 모형그리기, 모형의 확장 순으로 진행한다. 먼저, 학생들은 전체를 균등한 부분으로 분할할 수 있어야 하며, 이어서 각각의 부분들을 기술할 줄 알아야 한다. 학생이 분수와 관련하여 부분이란 용어에 익숙해지면 부분을 세기 시작한다. 등분할 개념이 발달되고 전체와 부분의 관계를 인식했다면 이를 이분의 일, 삼분의 이와 같은 용어를 기호와 함께 도입한다. 모형그리기에서는 학생들에게 그림 모델을 주기보다는 학생들이 분수 모델을 만들어 보게 한다. 마지막으로 모형의 확장에서는 분수의 대소관계와 동치분수를 도입하기 위하여 여러 방향으로 나누어 보는 활동을 통해 색칠된 부분을 분수로 표현해 보도록 한다.

분수와 소수의 지도 계열은 연속량의 등분할을 통해 분수 개념을 도입한 후에 이산량의 등분할을 통해 분수를 이해하고, 단위분수와 진분수를 학습한다. 그리고 몫의 의미와 비의 의미로 분수를 도입하고, 여러 가지 분수와 그것들 간의 관계를 학습한다.

소수의 도입 방법은 분모가 10^n인 분수에서 도입하는 방법과 십진기수법에 따라 도입하는 방법을 생각할 수 있는데, 우리나라는 분모가 10인 십진분수를 사용해 소수를 도입한다. 소수점 둘째자리 이하의 소수는 자릿값 원리에 기초해 소수 두 자리와 소수 세 자리를 이해한다. 마지막으로 분수를 소수로 소수를 분수로 나타내봄으로써 그들의 상호관계를 이해하는 데 초점을 둔다. 특히 소수를 지도함에 있어서는 소수와 분수의 관계를 명확히 하는 것과 소수의 전개방법도 정수의 전개 방법과 같이 십진기수법을 따르고 있다는 점을 강조해야 된다.

중학교에서는 정수와 유리수 개념 및 연산, 유리수와 순환소수 그리고 제곱근, 무리수, 실수 개념을 학습하고, 고등학교에서 무리수 개념으로 확장하게 된다.

02 분수와 소수 지도를 위한 교수학적 내용 지식

1. 분수

(1) 분수 개념의 역사

농업과 상업, 문명의 발달과 더불어 토지조사, 물물교환, 세금 징수 등이 필요하게 되었는데, 이러한 상황에는 양을 기록할 필요가 대두되었으며, 때때로 단위나 전체와 부분사이의 관계를 표현하는 기호가 필요하였다. 이러한 실용적 요구를 충족시키기 위하여 분수가 만들어졌다(Baroody & Coslick, 1998).

역사적으로 분수는 기원전 2000년경부터 바빌로니아에서 사용되기 시작하였는데, 초기의 표기 방법은 불안정한 형태를 띠었으며, 특수한 기호를 사용하여 분수를 나타내었다고 한다.

수학사를 통하여 분수의 역사적 사실을 다룰 때 회자되는 사실은 이집트인들이 사용한 분수에 관한 예화이다. 이집트에서 분수를 사용한 증거는 4000년 전 경에 쓰여 진 린드 파피루스Rhind Papyrus에 나타난다. 이집트인들은 주로 단위 분수를 이용하였는데, 이것은 분수를 단위분수로 나타냄으로써 계산의 어려움을 피하고자 한 것으로 보여 진다(Lenchner, 1983).

린드 파피루스에는 5에서 101까지의 $\frac{2}{n}$(단, n은 홀수)를 서로 다른 두 개의 단위분수의 합으로 나타내고 있는데, 다음에는 그 몇 가지 예이다.

$$\frac{2}{5}=\frac{1}{3}+\frac{1}{15}$$

$$\frac{2}{7}=\frac{1}{4}+\frac{1}{28}$$

$$\frac{2}{11}=\frac{1}{6}+\frac{1}{66}$$

이러한 합을 얻는 데에는 흥미로운 사실을 발견할 수 있는데, 먼저 우리는 5×3=15, 7×4=28, 11×6=66을 발견할 수 있다. 그러면 첫 번째 단위분수의 분모는 어떻게 구할 수 있을까? $\frac{1}{2}\times(5+1)=3$, $\frac{1}{2}\times(7+1)=4$, $\frac{1}{2}\times(11+1)=6$을 통해 구할 수 있음을 알 수 있다. 이집트에서 이용된 단위분수는 그리스에 전해졌다. 또 이는 아라비아에 전해지고 다시 유럽에 전해져 오랜 동안 이용되었다.

한편, 인도인들은 분수 표기를 개선하기 위해 스스로 만들거나 고대 그리스인들의 것(분수의 가운데 줄 없이 분모 위에 분자를 씀)을 빌려 썼다고 한다. 그 후 아랍인들은 1000년경 처음으로 분수의 막대 표기($\frac{a}{b}$)를 도입하였다(Baroody & Coslick, 1998).

역사적으로 중요한 수학적 개념 · 원리 · 법칙 · 정리 등은 현실적인 상황에 의하여 암시되었으며, 수학은 현실 세계에 대한 경험으로부터 발생하였다(우정호, 2000). 이런 면에서 본 다면 분수는 측정 상황에서 분수를 이용해야 하는 상황으로부터 유도되었다고 볼 수 있다(서동엽, 2005; 안재구, 2000). 측정의 기본적인 아이디어는 단위를 이용하여 기본 단위의 몇 배에 해당하는가를 할당하는 것인데, 주어진 단위의 자연수 배가 되지 않는 경우에 어려움은 발생한다. 이를 해결하기 위한 방법은 주어진 단위를 더 작은 단위로 바꾸어 자연수로 나타내는 것이고, 다른 방법은 다른 표기 방법을 구안하는 것이다.

역사적으로 추정해 볼 때 인류는 존재하지 않는 새로운 표현을 생각하기 보다는 기존의 표현 방법을 활용하고자 했을 것이고, 따라서 주어진 단위를 더 작은 단위로 바꾸어 자연수로 나타내고자 했을 것이다. 그러나 어느 때부터 인가 그러한 방식의 불편함을 해소시키기 위하여 인류는 새로운 표현을 고안하기에 이르렀을 것이다(서동엽, 2005).

(2) 분수 개념의 이해

분수는 여러 의미를 갖는 복합적인 개념이다. Rey, Suydam, Limdquist, Smith(1998)는 분수의 의미를 부분-전체의 의미, 몫의 의미, 비의 의미와 같이 3가지로 제시하고 있으며, Baroody와 Coslick(1998)은 전체에 대한 부분, 몫, 비, 연산자의 의미와 같이 4가지로 제시하고 있다. 또 제7차 초등학교 교육과정 해설(교육인적자원부, 1998)에서는 분수의 의미를 등분할 분수, 양으로서의 분수, 비율로서의 분수, 몫으로서의 분수와 같이 네 가지 의미를 제시하고 있다.

한편 강지형 외(2003)는 분수의 의미를 등분할(전체-부분)의 의미, 양의 의미, 몫의 의미, 비의 의미, 연산자의 의미로 제시하고 있다.

1) 등분할의 의미(전체-부분의 비교)

분수라는 용어는 라틴어 fractio, 쪼개다(break)라는 의미를 가진 frangere의 파생어에서 유래된 것인데, 전체를 몇 개의 조각으로 나눈다는 의미를 가지고 있다. 즉, 분수는 똑같은 크기의 부분으로 나눈 전체분모에 대한 부분의 수(분자)를 의미하는 등분할의 의미가 있다. 예를 들면 분수 $\frac{3}{5}$은 전체를 똑같이 5등분하고 그 중에서 3개를 고려한다는 의미이다. 이 분수는 다음과 같은 영역 모델로 나타낼 수 있다.

교과서에서는 ....

활동 1 우크라이나 국기를 색칠하시오.

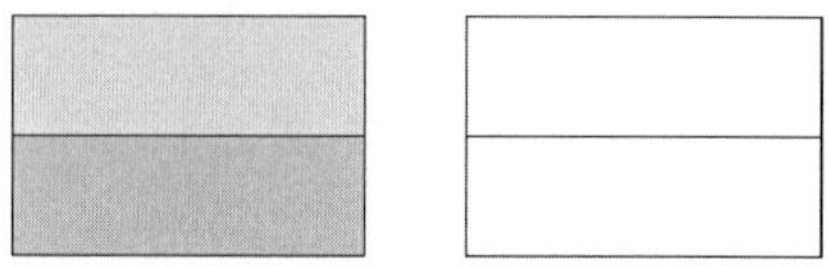

우크라이나 국기의 파란색 부분은 전체를 똑같이 2로 나눈 것 중의 □입니다.

활동 2

> 전체를 똑같이 2로 나눈 것 중의 1을 $\frac{1}{2}$이라 쓰고 2분의 1이라고 읽습니다.

[그림 3.1] 등분할(부분-전체 비교) 의미 지도

2) 양의 의미(측정)

어떤 양을 측정하는 과정에서 발생하는 분수를 의미하는데, 주어진 단위의 적당한 자연수 배가 되지 않는 경우에 처음의 단위를 세분하여 더 작은 단위를 만듦으로써 보다 정교한 측정을 할 수 있다. 이 때 분모가 점차적으로 커지는 분수를 이용하여 보다 정확한 측정값을 얻을 수 있다.

분수 단위로 측정하는 방법에는 단위를 등분할하여 측정하는 방법과 재고자 하는 부분을 등분할하여 단위와 비교하는 방법이 있다(강지영 외, 2003). 먼저, 단위를 등분할하여 측정하는 방법은 측정하고자 하는 부분이 처음의 단위(1차 단위, 예를 들면 자연수)로 측정할 수 없을 때 처음 단위를 세분하여 새로운 단위(2차 단위, 예를 들면 $\frac{1}{2}$)를 만들어 측정하고, 다시 남는 부분이 발생하면 다시 단위(3차 단위, 예를 들면 $\frac{1}{4}$)를 만들어 측정한다. 이와 같은 과정을 반복하면 측정하고자 하는 길이 $1+\frac{1}{2}+\frac{1}{4}$을 얻을 수 있다.

한편, 동양에서는 단위로 재고 남는 부분을 재기 위하여 단위를 10등분하고, 이것으로 잴 수 없는 부분은 100등분하여 측정하였다(강지영 외, 2003).

다음으로 재고자 하는 부분을 등분할하여 단위와 비교하는 방법은 측정하고자 하는 부분을 2, 3, 4, … 으로 등분할하여 단위와 비교하는 방법이다. 예를 들면 측정하고자 하는 부분을 2등분하여, 그 중 한 부분으로 단위를 측정하여 정확하게 자연수 배가 되지 않으면, 다시 3등분하여 그 중 한 부분으로 단위를 측정하여 정확하게 자연수 배가 될 수 있는가를 조사한다. 이러한 과정을 계속하여 측정하고자 하는 부분을 n등분할하여 단위를 측정하여 정확하게 자연수 배가 될 때 단위를 이루는 전체 수와 측정하고자 하는 길이를 비교하여 측정값을 얻을 수 있다.

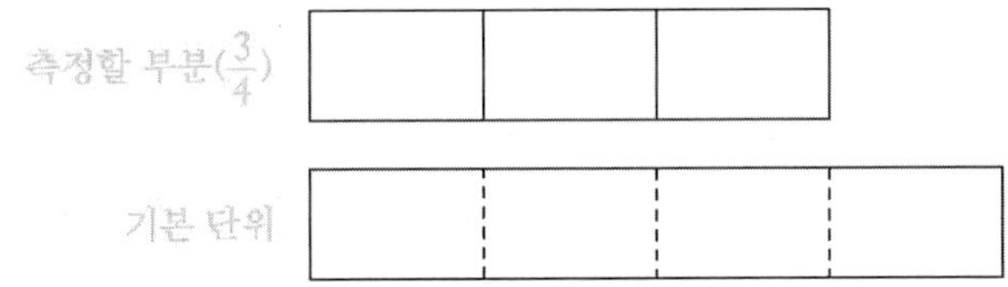

3) 몫의 의미

분수는 나눗셈의 몫을 의미한다. 예를 들면, 분수 $\frac{3}{5}$은 $3÷5$의 몫으로 생각할 수 있다. 이것 역시 분할의 상황으로부터 발생하는데, 분수 $\frac{3}{5}$은 과자 3개를 5명이 똑같이 나누어 먹을 때 한 사람이 차지하는 몫을 의미한다.

나눗셈에는 등분제와 포함제가 있는데, 분수는 등분제 상황에서 몫의 의미를, 포함제 상황에서는 측정의 의미를 가진다. 예를 들면 사과 20개를 6명에게 똑같이 나누어 주면 한 사람이 받는 양은 한 사람의 몫을 구하는 것으로 $3\frac{1}{3}$이 된다. 반면에 사과 20개를 6개 들이 상자에 포장한다면 몇 상자가 되겠는가는 $3\frac{1}{3}$상자가 되며, 이 분수는 측정의 의미를 지닌다.

교과서에서는 ....

활동 1 1÷4의 몫을 분수로 나타내는 방법을 알아보시오.

- 1÷4를 분수의 곱셈으로 나타내어 보시오.
- 1은 4의 몇 분의 몇입니까?
- 1÷4의 몫을 분수로 나타내어 보시오.

[그림 3.2] 몫의 의미 지도

4) 비의 의미

분수는 비를 나타낼 수 있다. 예를 들어 비 3 : 5를 분수 $\frac{3}{5}$으로 나타낼 수 있다. 비는 두 양사이의 곱셈적 관계를 나타내는데, 전체에 대한 부분의 관계가 있는 경우와 없는 경우로 나눌 수 있다. 예를 들면 구슬 5개 중 파란구슬 3개(전체에 대한 부분의 관계임)와 흰 구슬 5개에 대한 검은 구슬 3개(전체에 대한 부분의 관계가 아님)의 경우이다. 전자의 경우에 분수는 전체와 부분이 같을 경우를 제외하고는 항상 1보다 작고 가역적이지 못하다. 하지만, 후자는 분수가 1보다 크거나, 같거나, 작을 수 있으며, 분수를 약분하여 1이외의 자연수가 될 수 있으며, 가역적이다(강지영 외, 2003).

두 분수 $\frac{1}{2}$과 $\frac{2}{4}$의 경우에 등분할의 의미에서는 서로 다른 상황을 나타내지만, 두 양의 상대적인 크기를 나타내는 비의 의미에서는 같은 수이다. 따라서 분수의 본질적인 개념을 이해하기 위해서는 상대적인 크기를 나타내는 비의 의미를 이해해야 한다.

교과서에서는 ....

비 150 : 200에서 기호 :의 왼쪽에 있는 150은 비교하는 양이고, 오른쪽에 있는 200은 기준량입니다. 비교하는 양을 기준량으로 나눈 값을 비의 값 또는 비율이라고 합니다.

$$(\text{비율})=(\text{비교하는 양})\div(\text{기준량})=\frac{(\text{비교하는 양})}{(\text{기준량})}$$

비 150 : 200을 비율로 나타내면 $\frac{150}{200}$ 또는 0.75입니다.

[그림 3.3] 비의 의미 지도

5) 연산자(operator)의 의미

분수의 연산자의 의미는 분수를 곱하는 함수를 의미한다. 예를 들어 도형을 $\frac{a}{b}$배 만큼 축소, 또는 확대시키거나 원소의 개수를 $\frac{a}{b}$만큼 늘이거나 줄이는 함수로서 분수 $\frac{a}{b}$를 생각할 수 있다. 연속량에서의 연산자의 의미는 도형의 닮음을 이해하는데 중요하다. 예를 들면 6㎝의 $\frac{4}{3}$를 그리는 것은 3㎝에 대하여 4㎝를 그리는 것을 의미하므로 8㎝가 됨(확대)을 알 수 있다. 반대로 6㎝의 $\frac{2}{3}$를 그리는 것은 3㎝에 대하여 2㎝를 그리는 것을 의미하므로 4㎝가 됨(축소)을 알 수 있다. 이것은 이산량에서도 똑같이 적용된다.

(3) 분수의 연산에 대한 학생들의 전형적인 오류

분모가 같지 않은 분수의 덧셈 시간에 다음과 같은 상황이 발생하였다.

> '$\frac{2}{3}+\frac{3}{4}=\frac{5}{7}$ 입니다. 왜냐하면 3개의 슛을 하여 2개가 골인하였고, 4개의 슛을 하여 3개가 골인하였다면 전체적으로 7개의 슛을 하여 5개가 골인하였기 때문입니다.'

이 경우에 어떻게 대처하여야 할까? 분수의 대소비교나 연산은 원래의 전체의 크기에 좌우된다. 즉, 분수의 대소비교나 연산에 이용되는 분수는 부분의 전체가 되는 양을 동일하게 생각해야만 한다. 따라서 원래의 크기가 다른 2개의 분수를 더하는 것은 잘못된 것이다.

한편 분수의 곱셈 $\frac{1}{3}\times\frac{3}{4}=\frac{1\times3}{3\times4}=\frac{1}{4}$과 같이 분수의 나눗셈에서도 이와 같은 원리가 성립할까? 예를 들어 $\frac{2}{5}\div\frac{3}{4}=\frac{2\div3}{5\div4}$이 성립하는가? 일반적으로 '분수÷분수'는 제수의 분모와 분자를 반대로 곱하여야 한다. 그렇지만 실제로 $\frac{2}{5}\div\frac{3}{4}=\frac{2\div3}{5\div4}$라고 해도 맞게 된다. 즉 분수의 나눗셈이라는 면에서는 도움이 별로 되지 않지만, 등식으로서는 맞는 것이다.

2. 소수

소수의 발생은 역사적으로 분수보다 늦었다. 고대 이집트, 바빌로니아, 그리스의 분수는 12진법, 60진법을 택하여 천문학에 관한 계산을 하는데 이용되어 왔다. 이들 분수 중에서 분모가 10^n이 되는 분수의 다른 표현인 소수를 생각하게 된 것은 분수를 아라비아 숫자의 표기 방법인 십진기수법과 관계를 맺으려는 생각이 소수를 낳게 한 근본적인 아이디어이다.

소수에 관한 이론 체계를 처음으로 발표한 사람은 벨기에의 스테빈 Stevin, 1548~1620이다. 그는 1585년 소수에 관한 논문을 발표하였는데, 이는 기존의 60진법적 분수의 생각과 아라비아 기수법에서의 자리잡기의 원리를 관계지으려는 생각인 것이다. 오늘날과 같이 소수점을 찍어 표기하는 방법은 1952년 뷰에지이Bürgi가 처음으로 시도한 방법이다. 그는 소수점을 찍는데 점이나 콤마를 찍어 표시했다. 소수의 도입방법은 분모가 10^n인 분수에서 도입하는 방법과 십진기수법에 따라 도입하는 방법을 생각할 수 있다. 분모가 10^n인 분수에서 소수를 도입하는 방법은 $\frac{1}{10}=0.1$과 같이 표현하는 방법이며, 십진기수법에 따라 도입하는 방법은 일상 생활경험을 통하여 나타나는 측정의 문제 장면에서 복명수를 단명수로 고치는 경우(1cm 2mm=1.2cm, 3m 20cm=3.2m, 3kg 750g=3.75kg 등)에서 소수를 도입하는 방법이다.

교과서에서는 ....

활동 1 윤호는 길이가 1m인 색 테이프를 똑같이 10개로 나눈 것 중의 1개를 사용했습니다. 윤호가 사용한 색 테이프의 길이를 알아보시오.

- 윤호가 사용한 만큼 색칠하시오.

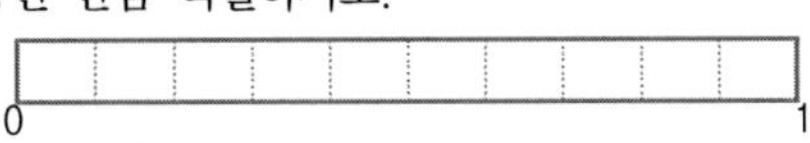

- 색칠한 부분을 분수로 나타내면 얼마입니까?
- 색칠한 부분을 분수가 아닌 다른 방법으로 나타낼 수 있다고 생합니까?

[그림 3.4] 소수 도입

특히 소수를 지도함에 있어서는 소수와 분수와의 관계를 명확히 하는 것과 소수의 전개방법도 정수의 전개 방법과 같이 십진기수법을 따르고 있다는 점을 알 수 있어야 된다.

$$0.123=\frac{1}{10}+\frac{2}{100}+\frac{3}{1000}$$

$$0.123=1\times 10^{-1}+2\times 10^{-2}+3\times 10^{-3}$$

그리고 소수의 사칙연산 형식은 정수의 사칙연산 형식에 따르고 있으며, 소수의 대소비교는 분수에 비하여 간편하다. 또 소수는 분수인 유리수뿐만 아니라, 무리수를 소수로 표기하는 방법 등 다양하게 활용된다.

3. 정수

정수의 집합은 $I=\{\cdots,-2, -1, 0, 1, 2,\cdots\}$로 표시되는 수로서, 양의 정수와 0, 그리고 음의 정수로 분류된다. 정수를 두 자연수의 연산 조작의 관점에서 순서쌍ordered pair을 써서 표현하면 다음과 같다.

임의의 두 자연수 a, b의 순서쌍 $(a,\ b)$의 모양으로 된 원소가 정수가 되는 것은 $(a,\ b)\sim(c,\ d)$를 $a+d=b+c$로 정의할 때이다. 이 정의는 자연수를 바탕으로 하여 정리를 구성한 것이며, 양과 음의 부호를 붙여 나타낸 정수는 $a>b$일 때 $(a,\ b)=+(a-b)$의 양의 정수이고, $a<b$일 때는 $(a,\ b)=-(b-a)$의 음의 정수이며, $a=b$일 때는 $(a,\ b)=0$이다.

정수의 성질을 앞에서 알아본 범자연수의 성질과 비교하면 다음과 같다.

(1) I에서는 최소의 수도 없고, 최대의 수도 없다.

(2) I는 집합수이며, 순서수이다.

(3) I에서 대표가 되는 수는 0과 1이다.

흔히 잘못 생각하기를 0은 없는 것을 나타내는 수의 대표이며, 1은 있는 것을 나타내는 수의 대표, -1은 음의 정수를 나타내는 수의 대표로 보는 경우가 있는데, 정수의 집합에서 원점에 의한 점대칭의 생각을 적용하면, 음의 정수 -1, -2, -3, … 등은 각각 양의 정수 +1, +2, +3, … 의 원점에 관한 대응점으로 볼 수 있으므로 정수의 대표는 0과 1만 있으면 되는 것이다.

(4) 인접하는 두 정수 사이에는 다른 정수가 존재하지 않는다.

정수에서 주목할 것은 음수 발생의 역사이다. 수학자들에게 음수의 부호규칙이 익숙해지기까지는 1500년이라는 긴 시간이 걸렸다(Fischbein, 1987). 음수는 수학의 역사에서 일종의 인공물로 나타났다. 알렉산드리아의 수학자 디오판투스Diophantus, A. D. 3세기 말는 산술에 관한 그의 책에서 유향수의 부호규칙을 언급하였으나, 양수를 얻기 위한 과도적 절차의 일부였다.

음수는 고대로부터 언급되고 사용되어 왔지만, 외관상 존재 그 자체의 관념에 모순되기 때문에 수학자들은 음수에 형식적인 수학적 지위를 부여하는 것을 꺼려했다. 음수의 합법성 문제를 해결하기 위하여 수세기 동안 실제적이고 행동적인 타당성을 음수에 귀착시키고자 하는 시도가 행해졌다.

스테빈1540~1620은 일시적 방편으로 음수를 사용했으며, 페르마1601~1665는 방정식의 풀이에서 근이 나타날 때 받아들일 수 있는 근을 얻기 위한 다양한 절차를 다루었다. 데카르트는 방정식의 음근을 제거하는 절차를 찾는데 관심을 가졌다. 메클로린C. Maclaurin, 1698~1746은 음수를 수학적 존재물의 형식적 본성을 이해하여, 수학은 형식적 관계의 학문이며 실제로 존재하는 대상의 과학이 아니라고 규정하였지만, 실제적이고 행동적인 모델의 필요로부터 자유롭지는 못하였다.

수백 년 동안의 시도 후에 19세기에 독일의 수학자 한켈H. Hankel은 '복소수론'1867에서 음수를 정당화하기 위한 구체적 모델을 찾는 더 이상의 시도를 하지 않았고, 음수는 실재의 대상이 아니라, 형식적 구성물이라고 규정하였다. 한켈은 형식불역의 원리를 지킴으로써 양의 실수에서의 곱셈 원리가 음의 실수에서의 곱셈으로 확장될 수 있는 부호 규칙을 따랐다. 최근에 프로이덴탈은 음수를 처음부터 형식적으로 다루어야 한다고 주장하였다. 그는 귀납적 외삽법을 이용하여 음수의 부호 규칙을 받아들여야 한다고 주장하였다.

수학이야기

> 기존의 수 체계에서 인정된 성질이 유지되도록 수 체계를 확장하고 연산과 관계를 확장하듯이, 기본적인 성질이 유지되도록 대수적 구조를 확상하는 것을 형식불역의 원리라고 한다. 이것은 방정식에서 미지의 것을 x라 놓고, 기존의 수의 연산법칙을 적용하여 해를 구하는 기본 원리의 바탕이 된다.

4. 유리수

유리수의 집합은 Q={⋯, -2, -1.5, $-\frac{2}{3}$, $-\frac{1}{3}$, 0, $\frac{1}{3}$, $\frac{2}{3}$, 0.7, 1, ⋯}로 표현되는 수집합은 모두 유리수의 집합에 포함된다. 정수의 집합에서는 제법의 계산이 불가능했으나, 유리수의 집합으로 수집합을 확장하게 되면 사칙연산이 모두 가능하게 된다(단, 0으로 나누는 것은 제외한다.). 따라서 임의의 두 정수 a, b의 순서쌍 $(a,\ b)$(단, $b \neq 0$)로 나타낸 원소가 유리수가 되는 것은 $(a,\ b) \sim (c,\ d)$를 $a \times d = b \times c$로 정의하면 된다.

이 정의는 정수를 바탕으로 하여 정리를 구성한 것이며, b≠0일 때 순서쌍 $(a,\ b)=\frac{a}{b}$로 하고 $d\neq 0$일 때 $(c,\ d)=\frac{c}{d}$는 $\frac{a}{b}=\frac{c}{d}$가 되고 $a\times d=b\times c$가 된다. $b\neq 0$일 때 $\frac{a}{b}$를 분수fraction라 하고, $\frac{a}{b}$와 동치류인 분수는 $d\neq 0$일 때 $\frac{c}{d}$ 이외에도 무수히 많이 있을 수 있다. 예를 들어, $\frac{1}{2}$과 동치류인 분수는 $\left\{\frac{2}{4},\ \frac{3}{6},\ \frac{4}{8}\cdots\right\}$이 될 수 있기 때문이다.

특히 (a, b)=$\frac{a}{b}$에서 $b=1$인 경우에는 정수가 되며, a가 b의 정수곱일 때는 $a=k\bullet b$(k는 정수)이므로 $(a,\ b)=\frac{a}{b}=\frac{bk}{a}=k$가 되어 정수도 유리수의 집합에 포함됨을 알 수 있다. 유리수의 성질에는 다음과 같은 것이 있다.

(1) 유리수에는 최소의 수도 없고, 최대의 수도 없다.

(2) 유리수는 양의 크기를 나타내 주는 집합수이나 순서수는 아니다. 순서의 개념은 기준과 다음이 일의적으로 정해지지 않으면 안 된다.

(3) 유리수에서 대표가 되는 수는 0, 1, $\frac{1}{2}, \frac{1}{3}, \frac{1}{4},\cdots$ (단위분수) 등이다. 왜냐하면, $\frac{1}{2}=\frac{1}{2}\times 1,\ \frac{2}{2}=\frac{1}{2}\times 2,\ \frac{3}{2}=\frac{1}{2}\times 3,\ \frac{4}{2}=\frac{1}{2}\times 4,\ \cdots$와 같이, 분모가 2인 모든 분수는 단위분수 $\frac{1}{2}$의 몇 개분으로 나타낼 수 있기 때문이다. 곧, 수직선상의 원점에서 $\frac{1}{2}$을 단위의 길이로 하여 끊어갈 때 나타나는 점은 $\frac{1}{2}, \frac{2}{2}, \frac{3}{2}, \frac{4}{2},\cdots$ 가 된다. 마찬가지 방법으로 $\frac{1}{3}, \frac{1}{4},\cdots$ 등도 각각 분모가 3, 4인 모든 분수의 대표가 되는 수이다.

(4) (유리수의 조밀성) 인접하는 두 유리수 사이에는 반드시 다른 유리수가 존재한다.

(5) 두 개의 유리수 $a,\ b$가 있을 때 $a>b,\ a=b,\ a<b$의 어느 하나가

반드시 성립한다.(이 법칙은 정수의 집합에서도 성립될 수 있으며, 삼자택일의 법칙, 또는 삼분률이라고 한다.)

(6) 유리수는 순환소수이다.

유리수에는 분수가 포함되지만, 유리수와 분수의 뜻은 서로 다르다. 곧, 유리수는 양의 크기를 나타내는 수number이고, 분수는 이들 유리수를 여러 가지 기호로 나타내 주는 수의 이름numeral이다. 가령, 한 개의 유리수 $\frac{1}{2}$은 어떤 양의 반이라는 양의 크기가 되며, 이 양의 크기를 여러 가지 기호로 나타낸 수의 이름 곧, $\frac{1}{2}=\{\frac{1}{2}, \frac{2}{4}, \frac{3}{6}, \cdots\}$ 등은 분수가 된다. 따라서 유리수 $\frac{1}{2}$과 동치인 분수는 여러 개 있을 수 있다는 뜻이다. 다시 말하면, 한 유리수에는 무한개의 분수 표현이 있기 때문에 분수의 집합과 유리수의 집합은 수의 동치로서 1 : 1 대응이 될 수 없다.

한편, 유리수의 표기 방법으로는 다음과 같이 두 가지가 있다.

① 비교량과 단위(기준)량을 나타내는 두 정수의 쌍으로 나타내는 방법(분수)

② 분모가 10^n인 분수의 경우에 한해, 그 분모를 소수점으로 대신하고 그 분자만으로 나타내는 방법(소수)

5. 무리수와 실수

무리수의 집합은 $I^*=\{\cdots, \log 2, \log 3, \sqrt{2}, \sqrt{3}, \pi, \cdots\}$로 표시되는 수집합으로, 유리수와 대립된 수집합이다. 모든 유리수는 순환소수로 나타낼 수 있는데 반해, 무리수는 순환하지 않는 무한소수이다. 초등학교 수학에서 나오는 무리수는 π로, $\pi=3.1415926535\cdots$ 로 나타나는 순환하지 않는 무한소수이다.

무리수의 성질도 유리수와 비교하여 생각할 수 있다.

첫째, 무리수는 순환하지 않는 무한소수이다.

둘째, 무리수에도 대표가 되는 수는 있다.

예를 들면, 상용대수에서 log2=0.3010, log3=0.4771 등은 대표가 되는 수이다. 그러나 $\log 4 = \log 2^2 = 2\log 2$, $\log 5 = \log \frac{10}{2} = \log 10 - \log 2 = 1 - \log 2$가 되어, 앞의 log2로 계산할 수 있으므로 대표가 될 수 없다. 실수는 R={⋯, -2, $-\sqrt{2}$, $-\frac{1}{2}$, 0, log 2, $\frac{2}{3}$, 1, $\sqrt{3}$ $\frac{1}{2}$, 0, log 2,,⋯}로 나타내지는 수집합으로 유리수와 무리수를 모두 포함시켜 실수라고 한다.

6. 허수(imaginary number)와 복소수(complex number)

허수는 실수와 대립된 개념으로 근호 안이 음수인 수($\sqrt{a}$, $a<0$)를 말한다. 허수의 발생은 '$x^2=-1$, 즉 제곱하여 -1이 되는 그 어떤 수가 있는가?'에서 발생되었다고 생각할 수 있다. 이를 만족하는 수는 실수의 집합에서는 있을 수 없지만, 이를 방정식을 푸는 형식에 따라 풀어 보면, $x^2=-1 \rightarrow x=\pm\sqrt{-1}=\pm i$인 새로운 수집합 허수가 형성되고, $\sqrt{-1}=i$를 허수단위라고 하여, 허수에서 대표가 되는 수로 보는 것이다. 허수는 실수와 같이 양의 크기대소관계를 알아볼 수 없으나, 오늘날에 있어서는 허수의 생각이 전자회로와 같은 응용과학의 발전에 도움을 주고 있는 것이다.

복소수는 $c=a+bi$, (단, a, b는 실수)로 표시되는 수로 a를 실수부, b를 허수부라고 한다. 복소수의 성질을 실수의 성질과 비교하여 생각하면 여러 가지로 같은 점과 다른 점을 발견할 수 있다.

수학이야기

복소수의 존재는 오래 전부터 알려져 있었으나, 이것을 수로 받아들이기에는 오랜 시간이 걸렸다. 16세기에 카르다노와 봄벨리는 방정식의 풀이 과정에서 복소수의 존재성을 확인하였지만, 수로 인정하지 않았다. 허수라는 용어는 17세기에 데카르트가 처음 사용하였지만, 그는 허수에 의미를 부여하지 않았다. 19세기에 이르러 가우스가 좌표평면에 복소수를 나타내면서 허수도 수로 받아들이게 되었다.

생각해 볼 문제 3-1

1. 분수와 유리수의 차이점을 써라.

2. $\frac{2}{13}$를 서로 다른 두 단위 분수의 합으로 나타내어라.

3. $\frac{1}{2}$과 $\frac{2}{4}$는 같은가? 다른가?

4. 형식불역의 원리를 이용하여 $(-2)\times(-3)=2\times3$임을 유도하여라.

5. $\frac{0}{6}$은 기약분수인가? 아닌가?

Chapter 04

연산 지도

연산은 수 개념과 더불어 학교수학에서 다루는 기본적인 내용 중의 하나이다. 학생들은 수 개념을 형성하고 비형식적이고 직관적인 방법으로 연산을 수행하게 된다. 이를 바탕으로 학생들은 연산을 이해하고, 각 연산에 관한 개념을 형성해야 한다. 그러나 지금까지의 연산 지도는 계산 기능의 숙달에 초점을 두었기 때문에 연산 기능을 세분화시켜 오랜 연습을 통해 속도와 정확성을 높이는데 치중해 왔다. 이러한 학습 지도는 수학이 단순한 계산 능력의 숙달에 한정된다는 오해를 가지게 하였다.

계산 기능의 숙달은 수학교육의 목표가 아니라, 문제를 해결하기 위한 도구에 지나지 않는다. 학생들은 다양한 물리적 모델을 이용하여 연산에 대한 폭 넓은 개념을 형성하고, 지필계산뿐만이 아니라, 암산, 어림산, 계산기산 등도 이용할 수 있어야 한다. 이 장에서는 학교수학에서 연산 지도의 내용과 연산 지도를 위한 연산의 모델, 유형 및 군, 환, 체와 같은 대수적 구조에 대하여 알아본다.

01 학교수학에서 연산 지도 내용

학생들은 학교에 들어오기 전부터 비형식적이고 직관적인 방법으로 연산에 대해서 배운다. 학교 수학은 이러한 지식을 바탕으로 기본적인 수의 사칙계산에서 계산 원리를 이해하고 계산하는 데 중점을 두고 있다.

연산 지도에서는 조작 활동을 통해서 연산의 의미를 파악하도록 하고, 표준화된 계산 알고리즘을 제시하기 전에 습득한 사전 경험이나 아이디어를 바탕으로 각자 나름의 계산 방법을 계발할 수 있는 기회를 제공하고 있다. 이러한 과정에서 수학적 사고력뿐만 아니라, 수학에 대한 자신감과 유연성을 발달시키도록 해야 한다. 또한 덧셈, 뺄셈, 곱셈, 나눗셈과 같은 연산에서 수로 나타낸 정보를 처리하고, 연산들이 서로 어떻게 관련되는지를 이해하고, 적절하게 어림하며, 사칙 계산을 사용해서 문제를 해결하도록 해야 한다. 연산을 위하여 먼저 가르기와 모으기를 하고, 합이 10 미만인 경우의 덧셈은 세어서 해결한다. 합이 10이상인 덧셈에서는 10에 대한 보수(합이 10이 되는 두 수)를 능숙하게 이해하고 있어야 한다.

연산 지도 계열을 살펴보면 우선 두 자리 수 범위 내에서 받아올림이 없는 덧셈과 뺄셈을 학습한 후, 두 자리 수의 범위에서 받아올림이 있는 덧셈과 받아내림이 있는 뺄셈을 학습한다. 이어서 세 자리 수 및 네 자리 수 범위에서 덧셈과 뺄셈, '(두 자리 수)×(한 자리 수)', '(세 자리 수)×(한 자리 수)', '(두 자리 수)×(두 자리 수)'의 곱셈과 나눗셈이 도입되며 '(두 자리 수)÷(한 자리 수)'를 학습한다.

자연수 범위에서 덧셈과 뺄셈의 학습을 바탕으로 분수와 소수의 크기 비교, 분수와 소수의 덧셈, 뺄셈, 곱셈과 나눗셈을 배우게 된다. 고학년에서는 주로 분모가 다른 분수의 덧셈과 뺄셈, 자연수와 분수의 곱셈, 자연수와 소수의 곱셈, 분수끼리의 곱셈, 소수끼리의 곱셈, 분수끼리의 나눗셈, 소수끼리의 나눗셈을 다룬다.

02 연산 지도를 위한 교수학적 내용 지식

1. 연산 모델

연산에는 지필계산필산, 암산, 어림산, 계산기산 등이 있다. 지필계산paper and pencil calculation은 종이와 연필을 이용하여 계산하는 셈을 말한다. 암산mental math은 외부의 조력장치 없이 머리만으로 계산하는 셈을 말한다. 어림산computational estimation은 계산의 결과를 어림해 보는 셈을 말한다. 어림산은 계산으로 인해 오류가 없는가를 판단하는 하나의 방법으로 적절하다. 또한 어림산은 종이와 연필로 계산하는 복잡함을 벗어나 머리로 빠르게 계산할 수 있다.

마지막으로 계산기산calculator computation은 계산기를 이용하여 계산하는 셈을 말한다. 계산기산은 계산을 하는데 소비되는 시간과 노력을 절약할 수 있다는 장점이 있다. 학교수학에서 다루는 사칙연산은 문제에 기술된 행위나 관계의 유형에 따라 다음과 같이 분류하기도 한다.

(1) 덧셈

1) 덧셈의 정의

집합 A와 B를 서로소인 유한집합이라고 할 때 $n(A)=a$, $n(B)=b$이면 $n(A \cup B)=a+b$. 이때 이 정의에서 수 a, b는 가수addends; $(a+b)$는 합sum이

라 한다.

2) 범자연수의 덧셈 성질

- 닫힘성 : a와 b가 임의의 범자연수이고, a와 b의 합이 유일할 때(합의 유일성), 범자연수는 덧셈에 대해 닫혀있다. 다시 말해 두 범자연수의 합은 범자연수이다.

  (예) W={0, 1, 2, 3}은 덧셈에 대해 닫혀있지 않다. 왜냐하면 합 2+3은 그 집합의 원소가 아니기 때문.

> **닫힘성; 두 범자연수의 합은 항상 범자연수이다.**
>
> 닫힘성이란 연산의 결과가 다시 그 수의 범위 안에 있어야 한다는 것을 의미한다. 수학의 역사를 보면 연산에 대해 닫혀 있지 않으면 새로운 수를 만들어 내었다. 즉, 자연수는 덧셈에 대해 닫혀있지만 뺄셈에 대해서는 그렇지 못하다. 뺄셈에 대해서도 닫혀있게 하기 위해 정수를 만들었고, 나눗셈에 대해서도 닫혀있게 하기 위해 유리수를 만들었고, 이와 같은 방법으로 무리수, 허수 등을 만들었다.

- 교환성 : a, b가 임의의 범자연수라고 하자. 그러면 a+b=b+a이다.

> **교환성**
>
> 두 수가 어떤 순서로 더해지든지 중요하지 않다. 만일 사과 3개가 담긴 바구니를 사과 다섯 개가 담긴 바구니에 붓는다면 그 바구니에 있는 사과는 8개이다. 반대로 5개를 3개가 담긴 바구니에 붓는다면 사과는 모두 8개이다. 따라서 5 + 3 = 8 = 3 + 5. 유사한 사실이 임의의 두 수에 적용된다. 즉 83449 + 17238 = 17238 + 83449. 이것을 덧셈의 교환성이라 한다.

교과서에서는 ....

두 수를 바꾸어 더해 보시오.

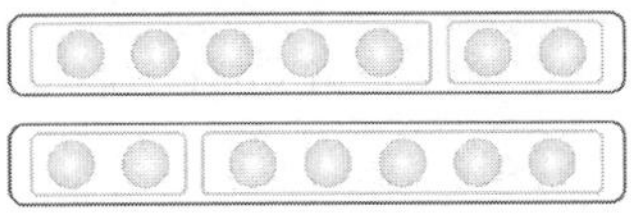

5 + 2 = □

2 + 5 = □

[그림 4.1] 덧셈의 교환성 지도

• 결합성 : a, b, c를 임의의 범자연수라고 하자. 그러면 (a+b)+c=a+(b+c)이다.

결합성

- 결합성은 3개 이상의 수를 연산할 때 사용된다. 세 개의 수를 더할 때 몇 가지 선택이 이루어진다. 중간 단계는 다를지라도 결과는 같다.
  (1+2)+3=3+3=6=1+5=1+(2+3)
- 결합성은 암산이나 연산의 효율성 제고에 도움이 된다. 예를 들면, 246+397+3을 계산할 때 246+377=643, 643+3처럼 계산하는 것 보다 397+3=400, 400+246=646으로 계산하는 것이 훨씬 빠르고 암산으로도 계산할 수 있다. 또 25×7×4를 계산할 때 (25×4)×7로 계산하는 것이 편리함을 알 수 있을 것이다. 이와 같이 결합법칙이 필요한 상황을 제시하는 것이 바람직하다.

• 항등성 : 임의의 자연수 a에 대해 다음과 같은 유일한 범자연수 0이 존재한다. a+0=a=0+a

3) 덧셈 상황의 유형

• 첨가 유형 : 하나의 부분에 다른 부분을 첨가해서 전체를 만드는 유형이다. 이 상황에는 물리적인 이동이 포함되어 있으며, 시간적 차이를 수반한다.

(예) 경민이는 사탕 5개를 가지고 있다. 그런데 엄마가 경민이에게 사탕 3개를 더 주었다. 경민이가 가지고 있는 사탕은 모두 몇 개인가?

• 합병 유형 : 두 부분이 동시에 있는 것을 하나로 합해서 전체를 구하는 것이다. 이 상황에서는 물리적 이동이 포함되지 않으며 동시적이다.

(예) 경민이의 왼쪽 주머니에 3개의 사탕이 들어있고 오른쪽 주머니에 2개의 사탕이 들어 있다. 경민이가 가지고 있는 사탕은 모두 몇 개인가?

교과서에서는 ....

코끼리 3마리가 먹이를 먹고 있는데 2마리가 먹이를 먹으로 옵니다.

코끼리의 수를 어떻게 구하면 좋을지 알아보시오.

[그림 4.2] 첨가 유형

교과서에서는 ....

코뿔소 3마리는 진흙 속에 앉아 있고 4마리는 서 있습니다.

코뿔소의 수를 어떻게 구하면 좋을지 알아보시오.

[그림 4.3] 첨가 유형

(2) 뺄셈

1) 뺄셈의 정의

두 집합 A, B가 있어서 A⊇B이고, 유한집합일 때, n(A)=a, n(B)=b이면, a-b=n(A-B). 뺄셈식 a-b=c에서 a는 피감수minuend, b는 감수subtrahend, cdifference라고 한다.

2) 뺄셈의 성질

3-5를 생각해 보자. 뺄셈의 정의를 사용하면, 3-5=C, C+5=3. 이 방정식을 만족하는 범자연수 C는 없기 때문에, 3-5의 답은 범자연수 집합에서 찾을 수 없다. 이는 범자연수 집합은 뺄셈에 대해 닫혀있지 않다는 것을 의미한다. 또한 범자연수 A, B일 때, A-B는 A-B가 범자연수 일 경우에만 의미가 있다. 즉 A는 B보다 크거나, B와 같아야 한다. 나중에 정수를 배울 때, 정수는 뺄셈에 대해 닫혀있다. 범자연수의 뺄셈은 교환성, 결합성, 항등성도 만족하지 못한다.

3) 뺄셈 상황의 유형

- 구잔 유형(제거, take away) : 전체에서 부분을 덜어내고 난 나머지를 구하는 것이다.

  (예) 경민이는 5개의 사과를 가지고 있는데 2개를 먹었다. 남은 사과는 몇 개 남았는가?

- 구차 유형(비교, comparison) : 두 양의 크기를 비교하여 어느 것이 얼마나 많은지, 적은지를 알아보는 것이다.

  (예) 경민이는 빨간 구슬을 5개, 파란 구슬을 2개 가지고 있다. 경민이는 빨간 구슬을 파란 구슬보다 몇 개 더 가지고 있는가?

• 등화 유형(equalization) : 두 양 사이의 차를 없애서 두 양을 갖게 하려는데 얼마의 양이 필요한지를 묻는 상황이다.

(예) 경민이와 현환이가 축구 경기를 하는데 경민이는 2골을 넣었고, 현환이는 5골을 넣었다. 경민이는 몇 골을 더 넣어야 현환이와 득점이 같아지는가?

교과서에서는 ....

얼룩말 5마리 중에서 3마리가 뛰어나가고 있습니다.

얼룩말의 수를 어떻게 구하면 좋을지 알아보시오.

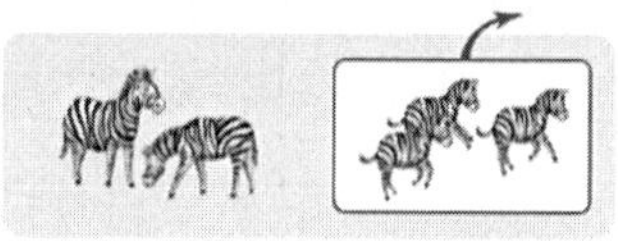

[그림 4.4] 구잔 유형

교과서에서는 ....

나비 4마리와 벌2마리가 있습니다.

나비와 벌 중에서 어느 것이 더 많은지 알아보시오.

[그림 4.5] 구차 유형

(3) 곱셈

1) 범자연수의 곱셈 성질

• 닫힘성

> **범자연수의 곱셈에 대한 닫힘 성질**
> 두 범자연수의 곱은 범자연수이다.

• 교환성

> **범자연수의 곱셈에 대한 교환성**
> a와 b를 임의의 범자연수라고 하자. 그러면 ab=ba.

• 결합성

> **범자연수의 곱셈에 대한 결합성**
> a,b,c를 임의의 범자연수라고 하자. 그러면 a(bc)=(ab)c이다.

• 항등성

> **범자연수의 곱셈에 대한 교환성**
> 범자연수 1은 모든 범자연수 a에 대하여 다음과 같은 유일한 범자연수이다.
> $$a\times 1=a=1\times a$$

• 0의 곱셈

> **영의 곱셈 성질**
> 모든 범자연수 a에 대하여 $a\times 0=0\times a=0$

• 분배성 : 초등수학에서 곱셈의 분배성은 곱셈의 연산, 어림, 암산과 곱셈 알고리듬을 이해하는 기초가 된다.

범자연수의 곱셈에 대한 교환성

a, b, c를 임의의 범자연수라고 하자. 그러면 a(b+c)=ab+ac.

분배성

분배법칙은 곱셈, 나눗셈이 덧셈, 뺄셈과 결합된 식을 계산할 때 사용된다. 24×3을 24+24+24로 간단히 나타낼 수 있지만 이것으로 곱셈의 원리를 이해하기 힘들다. 그림과 같이 24×3을 나타내면 그 원리를 쉽게 이해할 수 있다.

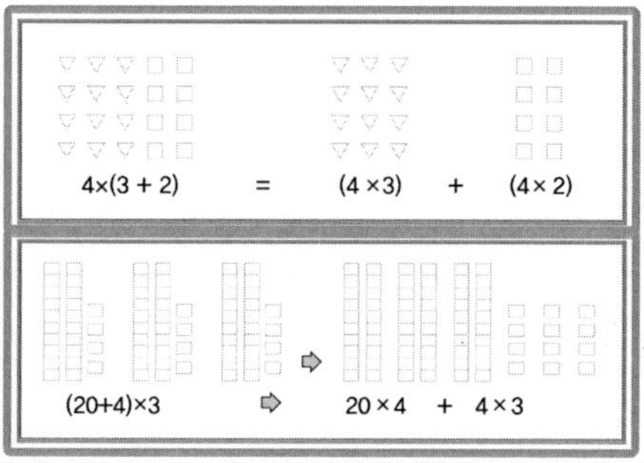

또한 학생들은 암산mental arithmetic을 할 때 덧셈에 대한 곱셈의 배분성을 알아낸다.

예를 들면, $11\times17=(10+1)\times17=10\times17+1\times17=170+17=187$.

교과서에서는 ....

활동 1 52×13을 어떻게 계산하는지 알아보시오.

- 색칠된 모눈의 수를 각각 곱셈식으로 써 보시오.
- 52×13을 어떻게 계산하면 좋을지 이야기해 보시오.

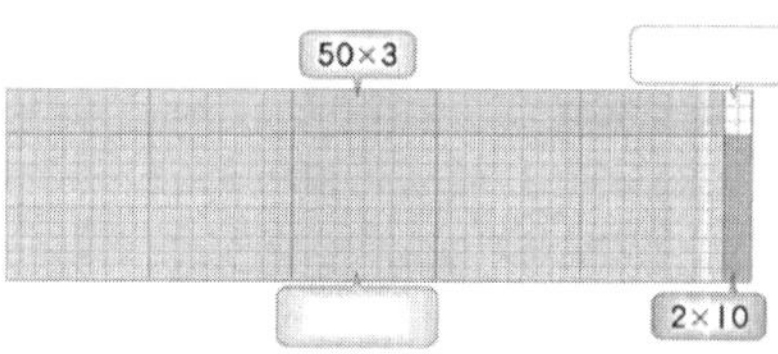

[그림 4.6] 배분(분배)성 지도

수학이야기

많은 학생들은 2+3×6을 (2+3)×6 또는 2+(3×6)으로 계산한다. 결과는 각각 30과 20이다. 이러한 혼란을 피하기 위해 괄호가 없을 때, 곱셈을 덧셈보다 먼저 계산한다. 이러한 연산의 순서는 계산기에서는 바르게 수행하지 못한다. 계산기는 30으로 잘못 계산한다.

- 곱집합 유형 : 집합에 의해 정의하면 두 집합 A, B 에서 $a=n(A)$, $b=n(B)$일 때 두 수 a, b의 곱은 두 집합의 순서쌍으로 나타내는 곱집합의 원소의 수이다.

  (예) 학생 2명이 3가지 색깔의 모자를 쓰게 되는 방법의 수를 구하여라.

- 동수누가 유형 : 동수누가에 의한 정의는 페아노 공리에 따른 정의이다. 페아노 공리에 따라 정의하면 $a\times 1=a$, $a\times b'=a\times b+a$(단, a, b는 자연수)에서 두 번째 정의가 동수누가를 의미하는데, 자연수일 때만 가능하다. 이것은 (한 묶음의 수)×(묶음의 수)=(전체의 수)를 나타낸다.

  (예) 사과가 3개씩 들어 있는 상자가 모두 4개 있다. 사과의 수를 구하여라.

  $3\times 4=12$, $3\times 4=3\times 3'=3\times 2'+3=3\times 1'+3+3=$

  $3\times 1+3+3+3=3+3+3+3=12$

- 비율 유형 : (단위당 양)×(단위 수)=(전체 량)으로 생활 장면에서 직관적으로 분리량으로 도입한다.

  (예) 토끼의 다리는 4개이다. 토끼 3마리의 모든 다리의 수를 구하여라.

- 비교 유형 : 자연수의 곱셈의 본질적 의미는 (기준량)×(배)=(전체량)을 의미하는 배의 개념이다. 따라서 연산자의 의미로 곱셈을 다루어

야 한다. 즉 대상이 연속량일 경우에 확대, 이산량인 경우에 그 수를 늘이는 것이다. 배의 개념으로 곱셈을 도입하는 것은 곱셈의 본질적인 의미에 접근하게 되며, 곱셈 개념의 역사적인 발생과 흐름을 같이 한다고 볼 수 있다.

(예) 사과 3개의 4배는 몇 개인가?

(4) 나눗셈

1) 나눗셈의 정의

a, b를 임의의 범자연수라고 하자. 그러면 a÷b=q일 필요충분조건은 어떤 범자연수 q에 대해 a=bq. 기호 a÷b를 'a나누기 b'라고 읽고, a를 피제수dividend, b를 제수divisor라고 하며 q를 몫quotient이라 한다.

2) 나눗셈의 성질

• 단힘성

범자연수 집합은 나눗셈에 대해 닫혀있지 않다.

• 0과 1로 나누기

① n÷0 : 불능undefined(n/0)

정의에 의해 3÷0=c, 만일 유일한 해 c가 있고, 0×c=3. 곱셈의 제로 성질에 의해 임의의 범자연수 0 · c=0이다. 따라서 나눗셈과 동치인 곱셈문제에 대해 답이 존재치 않으므로, 3÷0은 정의할 수 없다.

② 0÷n : 0(0/n)

정의에 의해 0÷3=c. 만일 유일한 해 c가 존재한다면, 3 · c=0. 곱셈의 0의 성질에 의해, 임의의 수의 0배는 0이다. 따라서 3 · 0=0, c=0이고, 0÷3=0. c=0은 3 · c=0을 만족하는 유일한 수이다.

③ 0÷0 : **부정**not unique, indeterminate, or undefined

정의에 의해 0÷0=c, 만일 유일한 해가 있다면 0 · c=0. 임의의 c에 대해 0 · c=0임을 명심해라. 0 · c=0를 만족하는 유일한 해 c가 존재치 않으므로, 0÷0은 부정소, 즉 정의되지 않는다.

3) 나눗셈 상황의 유형

• 등분제(partition) : **등분제는 똑같이 나누어 주었을 때 몫이 얼마인가를 묻는 것이다.**

(예) 사과 12개가 있다. 4명에게 똑같이 나누어 준다면 한 사람이 가지게 되는 사과의 수는 몇 개인가?

교과서에서는 ....

활동 **2** 바둑돌 8개를 두 접시에 똑같이 나누어 보시오.

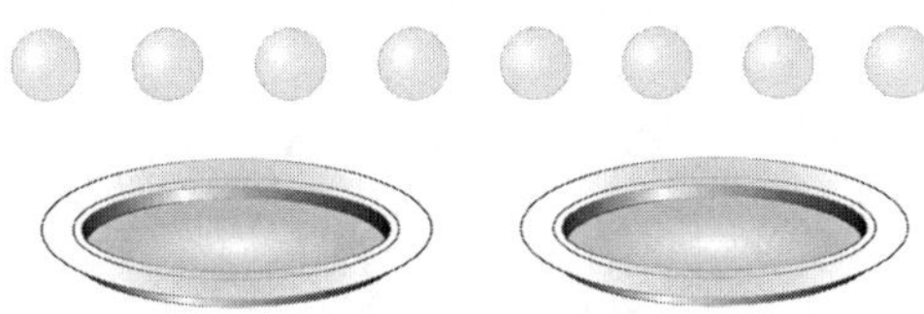

• 한 접시에 바둑돌을 몇 개씩 놓았습니까?

• 어떤 방법으로 나누었습니까? 다른 방법도 생각해 보시오.

쓰고읽기

> 8을 2로 나누면 4가 됩니다.
> 이것을 식으로 8÷2=4라 쓰고 8나누기 2는 4와 같습니다 라고 읽습니다.
> 8÷2=4와 같은 식을 나눗셈식이라 하고 4는 8을 2로 나눈 몫이라고 합니다.

[그림 4.7] 등분제

• 포함제(division) : 포함제는 양의 크기를 일정한 단위로 측정하였을 때 얼마나 되는가를 묻는 것이다.

(예) 사과 12개가 있다. 4개씩 묶어 선물 꾸러미를 만들면 몇 개의 꾸러미를 만들 수 있는가?

교과서에서는 ....

활동 2 바둑돌 18개를 3개씩 나누어 보시오.

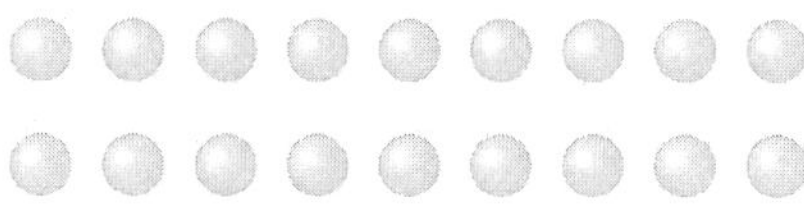

• 18에서 3을 몇 번 빼면 0이 됩니까?

18 - □-□-□-□-□-□=0

• 3개씩 묶으면 몇 묶음입니까?

• 나눗셈식으로 나타내어 보시오.

• 어떤 방법으로 나누었습니까?

[그림 4.8] 포함제

2. 대수계와 추상대수학

현대수학을 '구조주의 수학'이라고 하는데, 그만큼 수학적 구조는 현대수학에서 중요한 개념이다. 특히 대수적 구조는 수와 연산을 체계화 하는 데 중요하다. 일반적으로 한 집합 위에 이항연산이 정의되어 있고, 이 연산이 어떤 공리계를 만족할 때 대수계algebraic system라고 한다. 한편 대수계에 정의되어 있는 연산에 관한 여러 가지 기본법칙까지 생각할 경우의 대수계를 대수적 구조algebraic structure라고 한다. 수학에서 대수적 체계를 연구하는 학문을 추상대수학abstract algebra, 또는 현대 대수학 modern algebra이라고 한다.

수학이야기

> 대수(algebra)라는 용어는 9세기경에 알콰리즈미가 쓴 책의 이름에서 유래되었다. 아라비아어로 '음의 항을 이항하라.'라는 의미가 algebra이다. 대수학을 대표하는 두 분야는 선형대수학과 현대대수학이다. 선형대수학은 행렬과 벡터의 모임인 벡터공간과 선형성을 다루며, 현대대수학은 집합에서의 연산을 다룬다.

(1) 연산

연산operation이란 일종의 대응·조작을 의미하는 것으로, 수학적으로는 어떤 수의 집합에 속하는 두 개의 원소 a, b의 순서쌍(a, b)에 대응하는 원소 c를 그 집합의 원소 중에 일의적으로 결정하는 조작으로 정의한다. 연산은 계산computation과 그 의미가 다른데, 연산은 조작을 말하고, 계산은 그 조작에 의하여 결과를 구하는 일을 의미한다. 연산을 나타내는 기호로는 $+$, $-$, $\times$, $\div$, $\sqrt{\ }$, $\frac{d}{dx}$ 등이 있다.

> [정의 1] 집합 S에 대하여, 함수
>
> $$f: S \times S \to S$$
>
> 를 S 위의 이항연산(binary operation), 또는 S 위의 연산이라고 한다.

자연수의 집합에 덧셈과 곱셈을 정의하는 것과 같이, 한 집합에 연산을 다양하게 정의할 수 있으며, 연산의 성질에 따라 서로 다른 구조를 갖게 된다. 따라서 서로 다른 구조들은 어떤 관점에 따라 속성이 같은 것끼리 분류할 필요가 있다. 그러므로 연산에 관한 기본법칙들의 정의가 필요하게 된다. 기본법칙에는 **교환법칙**commutative law, **결합법칙**associative law, **분배법칙**distributive law, **항등원**identity element, **역원**inverse element이 있다.

- 교환법칙 : 연산 $\circ$가 모든 $a,\ b \in A$에 대하여 $a \circ b = b \circ a$를 만족한다.
- 결합법칙 : 연산 $\circ$가 모든 $a,\ b,\ c \in A$에 대하여 $(a \circ b) \circ c = a \circ (b \circ c)$를 만족한다.
- 분배법칙 : 연산 $\circ$, $*$가 모든 $a,\ b,\ c \in A$에 대하여 $a * (b \circ c) = (a * b) \circ (a * c)$를 만족한다.
- 항등원 : 연산 $*$가 A에서의 연산일 때, 모든 $a \in A$에 대하여 $e * a = a * e = a$인 $e \in A$를 $*$에 관한 항등원이라고 한다.
- 역원 : 연산 $*$가 A에서의 연신, $e \in A$를 $*$에 관한 항등원이라고 할 때, 모든 $a \in A$에 대하여 $a * a^{-1} = a^{-1} * a = e$인 $a^{-1} \in A$를 a의 역원이라고 한다.

(예) 함수 $f : \mathrm{N} \times \mathrm{N} \rightarrow \mathrm{N}$를 $f((a, b)) = a + b$로 정의하면 f는 N 위의 연산이 된다. 이 연산은 우리가 일상생활에서 사용하는 N에서의 덧셈이다.

> [정리 1] 집합 A에서의 연산 $*$에 관한 항등원 $e \in A$가 존재하면 그 항등원 e는 유일하다.

증명 e와 e'을 연산 $*$에 관한 항등원이라고 하면 $e' * e = e'$, $e * e' = e$이다. 따라서 $e = e * e' = e' * e = e'$이다. ■

(2) 군

대수계 중에서 가장 간단한 것은 결합법칙을 지닌 성질에 의해 정의되는 것이다. 그리고 이에 몇 가지 조건을 첨가하여 다른 구조를 갖는 대수계를 정의한다.

> [정의 2] 집합 $G\,(\neq\varnothing)$에 정의된 연산 $*$에 대하여 다음 조건을 만족할 때 $(G,\ *)$를 반군(semi-group)이라고 한다.
> (a) 모든 $a,\ b\in G$에 대하여 $a*b\in G$
> (b) 모든 $a,\ b,\ c\in G$에 대하여 $(a*b)*c=a*(b*c)$

예 1 자연수의 집합 N은 덧셈에 대하여 닫혀있고, 결합법칙을 만족하므로 $(N,\ +)$는 반군이다.

> [정의 3] 집합 $G\,(\neq\varnothing)$에 정의된 연산 $*$에 대하여 다음 조건을 만족할 때 $(G,\ *)$를 군(group)이라고 한다.
> (a) 모든 $a,\ b\in G$에 대하여 $a*b\in G$
> (b) 모든 $a,\ b,\ c\in G$에 대하여 $(a*b)*c=a*(b*c)$
> (c) 모든 $a\in G$에 대하여 $e*a=a*e=a$인 $e\in G$가 존재한다.
> (d) 모든 $a\in G$에 대하여 $a*a^{-1}=a^{-1}*a=e$인 $a^{-1}\in G$가 존재한다.

예 2 (1) 정수 전체의 집합 $\mathbb{Z}$, 유리수 전체의 집합 $\mathbb{Q}$, 실수전체의 집합 $\mathbb{R}$은 덧셈에 대하여 군이다. 항등원은 0이 되며 임의의 원소 a의 역원은 $-a$이다.

(2) 정수 전체의 집합 $\mathbb{Z}$은 곱셈에 대하여 군이 아니다. 왜냐하면 a에 대한 곱셈의 역원이 $\mathbb{Z}$에서 존재하지 않기 때문이다.

(3) 양의 유리수의 집합 $\mathbb{R}^+$는 곱셈에 대해 군이다. $\mathbb{R}^+$에서 항등원은 1이고 $a\in\mathbb{R}^+$의 역원 a^{-1}은 $\dfrac{1}{a}$이다.

(4) 실수를 원소로 하는 2×2의 행렬 전체의 집합은 덧셈에 대하여 군이다.

항등원은 $\begin{pmatrix}0&0\\0&0\end{pmatrix}$이고 $\begin{pmatrix}a&b\\c&d\end{pmatrix}$의 역원은 $\begin{pmatrix}-a&-b\\-c&-d\end{pmatrix}$이다.

> [정의 4] 군 $(G,\ *)$가 모든 $a,\ b\in G$에 대하여 $a*b=b*a$를 만족할 때 군 $(G,\ *)$를 가환군(commutative group) 또는 Abel군(Abelian group)이라고 한다.

예 3 정수 전체의 집합, 유리수 전체의 집합, 실수 전체의 집합, 복소수 전체의 집합을 각각 Z, Q, R, C 라고 하면 $(Z,\ +)$, $(Q,\ +)$, $(R,\ +)$, $(C,\ +)$는 모두 가환군이다.

예 4 실수를 성분으로 하는 2×2행렬(matrix) 전체의 집합을 $M_2(R)$이라 하자. 즉

$$M_2(R)=\left\{\begin{pmatrix}a&b\\c&d\end{pmatrix}\ \middle|\ a,\ b,\ c,\ d\in R\right\}$$

$M_2(R)$에 대하여 다음과 같이 가법과 승법을 정의한다.

$\begin{pmatrix}a&b\\c&d\end{pmatrix},\ \begin{pmatrix}e&f\\g&h\end{pmatrix}\in M_2(R)$에 대하여

- 상등 : $\begin{pmatrix}a&b\\c&d\end{pmatrix}=\begin{pmatrix}e&f\\g&h\end{pmatrix}\Leftrightarrow a=e,\ b=f,\ c=g,\ d=h$
- 가법 : $\begin{pmatrix}a&b\\c&d\end{pmatrix}+\begin{pmatrix}e&f\\g&h\end{pmatrix}=\begin{pmatrix}a+e&b+f\\c+g&d+h\end{pmatrix}$
- 승법 : $\begin{pmatrix}a&b\\c&d\end{pmatrix}\begin{pmatrix}e&f\\g&h\end{pmatrix}=\begin{pmatrix}ae+bg&af+bh\\ce+dg&cf+dh\end{pmatrix}$

이 때 $M_2(R)$는 항등원$\begin{pmatrix}0&0\\0&0\end{pmatrix}$, $\begin{pmatrix}a&b\\c&d\end{pmatrix}$의 역원 $\begin{pmatrix}-a&-b\\-c&-d\end{pmatrix}$를 갖는 가환군이다.

한편, 행렬 $\begin{pmatrix}a&b\\c&d\end{pmatrix}$의 행렬식determinant은 $\begin{vmatrix}a&b\\c&d\end{vmatrix}=ad-bc$이다. 그리고

임의의 행렬에 대하여 행렬식의 값이 0이 아닌 행렬을 정칙행렬regular matrix이라고 한다.

예 5 실수를 성분으로 하는 2×2 정칙행렬 전체의 집합을 $LM_2(l)$이라 하자. 즉

$$LM_2(l)=\left\{\begin{pmatrix} a & b \\ c & d \end{pmatrix} \mid a, b, c, d \in R,\ ad-bc \neq 0\right\}$$

$LM_2(l)$는 승법에 대하여 비가환군non-commutative group이다.

> [정의 5] 집합 S에서 S 자신으로의 전단사(bijective)인 사상을 S 상의 치환(permutation)이라고 한다. 이 때 S 상의 치환 전체의 집합을 $\Sigma(S)$라고 하자. 즉
>
> $$\Sigma(S)=\{f \mid f: S \to S : bijective\}$$

예 6 $\Sigma(S)$에 연산으로 함수의 합성 $\circ$을 주면 $(\Sigma(S), \circ)$는 비가환군이다. 예를 들어 1, 2, 3인 세 개의 숫자의 모든 순열의 집합을 Σ_3이라 하자. 그러면 Σ_3는 여섯 개의 원소로 구성된다.

$\begin{pmatrix} 1\,2\,3 \\ 1\,2\,3 \end{pmatrix}=1$, $\begin{pmatrix} 1\,2\,3 \\ 2\,3\,1 \end{pmatrix}=(1\quad 2\quad 3)$, $\begin{pmatrix} 1\,2\,3 \\ 3\,1\,2 \end{pmatrix}=(1\quad 3\quad 2)$,

$\begin{pmatrix} 1\,2\,3 \\ 1\,3\,2 \end{pmatrix}=(2\quad 3)$, $\begin{pmatrix} 1\,2\,3 \\ 3\,2\,1 \end{pmatrix}=(1\quad 3)$, $\begin{pmatrix} 1\,2\,3 \\ 2\,1\,3 \end{pmatrix}=(1\quad 2)$

Σ_3에 다음과 같은 연산을 준다.

$$(1\quad 2\quad 3)\circ(2\quad 3)=\begin{pmatrix} 1\,2\,3 \\ 2\,3\,1 \end{pmatrix}\begin{pmatrix} 1\,2\,3 \\ 1\,3\,2 \end{pmatrix}=\begin{pmatrix} 1\,2\,3 \\ 3\,2\,1 \end{pmatrix}=(1\quad 3)$$

이 경우에 $(\Sigma(S), \circ)$는 연산 $\circ$에 관하여 닫혀있고, 결합법칙을 만족한다. 항등원은 1이고 역원을 갖는다. 예를 들면

$$(1\ 3\ 2)^{-1}=\begin{pmatrix} 1\,2\,3 \\ 3\,1\,2 \end{pmatrix}=\begin{pmatrix} 3\,1\,2 \\ 1\,2\,3 \end{pmatrix}=\begin{pmatrix} 1\,2\,3 \\ 2\,3\,1 \end{pmatrix}=(1\quad 2\quad 3)$$

이다. 이를 검토하면

$$(1\ \ 3\ \ 2)\circ(1\ \ 2\ \ 3)=\begin{pmatrix}1&2&3\\3&1&2\end{pmatrix}\circ\begin{pmatrix}1&2&3\\2&3&1\end{pmatrix}=\begin{pmatrix}1&2&3\\1&2&3\end{pmatrix}=1$$

$$(1\ \ 2\ \ 3)\circ(1\ \ 3\ \ 2)=\begin{pmatrix}1&2&3\\2&3&1\end{pmatrix}\circ\begin{pmatrix}1&2&3\\3&1&2\end{pmatrix}=\begin{pmatrix}1&2&3\\1&2&3\end{pmatrix}=1$$

이 되어 $(1\ 3\ 2)^{-1}=(1\ \ 2\ \ 3)$임을 알 수 있다. 그러나

$$(1\ \ 2\ \ 3)\circ(2\ \ 3)=(1\ \ 3)\neq(1\ \ 2)=(2\ \ 3)\circ(1\ \ 2\ \ 3)$$

이 되어 연산 $\circ$은 비가환군이다.

[정리 2] 군 $(G,\ *)$에 대하여 다음이 성립한다.

(a) 항등원은 유일하다.

(b) 임의의 $a\in G$에 대하여 $a^{-1}\in G$는 유일하다.

(c) 임의의 $a,\ b,\ c\in G$에 대하여 $a*b=a*c \Rightarrow b=c$ (좌소거법칙)

$b*a=c*a \Rightarrow b=c$ (우소거법칙)

(d) 임의의 $a,\ b\in G$에 대하여 방정식 $a*x=b,\ y*a=b$는 유일한 해 $x=a^{-1}*b,\ y=b*a^{-1}$을 갖는다.

(e) 임의의 $a\in G$에 대하여 $(a^{-1})^{-1}=a$이다.

(f) 임의의 $a,\ b\in G$에 대하여 $(a*b)^{-1}=b^{-1}*a^{-1}$이다.

증명 (a) e와 e'을 군 G의 항등원이라고 하면, $e'*e=e'$(e가 항등원), $e*e'=e$(e'이 항등원)이다. 따라서 $e=e*e'=e'*e=e'$이다. 따라서 항등원은 유일하다.

(b) x와 x'을 a의 역원이라고 하면 $x'=x'*e=x'*(a*x)=(x'*a)*x=e*x=x$이다. 따라서 역원은 유일하다.

(c) $a*b=a*c$라고 하자. 그러면 $a^{-1}*(a*b)=a^{-1}*(a*c)$, 결합법칙에 의하여 $(a^{-1}*a)*b=(a^{-1}*a)*c$이고 $e*b=e*c$(e는 G의 항등원), $b=c$이다. 마찬가지로 $b*a=c*a \Rightarrow b=c$이다.

(d) $x=a^{-1}*b$를 방정식에 대입하면 $a*(a^{-1}*b)=(a*a^{-1})*b=e*b=b$가 되어 $x=a^{-1}*b$는 방정식 $a*x=b$의 해이다. 또한 방정식 $a*x=b$의 해를 k, k'이라 하면 $a*k=a*k'$이고 (c)에 의하여 $k=k'$가 되어 해는 유일하다.

(e) $a^{-1}*a=a*a^{-1}=e$이므로 역원의 정의에 의하여 a^{-1}의 역원은 a이다. 즉 $(a^{-1})^{-1}=a$이다.

(f) $(a*b)*(b^{-1}*a^{-1})=a*b*b^{-1}*a^{-1}=$

$a*(b*b^{-1})*a^{-1}=a*e*a^{-1}=(a*e)*a^{-1}=a^{-1}*a=e$

이다.

같은 방법으로 $(b^{-1}*a^{-1})*(a*b)=e$이다. 따라서 $a*b$의 역원은 $(b^{-1}*a^{-1})$이다.

> [정리 3] 군 $(G,\ *)$에 대하여 다음이 성립한다.
> G가 가환군 ⇔ 임의의 $a,\ b\in G$에 대하여 $(a*b)^{-1}=a^{-1}*b^{-1}$

증명 ⇒) $(a*b)^{-1}=b^{-1}*a^{-1}=a^{-1}*b^{-1}$

⇐) $(a*b)^{-1}=a^{-1}*b^{-1}$이라고 하자. 그러면 이것은 $a^{-1},\ b^{-1}\in G$에 대하여도 성립하므로 $(a^{-1}*b^{-1})^{-1}=(a^{-1})^{-1}*(b^{-1})^{-1}$이 성립한다. 따라서 [정리 2]의 (e)와 (f)에 의하여 임의의 $a,\ b\in G$에 대하여 다음이 성립한다. 즉,

$$b*a=(b^{-1})^{-1}*(a^{-1})^{-1}=(a^{-1}*b^{-1})^{-1}=(a^{-1})^{-1}*(b^{-1})^{-1}=a*b$$

따라서 G는 가환군이다.

> [정의 6] 군 $(G,\ *)$의 부분집합 H가 연산 $*$에 관하여 군이 될 때 H를 G의 부분군(subgroup)이라고 한다.

H가 군G의 부분군일 때 $H \leq G$로 표시한다. H가 군G의 부분군이고 $H \neq G$이면 $H < G$로 표시하고 H는 군 G의 진부분군proper subgroup이라 한다.

예 7 군$(\mathbb{Z}, +)$, $(\mathbb{Q}, +)$는 모두 $(\mathbb{R}, +)$의 부분군이고, $(\mathbb{Z}, +)$ 는 $(\mathbb{Q}, +)$의 부분군이다. 또 $(\mathbb{Q}^*, +)$는 $(\mathbb{R}^*, +)$의 부분군이다. 한편 곱셈군 $(\mathbb{R}^*, \cdot)$는 덧셈군 $(\mathbb{R}, +)$의 부분군은 아니다.
$\mathbb{Q}^* = \mathbb{Q} - \{0\}$, $\mathbb{R}^* = \mathbb{R} - \{0\}$을 의미한다.

> [정리 4] $H\ (\neq \varnothing)$가 군 $(G, *)$의 부분집합일 때 다음은 서로 동치이다.
> (a) H는 G의 부분군이다.
> (b) ① $a,\ b \in H \Rightarrow a * b \in H$
> ② $a \in H \Rightarrow a^{-1} \in H$
> (c) $a,\ b \in H \ \Rightarrow\ a * b^{-1} \in H$

증명 (a) ⇒ (b) H는 G의 부분군이면 군의 정의에 의하여 (b)가 성립한다.
(b) ⇒ (c) $a,\ b \in H$이고 (b)가 성립한다고 하자. ②에 의하여 $b^{-1} \in H$이고, ①에 의하여 $a,\ b^{-1} \in H$일 때 $a * b^{-1} \in H$이다.
(c) ⇒ (a) (c)가 성립한다고 가정하고 G에서 결합법칙이 성립하고 H는 G의 부분집합이므로 H에서도 결합법칙이 성립한다. 또 $H \neq \varnothing$이므로 $a \in H$가 존재한다. 따라서 (c)에 의하여 $a \in H$일 때 $e = a * a^{-1} \in H$이고, 또한 임의의 $b \in H$에 대하여 $b^{-1} = e * b^{-1} \in H$이다. 따라서 임의의 $a,\ b \in H$에 대하여 $a * b = a * (b^{-1})^{-1} \in H$가 되어 H는 G의 부분군이다. ■

[정의 7] 군 $(G, *)$에서 군 $(H \ \cdot)$로의 함수 $f: G \to H$가 모든 $a, b \in G$에 대하여

$$f(a*b) = f(a) \cdot f(b)$$

를 만족할 때 f를 G에서 H로의 준동형사상(homomorphism)이라고 한다.
준동형사상이 존재할 때 G와 H는 준동형(homomorphic)이라고 한다.
만약 준동형사상 $f: G \to H$가 전단사함수일 때 f를 G에서 H로의 동형사상(isomorphism)이라고 하고, 동형사상이 존재할 때 G와 H는 동형(isomorphic)이라고 하고, $G \cong H$로 표시한다.

두 군 G와 H가 동형이라는 것은 그들이 같은 대수적 구조를 갖는다는 것을 의미한다. 즉 G와 H의 원소와 연산이 다르더라도 G의 연산 $*$의 모든 성질과 H의 연산 $\cdot$에 관한 성질이 완전히 일치한다.

예 8 Z에서 군 $(nZ, +)$에 대하여 사상 $f: Z \to nZ$를 임의의 $a \in G$에 대하여 $f(a) = na$로 정의하면 임의의 $a, b \in Z$에 대하여 $f(a+b) = n(a+b) = na + nb = f(a) + f(b)$이므로 f는 준동형사상이며, f는 전단사 사상이므로 동형사상이다. 즉 $Z \cong nZ$이다.

예 9 G와 G'을 군이라 하고 e'을 G'의 단위원이라고 하자. 그리고 $f: G \to G'$를 임의의 $a \in G$에 대하여 $f(a) = e'$로 정의하자. 그러면 임의의 $a, b \in G$에 대하여

$$f(ab) = e' = e'e' = f(a)f(b)$$

가 되어 f는 준동형이다.

예 10 $f: \mathbb{R} \to \mathbb{R}$가 $f(x) = x^3$으로 정의될 때 덧셈연산에 대하여 f는 동형사상이 아니다. 왜냐하면 $(x+y)^3 = x^3 + y^3$이 성립하지 않으므로 연산을 보존하지 않는다.

예 11 H는 덧셈에 대한 실수집합의 군이고, H'은 곱셈에 대한 양의 실수 전체집합의 군이라 하자. H와 H'은 $g(x)=2^x$에 의해 서로 동형이다. g는 H에서 H'으로의 함수가 확실하다.
$a, b \in H$에 대하여

$$g(a+b)=2^{a+b}=2^a 2^b$$

이다. 따라서 g는 연산을 보존한다.

> [정리 5] 군 $(G, *)$, $(H \cdot)$, $(K \triangle)$에 대하여 $f: G \rightarrow H$ 와 $g: H \rightarrow K$ 가 준동형사상이면 $g \circ f: G \rightarrow K$ 도 준동형사상이다.

증명 임의의 $a, b \in G$에 대하여

$$\begin{aligned}(g \circ f)(a * b) &= g(f(a * b)) = g(f(a) \cdot f(b)) \\ &= g(f(a)) \triangle g(f(b)) = (g \circ f)(a) \triangle (g \circ f)(b)\end{aligned}$$

따라서 합성함수 $g \circ f$는 G에서 K로의 준동형사상이다.

생각해 볼 문제 4-1

1. 군 $(Z, +)$에서 군({-1, 1}, ·)을 사상 $f: Z \rightarrow \{-1, 1\}$을 임의의 $n \in Z$에 대하여 $f(n)=(-1)^n$으로 정의하면 f는 준동형사상이지만, 동형사상이 아님을 보여라.
2. Klein 사원군을 조사하여 보아라.
3. 다음을 증명하여라.

   $f: G \rightarrow H$ 가 군동형사상이면 $f^{-1}: H \rightarrow G$ 도 군동형사상이다.

(3) 환

군은 한 집합에 한 가지 연산을 적용하여 얻어지는 대수적 구조였다. 그러나 대수적 체계 중에는 한 집합 R에 두 가지 연산($\oplus$, $\odot$)이 정의되어 있을 때 이들 연산이 분배법칙에 의하여 상호간에 관련지어진 것이 있다. 이와 같이 한 집합 R에 두 가지 연산이 정의되어 있는 대수적 구조 중에 환ring이라는 것이 있다.

[정의 8] 공집합이 아닌 집합 R위에 두 이항연산, 덧셈과 곱셈이 정의되어 있고, R의 임의의 원소 a, b, c에 대하여 다음이 성립할 때 $(R, +, \cdot)$을 환(ring)이라 한다.

(1) $a+b=b+a$
(2) $(a+b)+c=a+(b+c)$
(3) 덧셈에 대한 항등원이 존재한다. 즉, 특정한 원소 $0\in R$이고 임의의 원소 $a\in R$에 대하여 $a+0=a$을 만족한다.
(4) $a\in A$에 대하여 덧셈에 대한 역원 $-a\in R$가 존재한다. 즉, $a+(-a)=0$을 만족한다.
(5) $a(bc)=(ab)c$
(6) $a(b+c)=ab+ac$이고 $(b+c)a=ba+ca$을 만족한다.

따라서 환ring은 덧셈에 대한 아벨군이고 곱셈에 대하여 결합법칙이 성립한다. 곱셈에 대한 교환법칙이 성립하면 가환환commutative ring이라 한다.

환에서 단위원unity or identity은 곱셈에 대한 항등원을 말한다. 곱셈에 대한 항등원을 갖는 가환환에서 영이 아닌 원소들이 모두 곱셈에 대한 역원을 갖는 것은 아이다. 만약 역원을 갖는다면 그 원소를 환에서의 단원unit이라고 한다.

[정의 9] 환 $(R, \oplus, \odot)$이 단위원을 가질 때, 즉 임의의 $a \in R$에 대하여 $1 \odot a = a \odot 1 = a$인 $1 \in R$이 존재할 때 R을 단위적 환(unitary ring, ring with unity)이라 한다. 그리고 환 R이 임의의 $a, b \in G$에 대하여 $a \odot b = b \odot a$인 환 R을 가환환(commutative ring)이라고 하고, 그렇지 않은 환을 비가환환(non-commutative ring)이라고 한다.
또, 환 R의 원소의 개수가 유한일 때 이 환을 유한환(finite ring)이라고 하고, 유환환이 아닌 경우를 무한환(infinite ring)이라고 한다.

예 9 정수 전체의 집합, 유리수 전체의 집합, 실수 전체의 집합, 복소수 전체의 집합을 각각 Z, Q, R, C 라고 하면 가법과 승법에 관하여 $(Z, +, \cdot)$, $(Q, +, \cdot)$, $(R, +, \cdot)$, $(C, +, \cdot)$는 모두 단위적 가환환이다. 특히 환 $(Z, +, \cdot)$을 정수환ring of inters이라고 한다.

예 10 실수를 성분으로 하는 2×2행렬matrix 전체의 집합을 $M_2(R)$이라 하자. 즉

$$M_2(R) = \left\{ \begin{pmatrix} a & b \\ c & d \end{pmatrix} \mid a, b, c, d \in R \right\}$$

$M_2(R)$에 대하여 가법과 승법을 정의하면 $(M_2(R), +, \cdot)$는 단위원 $\begin{pmatrix} 1 & 0 \\ 0 & 1 \end{pmatrix}$을 갖는 비가환환이다. 이 환을 R상의 2차 행렬환matrix of degree 2이라고 한다.

[정리 6] $(R, +, \cdot)$을 환이라고 할 때, 임의의 $x, y \in R$에 대하여 다음이 성립한다.

(a) $x \cdot 0 = 0 \cdot x = 0$

(b) $x \cdot (-y) = (-x) \cdot y = -(x \cdot y)$

(c) $(-x) \cdot (-y) = x \cdot y$

증명 (a) $0+0=0$이므로 분배법칙에 의하여

$$x \cdot 0 = x \cdot (0+0) = x \cdot 0 + x \cdot 0$$

한편, $(R, +)$는 군이므로 임의의 $a \in R$에 대하여 $a+a=a$이면 $a=0$이므로 $x \cdot 0 = 0$이다. 같은 방법으로 $0 \cdot x = 0$이다.

(b) 분배법칙과 (a)에 의하여

$$x \cdot y + x \cdot (-y) = x \cdot (y+(-y)) = x \cdot 0 = 0$$

따라서 $x \cdot (-y)$의 가법에 관한 역원은 $-(x \cdot y)$이다.
즉 $x \cdot (-y) = -(x \cdot y)$이다.
같은 방법으로 $(-x) \cdot y = -(x \cdot y)$이다.

(c) (b)에 의하여

$$(-x) \cdot (-y) = -((-x) \cdot y) = -(-(x \cdot y))$$

한편 $(R, +)$는 군이므로 임의의 $a \in R$에 대하여 $-(-a) = a$이므로 $-(-(x \cdot y)) = x \cdot y$이다. 따라서 $(-x) \cdot (-y) = x \cdot y$이다. ■

군에서 부분군과 동형에 대하여 정의하였듯이, 환에서도 다음과 같이 확장시킬 수가 있다.

환의 곱셈에 대한 항등원과 역원의 유일성
곱셈에 대한 항등원을 갖는 환의 항등원은 유일하고, 환이 곱셈에 대한 역원을 가지고 있으면 그 역원은 유일하게 존재한다.

[정의 10] R를 환이라 하고 $S\ (\neq \varnothing)$를 R 의 부분집합이라 할 때, $(S, +, \cdot)$도 환이 되면 S를 R의 부분환(subring)이라고 한다.

예 11 $(Z, +, \cdot)$, $(Q, +, \cdot)$, $(R, +, \cdot)$, $(C, +, \cdot)$는 모두 환이었다. 이 경우에 Z는 Q의, Q는 R의, R는 C의 부분환이다. 환 R는 $\{0\}$과 R 자신을 부분환으로 갖는다.

예 12 $2Z = \{2x \mid x \in Z\}$일 때 환$(2Z, +, \cdot)$는 환$(Z, +, \cdot)$의 부분환이다. 이 때 환 Z의 단위원은 1이지만, 부분환 $2Z$에는 단위원이 없다.

> [정리 7] 환 $(R, +, \cdot)$의 부분집합 $S\ (\neq\varnothing)$가 환 R의 부분환이 되기 위한 필요충분조건은 다음 두 가지를 만족하는 것이다.
> (a) $(S, +)$는 $(R, +)$의 부분군이다. 즉 $x, y \in S \Rightarrow x-y \in S$
> (b) $x, y \in S \Rightarrow x \cdot y \in S$

증명 S가 환 R의 부분환이면 $(S, +, \cdot)$는 환이므로, (a), (b)가 성립한다. 역으로 두 조건 (a), (b)가 성립한다고 하자. 이 때 (a)에 의하여 $(S, +)$는 가환군이고, (b)에 의하여 S는 승법에 관하여 닫혀있다. 또 S는 R의 부부집합이므로 S는 승법에 관하여 결합법칙과 승법과 가법에 관한 분배법칙을 만족한다. 따라서 $(S, +, \cdot)$는 환이다. 그러므로 S는 R의 부분환이다. ■

> [정리 8] $\{S_\alpha\}$를 환 $(R, +, \cdot)$의 부분환으로 이루어진 집합족이라고 할 때 $\cap S_\alpha = \{a \in R \mid$ 모든 α에 대하여 $a \in S_\alpha\}$는 R의 부분환이다.

증명 모든 α에 대하여 $(S_\alpha, +)$는 $(R, +)$의 부분군이므로 $(\cap S_\alpha, +)$도 $(R, +)$의 부분군이다. 이제 $a, b \in S_\alpha$라고 하면 각 α에 대하여 $a, b \in \cap S_\alpha$이므로 $a \cdot b \in \cap S_\alpha$이다. 따라서 $\cap S_\alpha$는 부분환이다. ■

[정의 11] 두 개의 환 $(R, +, \cdot)$와 $(R', +, \cdot)$ 사이에 사상 $f: R \to R'$가 환의 두 연산을 보존할 때, 즉 임의의 a, $b \in G$에 대하여

$$f: R \to R'$$
$$a+b \to f(a+b)=f(a)+f(b)$$
$$a \cdot b \to f(a \cdot b)=f(a) \cdot f(b)$$

를 만족할 때 f를 R에서 R'로의 (환)준동형사상(ring homomorphism)이라고 한다. 만약 준동형사상 $f: R \to R'$가 전단사함수일 때 f를 R에서 R'로의 (환)동형사상(ring isomorphism)이라고 하고, 동형사상이 존재할 때 R와 R'는 (환)동형(ring isomorphic)이라고 하고, $R \cong R'$로 표시한다.

예 12 정수환 $(R, +, \cdot)$에서 잉여류환 $(\overline{Z_n}, +, \cdot)$로의 사상 $f: Z \to \overline{Z_n}$을 $f(x)=\overline{x}\ (x \in Z)$로 정의하면 f는 환동형사상이다. 왜냐하면

$$f(x+y)=\overline{x+y}=\overline{x}+\overline{y}=f(x)+f(y)$$

$f(x \cdot y)=\overline{x \cdot y}=\overline{x} \cdot \overline{y}=f(x) \cdot f(y)$이기 때문이다.

[정리 9] R, R', R''를 환이라 할 때, $f: R \to R'$와 $g: R' \to R''$가 환준동형사상이면 합성사상 $g \circ f: R \to R''$도 환준동형사상이다.

증명 임의의 a, $b \in R$에 대하여

$$(g \circ f)(a+b)=g(f(a+b))=g(f(a)+f(b))=g(f(a))+g(f(b))$$
$$=(g \circ f)(a)+(g \circ f)(b) \text{이고,}$$
$$(g \circ f)(a \cdot b)=g(f(a \cdot b))=g(f(a) \cdot f(b))=g(f(a)) \cdot g(f(b))$$
$$=(g \circ f)(a) \cdot (g \circ f)(b)$$

이므로 합성함수 $g \circ f$는 R에서 R''로의 환준동형사상이다.

생각해 볼 문제 4-2

집합 $R=\left\{\begin{pmatrix} a & 0 \\ 0 & a \end{pmatrix} \mid a \in R\right\}$이 행렬에 대한 덧셈과 곱셈에 관하여 환이 됨을 보여라.

(4) 체

유리수 전체의 집합은 덧셈에 대하여 가환군이다. 그러나 곱셈에 대해서는 가환군이 아니다. 그러나 유리수에서 0을 제외한 집합 $Q-\{0\}$은 곱셈의 역연산이 가능하다. 이 때 유리수 집합 Q를 연산에서 본 특징은 다음과 같다.

(a) 덧셈에 대하여 가환군이다.
(b) 0을 제외하면 곱셈에 대하여 군이다.
(c) 분배법칙이 성립한다.
(d) $Q-\{0\}$은 곱셈의 역연산이 가능하다.

이들 4가지 조건에서 앞의 3가지는 Q가 가환환이 되기 위한 조건으로, Q의 특징은 다음과 같이 간단히 정의된다.

- Q는 가환환이다.
- $Q-\{0\}$은 곱셈에 대하여 가환군이다.

이 때 유리수의 집합 Q를 체라고 한다.

[정의 12] $(F, +, \cdot)$가 단위원을 갖는 단위환이고, $F^* = F - \{0\}$ (0은 F의 영원)가 F에 정의되어 있는 승법에 관하여 가환군이 될 때 $(F, +, \cdot)$를 체(field)라고 한다.

예 14 유리수 전체의 집합, 실수 전체의 집합, 복소수 전체의 집합을 각각 Q, R, C 라고 하면 $(Q, +, \cdot), (R, +, \cdot), (C, +, \cdot)$는 모두 체이다. 이들을 각각 유리수체, 실수체, 복소수체라고 한다.

예 15 mod 3에 관한 잉여류환 $(\overline{Z_3}, +, \cdot)$은 체이다. 그러나 mod 4에 관한 잉여류환 $(\overline{Z_4}, +, \cdot)$는 체가 아니다. 일반적으로 mod n에 관한 잉여류환 $(\overline{Z_n}, +, \cdot)$가 체가 될 필요충분조건은 n이 소수prime number이다.

(참고) $\overline{Z_3} = \{\bar{0}, \bar{1}, \bar{2}\}$로 mod 3에 관한 잉여류의 집합이다.

[정의 13] 체 $(F, +, \cdot)$의 부분집합 F'가 F 의 연산에 의하여 체를 이룰 때 F'를 F의 부분체라고 한다.

예 16 유리수체 $(Q, +, \cdot)$는 실수체 $(R, +, \cdot)$의 부분체이다. 또, 실수체 $(R, +, \cdot)$은 복소수체 $(C, +, \cdot)$의 부분체이다.

생각해 볼 문제 4-3

$\{S_\alpha\}$를 환 R 의 부분환으로 이루어진 한 집합족이라 하자. F 가 체이고, S_α들이 F 의 부분체이면 $\cap S_\alpha = \{a \in R \mid$ 모든 α에 대하여 $a \in S_\alpha\}$는 F의 부분체임을 보여라.

Chapter 05
집합과 논리 지도

집합과 논리는 수학의 본질적인 측면에서 가장 기초적인 개념이다. 집합은 19세기에 칸토어Gorge Cantor, 1845~1918가 창시하여 수학을 추상화하고 재정립하는데 중요한 역할을 하였다. 이에 집합론 이후의 수학을 현대수학이라고 부르고 있다.

한편, 수학을 공부하는 주요 목적은 논리적으로 사고하고 합리적으로 문제를 해결하는 능력을 기르기 위해서이다. 우리의 삶은 판단의 연속이며, 그 내면에 논리적 사고가 작용하고 있다. 또한 수학을 공부하는 데에도 논리적 사고는 필요하다. 이 장에서는 집합과 논리에 대하여 알아본다.

01 학교수학에서 집합과 논리의 지도 내용

초등학교 수학에서는 집합과 논리에 관한 내용을 직접 지도하는 것은 아니다. 그렇지만 학생들이 수를 배우기 위하여 사물을 분류하고 세기 위하여 먼저 셀 대상의 집합을 파악하고, 그 집합을 구성하는 원소들을 인식해야 한다. 또한 도형 개념을 학습할 때에는 해당 개념의 외연을 파악하고, 그 대상에서 공통의 성질을 인식하는 추상화 과정이 집합의 학습과 밀접한 관련이 있다. 집합이란 우리의 직관이나 사고의 대상으로 서로 명확히 구분되는 원소들 전체의 모임이므로, 학생들은 접하는 대상들을 공통의 성질을 이끌어내는 집합적 사고를 하도록 지도해야 한다.

[그림 5.1] 기준을 정해 분류하기

논리에 관한 내용도 마찬가지로 일상생활뿐만이 아니라, 수학 학습에서 부딪치는 수많은 사실들이 옳은지 틀린지를 판단하기 위하여 필요하다. 학생들이 자신의 주장을 할 때 논리적으로 상대방을 설득할 수 있어야 한다. 즉, 가정으로부터 결론을 논리적으로 유도하는 논증을 할 수 있어야 한다. 논리적으로 사고하고 판단하는 능력을 기르는 것은 학교 수학을 통해 길러 줄 중요한 능력이다.

02 집합 지도를 위한 교수학적 내용 지식

1. 집합론의 탄생과 칸토어

20세기에 들어와 집합론이 수학의 모든 분야에 침투함으로써 그 전의 수학과 다른 수학이 발전하게 되었는데, 흔히 사람들은 집합론 이전의 수학을 '고전수학'이라고 부르고, 20세기에 들어와 집합론을 도구로 하여 발전해 온 수학을 '현대수학'이라고 부른다.

집합론은 수나 함수처럼 수학적 성질을 가지거나 그렇지 않은 대상의 잘 정의된 집합에 대한 성질을 다루는 수학의 한 분야로, 현대수학은 칸토어Gorge Cantor, 1845~1918에 의해 19세기 말에 출현한 집합론에 의해 재구성되었다. 칸토어 이전에도 이미 갈릴레오Galilei, 1564~1642는 일대일 대응의 개념을 사용하였고, 볼자노Bolzano, 1781~1848는 '무한의 역설'에서 집합의 개념을 다음과 같이 밝히고 있다.

> '한 개의 깨지지 않은 완전한 컵과 깨어진 컵을 비교하면 그 두 개는 확실히 동일한 부분으로 성립되어 있다. 그러나 그 각각의 조작, 즉 요소의 결합법이나 배열법은 아주 다르다. 이 때 각각의 요소의 결합법이나 배열법에 무관하게 정해지는 개념을 집합이라고 한다(박세희. 1995, p.243).

또 드 모르강De Morgan, 1806~1871, 벤Venn, 1834~1923도 집합을 수학의 대상으로 생각하였다고 한다. 칸토어의 업적은 무한에도 여러 가지 단계가 존재한다는 것과 자연수의 산술을 무한의 산술로 이끌어 올린데 있다고 볼 수 있다.

칸토어의 집합론 연구의 동기는 무한의 탐구에 있었다. 그는 무한집합을 무제한으로 다루었으며, 무한의 개념을 '실무한actual infinity[2)]'으로 파악하였다. 그것이 처음에는 매우 회의적으로 여겨졌으며 비판이 가해지기도 했지만, 1890년대에 이르러 그 이론들이 여러 분야의 수학 이론에 정연한 기초를 마련해 주었다. 그리하여 20세기로 넘어오면서 집합론의 많은 부분이 해석학에 있어서 없어서는 안 될 도구가 되었다.

칸토어는 1872년 그의 논문에서 '집합이란 우리들의 직관 또는 사고의 대상 m들로 확정되어 있고, 또 서로 명확히 구별되는 것들을 하나의 전체로 본 M이다. 이 때, m을 M의 원이라고 부른다.'라고 정의하고, '두 집합 사이에 일대일의 대응관계가 성립할 때 두 집합의 농도(=원소의 개수)는 같다.'고 정의하였다. 그는 이 같은 개념을 이용하여 집합의 기수와 서수를 도입하여 그 이론을 세웠고, 초월수가 대수적 수보다 많다는 것, 차원이 다른 유클리드 공간의 기수가 같다는 것 등을 논하였다.

칸토어는 집합의 원소의 개수가 같다는 것을 각각의 원소를 하나씩 짝지을 수 있다는 것으로 해석함으로써 자연수 전체와 정수 전체는 빠짐없이 일대일로 대응시킬 수 있으나, 자연수 전체와 실수 전체를 일대일로 빠짐없이 대응시킬 수 없음을 밝힘으로써 자연수와 정수의 개수가 같고, 자연수와 실수는 그 개수가 같지 않음을 밝혀냈다. 이는 그리스 이래 전해져 온 통념인 '전체는 부분보다 크다.'와 '무한은 모두 같은 것으로 간주한다.'라는 상식을 동시에 깬 일대의 사건이었으며 이를 바탕으로 무한을 셈하는 무한에 관한 연산과 그 밖의 성질들도 규명해 내었다.

2) Aristotle에 따르면 잠재적 무한(potential infinity)이란 어떤 것이 임의로 무한히 증대될 수 있는 것을 말하며, 실무한은 무한히 증대될 수 있는 것의 총체가 완결되어 실제로 존재함을 의미한다.

칸토어에 의한 집합의 소박한 정의가 엄밀하지 못한 결과, 수학에 있어서 미묘한 논의에 부적합함이 밝혀졌다. 후에 집합론에 역리들이 나타나 19세기 말에 수학의 위기를 낳았고, 이 문제를 해결하려는 과정에서 수리논리학, 수리철학, 수학기초론과 같은 새로운 학문의 분야가 나타났다.

한편, 칸토어는 유태계 덴마크 인이었던 사업가의 아들로 현재의 레닌그라드에서 태어났다. 1856년 독일의 프랑크프르트로 이주하여 15세 때 김나지움고등학교에 입학하였다. 17세 때 스위스의 취리히 대학에 입학하였고, 1863년에 베를린 대학에서 수학, 철학, 물리학을 공부하였다. 바이어스트라스와 쿰머에게서 해석학을 배웠고, 크로넥커에게 정수론을 배웠으며, 1867년에 가우스가 남긴 정수론의 문제를 해결하여 박사학위를 받았다. 칸토어의 초기 관심사는 정수론, 부정방정식, 삼각급수에 있었으나, 1874년에 집합론과 무한이론에 관한 혁명적인 연구를 시작하였다.

그의 논문에는 실제적인 무한의 수학적 취급에 기초를 두어 초한수 이론을 발전시켰고, 유한수들의 계산법과 유사하게 초한수의 계산법을 만들었다. 칸토어의 무한의 실체에 관한 그의 견해는 상당한 반대에 부딪쳤는데, 주로 베를린대학교의 크로넥커로 부터였다. 크로넥커와 칸토어의 대립은 철학의 차이였는데, 크로넥커는 직관주의자이였고 칸토어는 형식주의를 따랐다.

1878년에 집합의 기수의 개념을 도입하고 5년에 걸쳐 집합론을 체계화하였으며, 1883년에는 유명한 '칸토어 집합'을 발표하였다. 이 같은 업적은 대부분의 수학자들의 반격을 받았고, 1884년 이후에 때때로 정신병의 징후를 나타내었다. 그 뒤 차차 그의 업적이 큰 영향을 주기 시작하였으며 1890년을 전후하여 여러 외국 학술원이나 학회의 명예회원으로 추대되는 등의 영예를 누렸으나, 정신병이 도지기 시작하여 1905년에 할레 대학을 휴직하고 1913년에 퇴직하였다.

수학이야기

1880년 칸토어는 푸리에에 급수에 대한 몇 가지 질문을 연구하던 중 집합론을 만들어 내었다. 칸토어의 집합론은 무한의 연산에 대한 것으로, 무한집합을 비교하는 것을 가능하게 하였다. 예를 들어 셀 수 있는 무한집합(정수의 집합)과 셀 수 없는 무한집합(실수의 집합)을 구별할 수 있게 되었다.

2. 여러 가지 집합의 정의와 연산

20보다 작은 자연수의 모임이나 100이하의 소수의 모임과 같이, 어떤 조건에 알맞은 대상을 분명하게 정할 수 있는 모임을 집합set이라고 한다. 그리고 집합을 구성하고 있는 사물 하나하나를 원소element, 또는 원이라고 한다. 보통 집합은 대문자 A, B, C, X, Y, Z, $\cdots$로 표시하고, 원소는 소문자 a, b, c, x, y, z, $\cdots$ 등으로 표시한다.

x가 집합 A의 원소일 때, 이것을

$$x \in A \text{ 또는 } A \ni x$$ [3]

로 나타낸다. 또 집합 x가 집합 A의 원소가 아닐 때 이것을

$$x \notin A$$

3) 원소를 나타내는 기호인 ∈은 1903년 영국의 수학자이자 철학자인 러셀의 책에서 처음 소개되었다. 그리고 집합을 표현하는 { }은 수학자 칸토어가 1895년에 쓴 원고에서 처음 사용되었다.

로 나타낸다.

집합을 표시하는 방법에는 원소나열법tabular form과 조건제시법set builder form이 있다. 원소나열법은 집합에 속하는 모든 원소를 { }안에 나열하는 방법이고, 조건제시법은 원소들이 가지는 공통의 성질 P를 이용하여 { }로 제시하는 방법이다.

예 1 방정식 $x^2-3x+2=0$을 만족하는 수 x의 집합 A를 구하면 원소 나열법으로는 {1, 2}, 조건제시법으로는 $\{x \mid x^2-3x+2=0\}$이 된다.

집합에는 원소의 개수를 끝까지 셀 수 있는 유한집합finite set과 원소의 수가 무수히 많은 무한집합infinite set이 있다. 한편, 원소의 수가 하나도 없는 집합을 공집합null set, empty set이라 하고, 이것을

$$\varnothing$$

로 나타낸다.[4)]

집합 A가 유한집합일 때, A의 원소의 개수를 다음과 같이 나타낸다.

$$n(A)$$

예 2 집합 $\{x \mid x^2+1=0,\ x\text{는 실수}\}$에 대하여 $n(A)$를 구하면 이차방정식 $x^2+1=0$의 해는 $x=i, -i$(i는 허수 단위)이므로 실수인 해는 없다. 따라서 집합 A는 공집합이고 $n(A)=0$이다.

집합 A의 모든 원소가 집합 B의 원소일 때 A를 B의 부분집합subset이라고 하고, 이것을

4) 공집합을 나타내는 기호인 $\varnothing$는 프랑스 수학자 웨이유가 노르웨이어의 알파벳의 한 문자를 이용하여 도입하였으나, 그 후 활자가 없어 그리스 알파벳의 하나인 $\varnothing$가 이용되고 있다.

$$A \subset B,\ B \supset A$$

로 나타낸다.[5)]

두 집합의 원소가 서로 같을 때, 두 집합 A, B는 상등equal하다고 하고, 이것을

$$A = B$$

로 나타낸다. 부분집합의 정의에 의해 $A \subset B$이고 $B \subset A$이면 $A = B$임을 알 수 있다.

공집합 $\varnothing$는 모든 집합의 부분집합이고, 모든 집합은 자기 자신을 부분집합으로 갖는다. 부분집합 중에서 자기 자신을 제외한 부분집합을 진부분집합proper subset이라고 한다. 한편, 두 집합 A, B에 대하여 A가 B의 부분집합이 아닐 때, 이것을

$$A \not\subset B$$

로 나타낸다.

> [정리 1] $A \subset B$, $B \subset C$ 이면 $A \subset C$이다.

증명 x를 집합 A의 임의의 원소라 하면 $A \subset B$이므로 $x \in A$인 x는 $x \in B$이다. 그런데 $B \subset C$이므로 $x \in B$인 x는 $x \in C$이므로 임의의 집합 A의 원소 x에 대하여 $x \in A$일 때 $x \in C$ 이다. 따라서 부분집합의 정의에 의하여 $A \subset C$이다. ■

5) 부분집합을 나타내는 기호인 ⊂, ⊃은 1898년 이탈리아 수학자 페아노가 처음으로 도입하였다. 이것을 포함하는(contain)의 첫 문자에서 비롯되었다고 한다.

집합의 집합을 집합족family of sets, class of sets이라고 하고, 어떤 집합 A의 모든 부분집합으로 이루어진 집합족을 A의 멱집합power set이라고 하며, 보통 A의 멱집합을 2^A로 표시한다. 예를 들면 $A=\{a, b, c\}$일 때 $2^A=\{\varnothing, \{a\}, \{b\}, \{c\}, \{a, b\}, \{b, c\}, \{a, c\}, \{a, b, c\}\}$이다.

우리가 논의하는 범위에서 모든 집합의 원소로 된 집합을 다른 집합과 구별하여 전체집합universal set이라고 하고, 이것을 흔히 문자 U로 표시한다. 즉, 전체집합은 우리가 논의하는 대상 전체의 집합을 말하는 것이므로 전체집합의 한계는 논의가 넓어짐에 따라 확장되어 간다고 볼 수 있다.

우리는 보통 집합을 나타낼 때 동그라미를 그려서 표시하는 경우가 많다. 집합을 동그라미를 그려 표시하는 것을 벤다이어그램Venn diagram이라고 한다. 벤다이어그램에서 전체집합은 보통 직사각형 모양으로 나타낸다.

전체집합 U의 부분집합 A, B에 대하여 다음을 정의한다.

- **합집합** : $A \cup B=\{x \mid x \in A$ 또는 $x \in B\}$
- **교집합** : $A \cap B=\{x \mid x \in A$ 그리고 $x \in B\}$
- **차집합** : $A-B=\{x \mid x \in A$ 그리고 $x \notin B\}$
- **여집합** : $A^C=\{x \mid x \notin A\}=U-A$

그리고 전체집합 U의 부분집합 A, B, C에 대하여 다음의 성질을 만족한다.

(1) $A\cup\varnothing=A$, $A\cap U=A$, $A\cup U=U$, $A\cap\varnothing=\varnothing$

(2) $A\cap B=B\cap A$, $A\cup B=B\cup A$

$(A\cap B)\cap C=A\cap(B\cap C)$, $(A\cup B)\cup C=A\cup(B\cup C)$

$A\cap(B\cup C)=(A\cap B)\cup(A\cap C)$,

$A\cup(B\cap C)=(A\cup B)\cap(A\cup C)$

(3) $U^c=\varnothing$, $\varnothing^c=U$, $(A^c)^c=A$

(4) $A\cap A^c=\varnothing$, $A\cup A^c=U$, $A-B=A\cap B^c$

(5) $(A\cup B)^c=A^c\cap B^c$, $(A\cap B)^c=A^c\cup B^c$(De Morgan의 법칙)

생각해 볼 문제 5-1

1. 세 집합 $\varnothing$, {0}, $\{\varnothing\}$의 차이점을 말하여라.

2. 집합 $A=\{a, b, \{a, b\}\}$의 멱집합을 구하여라.

3. De Morgan의 법칙 $(A\cup B)^c=A^c\cap B^c$가 성립함을 증명하여라.

3. 첨자 붙은 집합

집합 A_1={1, 10}, A_2={2, 4, 6, 8}, A_3={3, 6, 9}, A_4={5, 10}과 I={1, 2, 3, 4}에 대하여 각 $i\in I$ 에 대하여 A_i가 대응될 수 있다. 이 때 집합 I를 첨자index라 하며, $A=\{A_1, A_2, A_3, A_4\}$를 첨자 붙은 집합indexed set이라고 한다. 여기서 첨자집합과 첨자 붙은 집합은 정의역 I에서 $\{A_i\}_{i\in I}$인 함수 $f: I\rightarrow A$로 볼 수 있다.

예 3 $A_n=\{x \mid 0\le x\le \frac{1}{n}\}$, $n\in N$ 일 때,
$A_1=[0,\ 1]$, $A_2=[0,\ \frac{1}{2}]$, $A_3=[0,\ \frac{1}{3}]$, $\cdots$ 이다.

지금까지 집합의 연산은 두 집합이나 세 집합에 대해서만 다루었다. 이제 유한개의 집합으로 집합의 연산을 확장하도록 하자. 이를 위해 집합 $A_1, A_2, A_3, A_4, \cdots, A_n$에 대하여 $\cup_{i=1}^{n} A_i$와 $\cap_{i=1}^{n} A_i$를 다음과 같이 정의하자.

> **[정의 1]** $\cup_{i=1}^{n} A_i \ =A_1\cup A_2\cup A_3\cup A_4\cup\cdots\cup A_n$
> $\cap_{i=1}^{n} A_i \ =A_1\cap A_2\cap A_3\cap A_4,\cap\cdots\cap A_n$

이 개념은 집합의 연산에 대하여 다음과 같이 일반화되어진다.

$\{A_i\}_{i\in I}$, $J\subset I$에 대하여

(1) $\cup_{i\in J}^{n} A_i=\{x \mid x\in A_i$인 $i\in J$가 존재$\}$

즉, $i\in J$ 인 적어도 한 A_i에 속하는 모든 원소로 이루어진 집합이다.

(2) $\cap_{i\in J}^{n} A_i$ $=\{x \mid$ 모든 $i\in J$ 에 대하여 $x\in A_i\}$

즉, 모든 $i\in J$ 인 A_i에 속하는 모든 원소로 이루어진 집합이다.

예 4 집합 $A_1=\{1,\ 10\}$, $A_2=\{2,\ 4,\ 6,\ 8\}$, $A_3=\{3,\ 6,\ 9\}$, $A_4=\{5,\ 10\}$과 $J=\{2,\ 3\}$에 대하여 $\cup_{i=J}^{n} A_i=\{2,\ 3,\ 4,\ 6,\ 8,\ 9\}$, $\cap_{i=J}^{n} A_i$ $=\{6\}$이다.

예 5 $B_n=\{x \mid 0\le x\le \frac{1}{n}\}$, $n\in N$에 대하여 $\cup_{n\in N} B_n=[0,\ 1]$, $\cap_{n\in N} B_n=\{0\}$이다.

마찬가지로 집합 B 와 $\{A_i\}_{i \in I}$ 에 대한 분배법칙은 다음과 같이 일반화할 수 있다.

$$B \cap (\cup_{i \in I} A_i) = \cup_{i \in I} (B \cap A_i)$$
$$B \cup (\cap_{i \in I} A_i) = \cap_{i \in I} (B \cup A_i)$$

4. 집합의 분할

집합 $A=\{1, 2, 3, \cdots, 8, 9, 10\}$에 대하여 네 집합 $B_1=\{1, 3\}$, $B_2=\{7, 8, 9\}$, $B_3=\{2, 5, 6\}$, $B_4=\{4, 9\}$는 다음 두 가지 조건을 만족한다.

① $A=B_1 \cup B_2 \cup B_3 \cup B_4$

② $B_i=B_j$ 또는 $B_i \cap B_j=\varnothing$ (단, i, $j \in \{1, 2, 3, 4\}$)

5. 관계와 동치관계

사람은 사회적인 동물로 여러 모임에서 다양한 인간관계를 형성하면서 살아가고 있다. 또한 사회의 여러 현상에서도 수많은 관계를 접하게 된다. 예를 들어 부모와 자식의 관계, 수입과 지출의 관계, 거리와 시간의 관계 등과 같은 관계가 있다. 또 수학에서도 집합의 포함관계, 상등관계와 같은 다양한 관계를 다룬다. 관계는 대상의 특성을 제공할 뿐만이 아니라, 문제를 해결해주는 열쇠를 제공하기도 한다. 여기서는 관계를 수학적으로 정의하고, 관계를 표현하는 방법과 성질에 대하여 알아본다.

두 개의 원소 $a \in A$, $b \in B$에 대하여 차례가 정해진 쌍(a, b)를 순서쌍 ordered pair이라고 한다. 그리고 집합 A, B의 순서쌍의 집합을 곱집합

product set 또는 카테시안 곱Cartesian product이라고 하고, 기호로는 $A \times B$로 나타낸다. 즉

$$A \times B = \{(a, b) \mid a \in A,\ b \in B\}$$

집합이 3개 이상일 때에도 곱집합을 확장하여 생각할 수 있다. 즉, $A_1, A_2, \dots, A_n$에 대하여

$$A_1 \times A_2 \times \dots \times A_n = \{(a_1, a_2, \dots, a_n) \mid a_i \in A_i,\ i = 1, 2, \dots, n\}$$

예 1 $A=\{a, b\}$이면 $A \times A=\{(a, a), (a, b), (b, a), (b, b)\}$이다.

관계의 수학적 정의는 곱집합의 원소들인 순서쌍에 의해 만들어진다.

> [정의 1] 집합 A로부터 집합 B로 가는 관계는 $A \times B$의 부분집합
>
> $$R \subset A \times B$$
>
> 을 말한다. 또 $(a, b) \in R$를 기호로
>
> $$aRb$$
>
> 로 표시하고, 'a에서 b로의 관계가 있다'라고 읽는다. 특히 $R \subset A \times A$일 때는 R를 'A에서의 관계' 또는 'A위의 관계'라고 한다. 그리고 $(a, b) \notin R$이면 a와 b는 관계가 없다고 한다.

예 2 $A=\{1, 2, 3\}$일 때 $R_1=\varnothing$, $R_2=\{(1, 1), (2, 2), (3, 3)\}$은 관계이지만, $R_3=\{(1, 4)\}$는 관계가 아니다.

예 3 $n(A)=m$, $n(B)=n$이라 하면 $n(A \times B)=m \times n$이므로 $A \times B$는 2^{mn}개의 부분집합을 가지므로 A에서 B로의 관계는 모두 2^{mn}개의 종류가 있다.

관계 R에 대하여 R의 역관계를 다음과 같이 정의한다.

[정의 2] 관계 $R \subset A \times B$에 대하여 R의 역관계(inverse relation)는 $R^{-1} \subset B \times A$로 표시하며,

$$R^{-1}=\{(b, a) \mid (a, b) \in R\}$$

을 말한다.

이제 A에서의 관계 $R \subset A \times A$의 특별한 경우를 알아보자.

[정의 3] 관계 $R \subset A \times A$에 대하여

(1) $\forall a \in A$, aRa이 성립할 때 R를 반사관계(reflexive relation)라 한다.

(2) $aRb \Rightarrow bRa$일 때 R를 대칭관계(symmetric relation)라 한다.

(3) aRb, $bRc \Rightarrow aRc$일 때 R를 추이관계(transitive relation)라 한다.

예 4 집합 $A=\{1,2, 3, 4\}$에서의 관계 $R=\{(1, 1), (2, 4), (3, 3), (4, 1), (4, 4)\}$에 대하여 R는 원소(2, 2)를 갖지 않으므로 반사관계가 아니다. 또 $(2, 4) \in R$이지만 $(4, 2) \notin R$이므로 R는 대칭관계도 아니다. $(2, 4) \in R$이고 $(4, 1) \in R$이지만, $(2, 1) \notin R$이므로 R는 추이관계도 아니다.

예 5 실수에서 정의된 관계 $xRy \Leftrightarrow x < y$는 추이관계이다.

수학에서 중요한 것은 어느 경우에 두 원소가 같다고 볼 수 있는가 하는 것이다. 이를 위해 원소들을 분류하는 기준이 될 수 있는 중요한 역할을 하는 다음과 같은 동치관계를 정의한다.

[정의 4] A에서의 관계 R이 반사적, 대칭적, 추이적일 때 R을 동치관계(equivalent relation)라고 한다. R이 동치관계일 때 $(a, b) \in R$이면 a와 b는 동치(equivalent)라 하고, 한 원소 a와 동치인 원소 전체의 집합을 $\overline{a}$라 하며, a에

의해 결정된 동치류(equivalence class)라고 한다. 즉

$$\bar{a}=\{x\in A \mid (a, x)\in R\}$$

예 6 임의의 집합에서 '$xRy \Leftrightarrow x=y$'로 정의되는 상등관계는 항상 동치관계이다.

예 7 A를 평면 위의 삼각형의 집합이라고 하고, xRy을 'x는 y와 닮음꼴이다.'로 정의하면 R는 집합 A에서의 동치관계이다.

예 8 집합 $A=\{1, 2, 3, 4\}$에서의 관계 R을

$R=\{(1, 1), (2, 2), (2, 3), (3, 2), (3, 3), (4, 4)\}$라고 하면

① R는 동치관계이다.

② $\bar{1}=\{x\in A \mid (1, x)\in R\}=\{1\}$

$\bar{2}=\{x\in A \mid (2, x)\in R\}=\{2, 3\}$

$\bar{3}=\{x\in A \mid (3, x)\in R\}=\{2, 3\}$

$\bar{4}=\{x\in A \mid (4, x)\in R\}=\{4\}$

생각해 볼 문제 5-2

1. $A=\{0, 1, 2\}$에서의 동치관계를 두 개 구하여라.

2. 집합 $A=\{1, 2, 3\}$에 대한 동치관계 $R=\{(1, 1), (2, 2), (3, 3), (1, 2), (2, 1)\}$에 대하여 원소 $\bar{1}$의 동치류를 구하여라.

03 논리 지도를 위한 교수학적 내용 지식

1. 명제

참이나 거짓을 판별할 수 있는 문장이나 식을 명제proposition라고 한다. 어떤 명제의 참true 또는 거짓false을 그 명제의 진리값truth value이라 하며, 이들을 T, F로 표현한다. 명제에는 단순명제simple proposition와 합성명제composite proposition로 나눌 수 있는데, 하나의 명제로 이루어진 명제를 단순명제라고 하고, 단순명제를 '그리고', '또는', '아니다', '이면'과 같은 용어로 연결한 명제를 합성명제라고 한다.

(1) 논리곱

두 명제가 '그리고'로 연결된 합성명제를 합접conjunction 또는 논리곱logical product이라고 한다. 명제 p와 q의 논리곱은 $p \wedge q$로 나타내고, $p \wedge q$의 진리값은 p, q가 모두 참일 때 참이 되고, 그 외에는 거짓이다.

(2) 논리합

두 명제가 '또는'으로 연결된 합성명제를 이접disjunction 또는 논리합logical sum이라고 한다. 명제 p와 q의 논리합은 $p \vee q$로 나타내고, $p \vee q$의 진리값은 p, q가 모두 거짓일 때 거짓이 되고, 그 외에는 참이다.

(3) 부정

명제 p에 대하여 '아니다'로 연결된 합성명제를 부정negation이라 하고 $\sim p$로 나타낸다. 명제 p의 진리값이 참이면 $\sim p$는 거짓이고, p의 진리값이 거짓이면 ~p는 참이다.

(4) 조건문

'비람이 불면 비가 온다'와 같이 두 명제 p와 q를 '이면'으로 연결된 합성명제를 조건이라고 하고, $p \rightarrow q$로 나타낸다. 조건문의 진리값은 p가 참이고 q가 거짓일 때만 거짓이고, 그 외에는 참이다.

(5) 쌍조건문

'p이면 그 때에 한해서 q이다'와 같은 명제를 쌍조건문biconditional statement이라고 하고, $p \leftrightarrow q$로 나타낸다. 쌍조건문은 $(p \rightarrow q) \wedge (q \rightarrow p)$에 의하여 정해진다. 쌍조건문의 진리값은 p와 q가 동시에 참이거나 거짓일 때만 참이고, 그 외에는 거짓이다.

위에서 정의한 5가지 합성명제를 p, q에 따라 진리값을 종합하여 표로 나타낼 수 있는데, 이를 진리표라고 한다. 각각의 진리표는 다음과 같다.

p	q	$p \wedge q$	$p \vee q$	~p	$p \rightarrow q$	$p \leftrightarrow q$
T	T	T	T	F	T	T
T	F	F	T	F	F	F
F	T	F	T	T	T	F
F	F	F	F	T	T	T

한편, 두 합성명제 P, Q의 진리값이 같을 때 논리적 동치logical equivalence라고 한다. 이것을 기호로 $P \Leftrightarrow Q$, $P \equiv Q$로 나타낸다. 그리고 합성명제를 구성하는 단순명제의 참, 거짓에 관한 모든 논리적 가능성에

대해 항상 참인 명제를 항진명제tautology, 항상 거짓인 명제를 모순명제 contradiction라고 한다.

예 1 합성명제 $p \rightarrow (p \vee q)$에 대한 진리표에서 명제 $p \rightarrow (p \vee q)$는 항진명제임을 알 수 있다.

p	q	p	$\rightarrow$	$(p$	$\vee$	$q)$
T	T	T	T	T	T	T
T	F	T	T	T	T	F
F	T	F	T	F	T	T
F	F	F	T	F	F	F

(6) 논리와 회로

기호 논리는 전기 스위치 회로의 디자인에 응용된다. 그런 회로는 고속 컴퓨터에 있어서 필수적인 요소이기 때문에 회로를 단순화고 효율적으로 디자인 한다면 크기를 줄일 수 있을 뿐 만 아니라 비용을 절감할 수도 있다.

전기회로의 전류는 스위치가 열려있으면 전류는 흐르지 않는다. 현대의 전자 회로는 소형화되고 집적integrated되어 스위치 대신 트랜지스터 또는 다이오드 등을 이용한 훨씬 빠르고 효율적인 전자 스위치를 쓰고 있다. 이러한 전자 스위치는 on과 off의 신호를 보내주는 회로를 자체내에 가지고 있다.

그를 통합적으로 [그림 5.2]와 같이 나타내기로 한다.

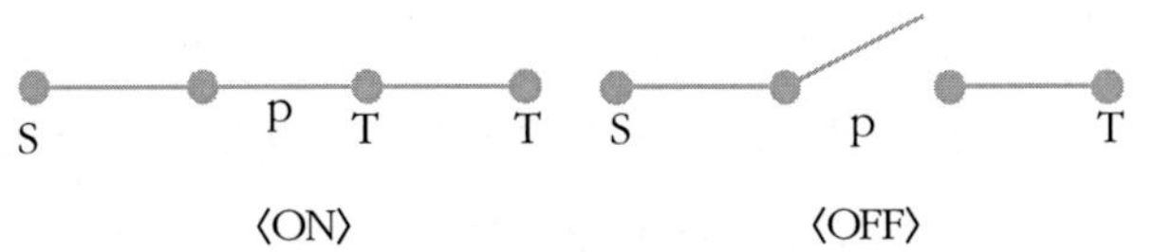

[그림 5.2]

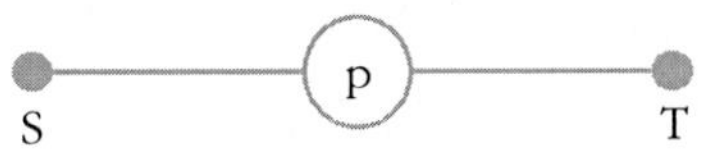

[그림 5.3]

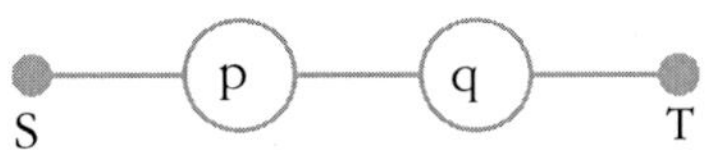

[그림 5.4] 직렬회로

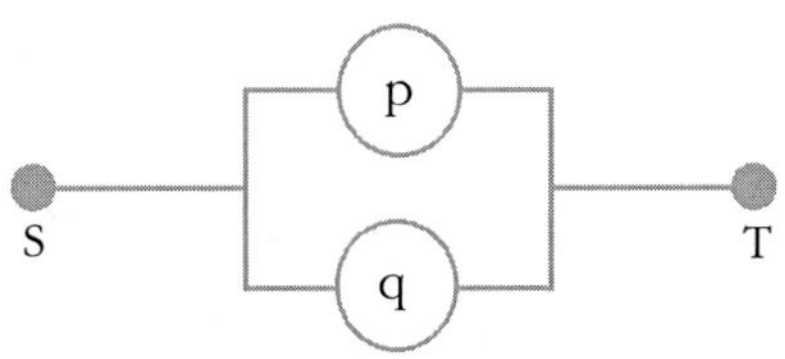

[그림 5.5] 병렬회로

직렬회로에서 전류는 두 개의 스위치가 모두 on 일 때만 흐르는데, 이는 논리곱 $p \wedge q$ 가 p와 q가 모두 다 참일 때만 참이 된다는 것이 유사하다. 이런 이유에서 직렬회로에서 두 스위치를 $p \wedge q$로 나타낸다. [그림 5.4]

논리합 $p \vee q$에 대응하는 회로를 병렬회로라고 한다. 이 경우, 스위치 p나 q 중 하나라도 on 이면 전류가 흐른다. 그러므로 두 스위치의 병렬회로를 $p \vee q$로 나타낸다. [그림 5.5]

자연수 전체의 집합에서 'x는 10의 약수이다.'라는 문장은 $x=2$일 때 참이고, $x=3$이면 거짓이 된다. 이와 같이 변수 x의 값에 따라 참, 거짓을 판별할 수 있는 문장이나 식을 명제함수propositional function이라고 한다. 특히 전체집합 U에서 어떤 명제함수 $p(x)$를 만족하는 U의 원소 전체의 집합을 그 명제함수의 진리집합truth set이라고 하고, 대문자 P를 사용하여 나타낸다.

전체집합 U에서의 명제함수 $p(x)$에 대하여 'U에 속하는 모든 원소에 대하여 $p(x)$는 참이다'를 $\forall x,\ p(x)$로 나타내고, 기호 $\forall$를 전칭기호universal quantifier라고 한다. 또 전칭기호를 갖는 명제를 전칭명제라고 한다. 그리고 전체집합 U에서의 명제함수 $p(x)$에 대하여 'U에 속하는 어떤 원소 x에 대하여 $p(x)$는 참이다'를 $\exists x,\ p(x)$로 나타내고, 기호 $\exists$를 존재기호existential quantifier라고 한다. 또 존재기호를 갖는 명제를 존재명제라고 한다.

일반적으로, 전체집합 U에서 조건 p의 진리집합을 P라고 할 때, $P=U$이면 명제 '모든 x에 대하여 p'는 참이고, $P\neq U$이면 명제 '모든 x에 대하여 p'는 거짓이다. 한편 $P\neq\varnothing$이면, 명제 '어떤 x에 대하여 p'는 참이고, $P=\varnothing$이면, 명제 '어떤 x에 대하여 p'는 거짓이다.

예 2 실수의 집합 R에서 '$\exists x\in R,\ \sqrt{x+3}=-5$'는 이 등식을 만족하는 x가 없으므로 거짓이다.

전칭명제와 존재명제의 부정은 다음과 같다.

$$\sim[\forall x\in U,\ p(x)] = \exists x\in U,\ \sim p(x)$$

$$\sim[\exists x\in U,\ p(x)] = \forall x\in U,\ \sim p(x)$$

2. 필요조건과 충분조건

일반적으로 명제 "p이면 q이다."가 참일 때, 이것을 기호로 $p \Rightarrow q$ 와 같이 나타낸다. 이 때, p는 q이기 위한 충분조건, q는 p이기 위한 필요조건이라고 한다.

한편, $p \Rightarrow q$이고 $q \Rightarrow p$일 때, p는 q이기 위한 충분조건인 동시에 필요조건이다. 이것을 p는 q이기 위한 필요충분조건이라 하고, 기호로 $p \Leftrightarrow q$ 와 같이 나타낸다.

예 3 명제 '$x=1$이면 $x^2=1$이다.'는 참이다. 따라서 이 명제는

$$x=1 \Rightarrow x^2=1$$

으로 나타낼 수 있고, $x=1$은 $x^2=1$이기 위한 충분조건이고, $x^2=1$은 $x=1$이기 위한 필요조건이다.

생각해 볼 문제 5-3

1. '$\forall x \in U$, $x+3=0$'의 참, 거짓을 판정하고, 그 부정을 말하여라.
2. 다음 조건 p는 q이기 위한 어떤 조건인가?
   p: 두 수의 합이 실수이다.
   q: 두 수는 실수이다.
3. 다음 명제가 항진명제임을 보여라.
   $(p \rightarrow \sim q) \leftrightarrow [(\sim p) \vee (\sim q)]$

3. 추론

추론은 일상에서 부딪치는 문제와 수학 문제를 해결하는데 필수적이다. 수학 학습에서 자신의 주장이나 타인의 의견을 비판적으로 검토하는 것은 추론 능력을 통해서이다. 추론에는 직관적 추론, 귀납적 추론, 연역적 추론이 있다. 직관적 추론은 의사결정에 필요한 모든 정보를 바탕으로 결론을 내리는 것이 아니라, 명백해 보이거나 옳다고 판단되는 것을 근거로 직관적으로 결론을 도출하는 추론을 의미한다.

귀납적 추론은 규칙을 찾고 규칙성을 인식하는 것을 필요로 하며, 구체적인 예를 관찰하여 규칙을 알아내는 추론을 말한다. 연역적 추론은 주어진 정보를 이용하여 알지 못하는 사실에 도달하도록 이끌어 주는 추론을 의미한다.

두 개의 명제 p, q에 대하여 $p \rightarrow q$가 항진명제일 때, 즉 $p \Rightarrow q$일 때 이러한 추론을 유효한 추론valid이라고 하고, 유효하지 않은 추론을 오류fallacy라고 한다. 다음과 같이 진리표를 이용하여 추론이 유효한지 아닌지를 확인할 수 있다.

[정의 2]

(1) $p_1, p_2, p_3, \ \ldots, p_n$이 참 일 때 결론 q가 참 일 때 이 추론을 유효하다 한다.

(2) $p_1 \wedge p_2 \wedge p_3 \wedge \ldots \wedge p_n \rightarrow q$가 항진명제일 때 추론을 유효하다 한다.

'그가 범인이라면 현장에 있었을 것이다. 그는 현장에 없었다. 따라서 그는 범인이 아니다.'

먼저 전제 p와 결론 q를 다음과 같이 설정한다.

p : 그는 범인이다.

q : 그는 현장에 있었다.

그러면 위의 주어진 문장은 다음과 같이 기호로 나타낸 추론식으로 나타내고, 진리표를 이용하여 추론의 타당성을 확인할 수 있다.

$$\begin{array}{l} p \rightarrow q \\ \underline{\sim p \qquad\quad} \\ \therefore \ \sim p \end{array}$$

p	q	$p \rightarrow q$	$\sim q$	$\sim p$	확인
T	T	T	F	F	
T	F	F	T	F	
F	T	T	F	T	
F	F	T	T	T	○

추론의 전제가 참인 경우는 넷째 줄인데, 그 경우에 결론도 참이므로 추론은 타당하다고 결론을 내릴 수 있다. 이 원리를 알리바이 원리라 한다.

예 1 열심히 일하면 성공할 것이다.
너는 열심히 일한다.
따라서, 너는 성공할 것이다.

풀이 p: 열심히 일한다.
q : 성공할 것이다.

위 문장을 기호화하면 $p \rightarrow q$

$$\begin{array}{l} p \rightarrow q \\ \underline{p \qquad} \\ \therefore \quad q \end{array}$$

p가 참이고 $p \rightarrow q$가 참이므로 q도 반드시 참이어야 한다.
그러므로 이 추론은 유효하다.

예 2 한국이 민주주의 국가이면 한국인은 투표권을 가진다.
한국국민은 투표권을 가진다.
따라서 한국은 민주주의 국가이다.

풀이 p : 한국이 민주주의 국가이다.
q : 한국인은 투표권을 가진다.

위 문장을 기호화하면

$$\begin{array}{l} p \rightarrow q \\ \underline{q \qquad} \\ \therefore \quad p \end{array}$$

진리표를 이용하면

p	q	$p \rightarrow q$	q	$(p \rightarrow q) \wedge q$	$[(p \rightarrow q) \wedge q] \rightarrow p$
T	T	T	T	T	T
T	F	F	F	F	T
F	T	T	T	T	F
F	F	T	F	F	T

그러므로 항진명제가 아니므로 이 추론은 오류가 있다라고 한다.

생각해 볼 문제 5-4

1. 다음 추론의 타당성을 확인하여라.

위생검사에 불합격하면 영업을 정지해야 한다. 지금 영업을 하고 있지 않다. 따라서 위생검사에 불합격하였다.

4. 논증의 평가

자신과 다른 사람의 결론을 평가하는 능력은 수학에서뿐만 나이라 모든 삶에서 필요한 기술이다. 추측 또는 논리적인 결론을 평가하기 위한 비공식적인 방법들을 알아보자.

(1) 가설을 평가하기 위한 반례의 이용

반례는 명제가 거짓임을 보여주는 예이다. 심지어 초등학생도 추측, 즉 증명이나 반증이 되지 않은 직관적이거나 귀납적인 추론으로부터 나온 훈련된 추측들을 평가하기 위해서 반례들을 사용할 수 있다. 애를 들면, 1학년들은 "두 자릿수로 된 가장 큰 수는 90이다"라는 추측을 할 수 있을 것이다. 교사는 학생에게 옳은 답을 가르쳐 주기보다는 어떤 반례가령 91를 생각할 수 있는지 없는지 학급에 질문할 수 있다. 다음 네 개의 추측들 각각을 반증하기 위해서 반례들을 제안할 수 있는가? 그릇된 진술들을 참으로 만들기 위해 수정해보자.

- 임의의 네 자연수의 합은 짝수이다.
- 임의의 두 자연수의 합은 2로 나누어떨어진다.

- 임의의 네 자연수의 합은 2로 나누어떨어진다.
- 임의의 세 자연수의 합은 2로 나누어떨어진다.

(2) 연역적인 논증의 평가를 위한 반례의 사용

반례들은 논리적이거나 타당한 논증들(전제로부터 반드시 도출되는 결론들)과 비논리적이거나 타당하지 못한 논증들(전제로부터 반드시 도출되지 않는 결론들)을 확인하기 위한 비 형식적인 수단으로 이용될 수 있다. 다음의 예를 고려해 보자.

전제 : 만약 혁규가 여동생을 울리면, 혁규는 방으로 보내어진다.
논증 : 혁규가 방으로 보내어졌으므로조건, 여동생을 울렸음에 틀림없다.결론

혁규가 방으로 보내졌을 다른 이유가 있는가, 그렇다. 몇 가지 다른 이유들이란 첫째, 어머니를 화나게 만들었다. 둘째, 숙제를 마치지 못했다. 또는 아버지로부터 야단을 맞았다. 학생들은 논증의 타당성을 문제 삼기 위해서 단지 한 개의 반례만 찾아도 된다. 다음 각각의 논증들이 타당한지 아닌지 알아보자. 만약 타당하지 않은 논증에 대해서는, 반드시 참이 아님을 증명하기 위해서 반례를 들어보자.

- 만약 현숙이가 공부한다면, 시험을 잘 볼 것이다. 현숙이는 수학시험을 위해서 공부하지 않았다. 따라서, 수학시험을 잘 보지 않았음에 틀림없다.
- 만약 음식점이 위생 검사에서 떨어지면, 문을 닫게 된다. 맛자랑 음식점이 문을 닫았다. 그러므로, 그 음식점은 위생 검사에서 떨어졌음

에 틀림없다.

- 비가 오면, 민희는 버스를 탄다. 민희는 버스를 타고 있다. 그러므로 비가 옴에 틀림 없다.
- 형태가 성적표에 A를 받으면 1000원을 받는다. 형태는 1000원을 가지고 있지 않다. 그래서 형태는 성적표에 A를 받지 않았음에 틀림 없다.

좀 더 수학적인 논증의 타당성을 검토해보다. 다음 각각의 논증이 타당한지 아닌지 알아보고, 타당하지 않은 논증에 대해서는 참이 아니라는 것을 증명하기 위해서 반례를 들어라.

- 삼각형 A와 B는 합동이 아니다. 그러므로 두 삼각형의 어떠한 변과 그 이웃하는 각은 같지 않다.
- 삼각형 C와 D는 각각 서로 같은 한 변과 그 이웃하는 각을 가진다. 그러므로 삼각형 C와 D는 합동이다.

4. 수학에서 증명 방법

수학적 증명에는 직접증명법, 간접증명법, 수학적 귀납법이 있다. 직접증명법은 참인 명제인 가정으로부터 계산이나 정의를 이용하여 결론을 직접 이끌어 내는 증명 방법이다. 즉, 가정과 이미 알고 있는 사실인 정의, 공리, 또는 증명된 정리를 이용하여 결론을 끌어내는 방법을 직접증명법이라 한다. 이때, 추론규칙을 주로 이용하므로 직접증명법은 연역적 추론이라고 한다.

수학이야기

수학적 발견술 가운데 가장 강력하면서도 오래 전부터 사용해 온 것이 분석법이다. 분석법은 요구되는 것으로부터 시작하여 요구되고 있는 것이 옳다고 가정하고, 그 결과로부터 다시 결과를 이끌어 내어 종합에서 출발점으로 사용할 수 있는 점에 도달하는 방법이다. 분석법은 기원전 3세기경에 파푸스에 의해 체계적으로 정리되었다. 분석법을 이용하여 원 밖의 한 점에서 원에 접선을 긋는 방법을 탐구해 보자.

간접증명법은 결론을 부정함으로써 모순을 유도해 내는 증명 방법이다. 간접증명법의 하나인 귀류법은 결론을 부정함으로써 가정으로부터 명백하게 모순을 유도해 내는 것으로 어떤 결론을 직접 이끌어 내기 어려울 경우에 자주 쓰인다. 또한, 수학적 귀납법은 자연수에 관한 명제의 타당성을 증명할 때 쓰인다.

수학적 귀납법mathematical induction은 직사각형 타일을 일정한 간격으로 세운 후, 앞에 있는 한 개를 쓰러뜨리면 차례로 쓰러지는 도미노 현상을 이용한 것이다. 수학적 귀납법은 자연수 n에 관한 명제 $p(n)$이 성립함을 보이는 것으로 '페아노 공리'에 근거하고 있다.

Polya는 귀납추론에 대하여 다음과 같은 예를 들어 설명하고 있다.

$$1+8+27+64=100$$
$$1^3+2^3+3^3+4^3=10^2$$

그러면 n^3까지의 합에 대하여 다음이 성립할 것인가?

$$1^3+2^3+3^3+\cdots+n^3=\square^2$$

또 다른 특수한 경우를 살펴보자.

$1 = 1 = 1^2$

$1+8 = 9 = 3^2$

$1+8+27 = 36 = 6^2$

$1+8+27+64 = 100 = 10^2$

$1+8+27+64+125 = 225 = 15^2$

위에서 다음을 얻을 수 있다.

$1=1$

$3=1+2$

$6=1+2+3$

$10=1+2+3+4$

$15=1+2+3+4+5$

따라서, 다음과 같은 법칙을 귀납적으로 얻게 된다.

$$1^3+2^3+3^3+\cdots+n^3=(1+2+3+\cdots\ n)^2=\left\{\frac{n(n+1)}{2}\right\}^2$$

위의 추론은 잠정적인 것이다. 자연수와 관련된 명제는 일반적으로 수학적 귀납법에 의하여 증명된다. 자연수의 부분집합 S에 대하여 $1\in S$이고 $n\in S$일 때 $n+1\in S$이 성립하면 $S=\mathbb{N}$이 된다. 이러한 자연수의 기본성질을 '수학적 귀납법의 원리'라고 한다.

> [정리 5.1] (수학적 귀납법의 원리: principle of mathematical induction)
> $\mathbb{N}$의 부분집합 S가 다음 조건
> (1) $1 \in S$
> (2) $n \in S \Rightarrow n+1 \in S$
> 을 만족하면 $S = \mathbb{N}$이다.

증명 위 정리는 $S \neq \mathbb{N}$라고 가정한 후에, 자연수의 정렬성well-ordering property of $\mathbb{N}$을 이용하여 증명이 가능하다.

> [정리 5.2] (수학적 귀납법)
> 자연수 n에 관한 명제 $p(n)$에 대하여 다음 조건이 성립한다고 하자.
> (1) $p(1)$은 참이다.
> (2) $p(n)$이 참이면 $p(n+1)$도 참이다.
> 그러면, 모든 자연수 n에 대하여 참이다.

증명 $\mathbb{N}$의 부분집합 $S = \{n \in \mathbb{N} \mid p(n)\text{은 참이다}\}$라 하자. 그러면 위의 명제 $p(n)$에 대한 조건 (1)과 (2)에 의하여 $1 \in S$이고 $n \in S \Rightarrow n+1 \in S$을 만족한다. 그러므로 수학적 귀납법의 원리에 의하여 $S = \mathbb{N}$이 된다. 그러므로 모든 자연수 n에 대하여 $p(n)$은 참이다. ■

> [정리 5.3] 모든 자연수 n에 대하여 다음 등식이 성립한다.
> $$1+2+3+\cdots+n = \frac{n(n+1)}{2}$$
> 이를 수학적 귀납법으로 증명하여라.

증명 $n=1$일 때 위 등식은 성립한다. 좌변은 1 우변은 $\frac{1(1+1)}{2}=1$이 된

다. 따라서 위 식은 $n=1$일 때 성립한다.

$n=k$일 때 위 식이 성립한다고 가정하자.

즉 $1+2+3+\cdots+k=\dfrac{k(k+1)}{2}$이 참이라고 가정하자. 이 등식의 양변에 $k+1$을 더하면

$$\begin{aligned}1+2+3+\cdots+k+(k+1)&=\frac{k(k+1)}{2}+(k+1)\\&=\frac{k(k+1)}{2}+\frac{2(k+1)}{2}\\&=\frac{(k+1)\{(k+1)+1\}}{2}\end{aligned}$$

즉, $1+2+3+\cdots+k+(k+1)=\dfrac{(k+1)\{(k+1)+1\}}{2}$이 된다.

그러므로 위 식은 $n=k+1$일 때도 성립한다. 따라서 수학적 귀납법의 두 조건을 만족하므로 위 식은 모든 자연수 n에 대하여 참이다. ■

생각해 볼 문제 5-5

$P(n)$: $1+2+3+\cdots+(2n-1)=n^2$ 임을 증명하여라.

5. 수학에서의 역설

어떤 문장이 참이나 거짓을 구별할 수 있으면서도 논리적으로 모순이 되는 문장을 역설paradox이라고 한다. 역사적으로 흥미로운 역설은 그리스 철학자 제논이 제시한 것으로 그것을 반박하기도 어려웠다. 이로 인해 제논은 많은 사람들을 당황시켰으며, 왕에게 까지 미움을 받았다고 한다. 제논의 역설 중에는 다음과 같은 세 가지가 유명하다.

• 역설 1.

이분법 : 운동은 불가능하다. A에서 B까지 움직인다는 것은 B에 도착하기 전에 AB의 중점인 D를 지나야 한다. 이와 같은 논의를 계속하면 운동은 시작할 수 없다.

• 역설 2.

아킬레스 : 아킬레스는 자신이 전방에 기어가고 있는 거북이를 따라잡을 수 없다. 왜냐하면 아킬레스가 거북이를 따라잡기 위해서는 일단 거북이가 있는 곳까지 이동해야 하는데, 그 사이에 거북이는 전진하여 앞에 있게 된다. 또 그가 거북이가 있던 위치에 도달하면 그 동안 거북이는 좀 더 전진한다. 이 논의를 되풀이 하면 아킬레스는 거북이를 따라 잡을 수 없다.

• 역설 3.

화살 : 날아가는 화살은 정지해 있다. 왜냐하면 시간은 각 순간으로 구성되어 있고, 또한 순간은 분할할 수 없다. 그러므로 날아가는 화살은 순간마다 일정한 고정된 위치에 있으므로 움직일 수 없다.

이와 같은 제논의 역설은 시간과 공간에 관한 문제들로써 오랜 기간 동안 논의되었다. 제논의 역설 안에는 한 없이 진행한다는 무한의 의미가 포함되어 있어, 무한에 대한 심오한 기하학적인 사고를 요구하였다.

재미있는 역설로 이발사의 역설이 있다. '나는 스스로 자신을 면도하지 않는 사람들만 모두 면도해 준다.' 만일 이발사 스스로 자신을 면도한다면 이발사는 스스로 면도하는 사람이 된다. 그런데 이발사는 스스로 자신을 면도하지 않는 사람만을 면도해야 하므로 스스로 면도하는 자신을 면도해서는 안 된다. 만일 이발사 스스로가 자신을 면도하지 않는다면 이발사는 스스로 면도하지 않는 사람이 된다. 그런데 이발사는 스스로 면도하지 않는 사람을 모두 면도해 주어야 하므로 이발사는 자신을 직접 면도해야 한다. 따라서 이발사는 스스로 자신을 면도한다면 면도해서는 안 되고, 스스로 자신을 면도하지 않는다면 이발사가 직접 자신을 면도해야 하므로 항상 모순이 된다.

일상에서도 이와 유사한 역설이 많이 있다. 예를 들면 '낙서 금지'라고 쓰여진 낙서가 그렇다.

04 초등수학에서 증명 지도

1. 초등수학에서 증명의 의미

초등학교 수학에서 증명 지도에 관한 필요성이 제기되면서, 증명의 형식을 갖추고 있으면서 연역적인 증명과 수준이 다른 새로운 의미의 증명이 대두되었다. 대표적으로 정당화justification 또는 전형식적 증명pre-formal proof 여기에 해당된다. 예를 들어 '삼각형의 내각의 합은 180도이다.'라는 명제를 증명하기 위해 중등 수학에서는 평행선의 성질을 이용하여 연역적으로 증명하는 반면 초등수학에서는 삼각형의 세 꼭짓점을 가위로 오려 평각을 만드는 활동을 반복함으로써 이를 증명한다.

정당화와 전형식적 증명의 의미는 혼용되어 사용되기도 하지만 양자를 구별하려는 시도 또한 이루어지고 있다. 예를 들어 홍진곤과 권석일(2004)은 정당화와 전형식적 증명은 서로 다른 것이라고 설명하였다. 즉 정당화는 실험적이고 귀납적인 방식으로 이루어지는 증명을 의미하는 반면, 전형식적 증명은 이러한 정당화와 수학적으로 완전히 형식화된 수준의 증명 사이에 존재하는 중간 수준의 증명활동을 의미한다고 할 수 있다. 다시 말해 정당화와 전형식적 증명은 모두 구체적인 경험과 실험에 의존하지만, 전자는 특수한 사실을 입증하는 반면 후자는 일반적이고 보편적인 사실을 입증한다는 점에서 차이를 보인다.

하지만 학생들이 독자적으로 증명활동을 수행하는 경우에 정당화와 전형식적 증명을 구별하는 것은 의미가 있지만 여러 학생들이 특정한 수학적 사실에 대해 의사소통하는 상황에서 이러한 구별은 의미가 흐려진다. 또한 정당화, 전형식적 증명, 형식적 증명의 관계에서 정당화와 전형식적 증명은 결코 형식적 증명이 될 수 없다는 점에서 양자의 차이보다는 공통점에 더 주목할 필요가 있다.

전술했듯이 초등수학에서 증명은 절대적인 참을 확립할 수 없지만, 타인과의 의사소통 과정에서 동의를 이끌어내고 납득시키는데 더 중요한 가치를 두고 있다. 따라서 초등수학에서 증명이란 정당화 또는 전형식적 증명으로써 구체적인 예나 활동을 통해 스스로나 상대에게 확신을 얻고자 하는 것으로서 구체적, 신체적 활동을 바탕으로 하고, 타당한 근거를 직관적으로 인식하며, 또한 그 근거를 형식화한다면 형식적 증명으로 발전될 수 있는 증명을 의미한다(성창근, 2013).

2. 정당화 또는 전형식적 증명의 유형

비형식적 증명은 연구자에 따라서 다양하게 분류되고 있다. [그림 5.6]은 여러 연구자들이 분류한 증명의 유형을 엄밀성과 형식성의 정도에 따라 정리한 것이다. 각 활동에 대한 자세한 설명은 다음과 같다.

<table>
<tr><th></th><th>Tall(1995)</th><th colspan="2">Harel & Sowder(1998)</th><th colspan="2">Balacheff(1987)</th></tr>
<tr><td rowspan="7">비형식성
↑
↓
형식성</td><td></td><td colspan="2">외적 증명</td><td></td><td></td></tr>
<tr><td rowspan="2">활동적 증명</td><td rowspan="4">경험적 증명</td><td rowspan="2">예를 기반으로 한 증명</td><td rowspan="2">활동적 증명</td><td>순수한 경험주의</td></tr>
<tr><td>결정적 실험</td></tr>
<tr><td rowspan="2">시각적 증명</td><td rowspan="2">지각적 증명</td><td rowspan="2">지적 증명</td><td>포괄적인 예</td></tr>
<tr><td>사고실험</td></tr>
<tr><td>조작적 증명</td><td rowspan="2">분석적 증명</td><td rowspan="2"></td><td rowspan="2">논증</td><td rowspan="2"></td></tr>
<tr><td>형식적 증명</td></tr>
</table>

[그림 5.6] 형식성의 수준에 따른 증명의 유형 분류

(1) 외적 증명

자신을 납득시키고 다른 사람을 설득하는 원천이 자신이 아닌 외부의 권위에 있는 것으로 생각하여 행하는 정당화를 의미한다. 이러한 정당화 활동을 보이는 학생들은 자신의 생각을 바탕으로 옳고 그름을 판단하기보다는 지식의 외적 근원이라 할 수 있는 교과서나 부모 또는 교사로부터 들은 것을 참으로 받아들인다. 일반적인 진술이나 구체적인 사례 모두에 적용될 수 있는 정당화 활동이다.

(2) 활동적 증명

어떤 대상이 참임을 보이기 위해서 물리적인 활동을 실행하거나 실험

이나 실측을 통해서 주장이 참이며 왜 참인지를 보이는 증명 방법이다. 이 과정에서 시각적이고 언어적인 요소도 포함되지만 관계를 보여주기 위해서 물리적인 움직임이 필요하다는 것이 가장 중요하다.

예) 이등변 삼각형의 두 밑각이 같다는 것을 보이기 위해서 이등변 삼각형을 대칭축으로 하여 접어 포개어 봄으로써 확인하는 것

예) 두 정사각형이 합동임을 보이기 위해서 실제로 본을 떠서 정당화 하는 경우

(3) 시각적 증명

한 가지 이상의 예나 시각적인 그림 및 구체물을 이용하여 어떤 명제나 주장이 참이며 왜 참인지를 설명하는 정당화이다. 활동적 증명과 마찬가지로 활동적인 요소와 언어적인 요소가 수반되지만 활동 과정 보다 결과가 중시되는 방법이며 주로 구체적인 사례에 적용될 수 있는 증명 유형이다.

예) 3 + 4 = 4 + 3을 보이기 위해서 바둑알을 배열해 보는 것

예) 시각적 단서를 이용－네 개의 작은 정사각형이 모이면 하나의 큰 정사각형이 된다고 설명하는 경우

예) 시각적인 예를 제시하여 증명하는 경우 - 4×5 = 5×4임을 보이기 위해서 산가지, 바둑돌 등의 구체물이나 도형영역의 그림을 이용해 정당화 하는 경우

(4) 조작적 증명

구체물을 이용하지 않고 대수식과 같은 기호를 조작함으로써 증명하는 방법이다. 일반적인 진술이나 구체적인 사례 모두에 적용할 수 있는

증명 유형이다.

예) (2+7)×5=2×5+7×5와 같이 식의 조작을 통해 등식이 성립함을 보이는 것

교과서에서는 ....

활동 1 475－286은 얼마인지 여러 가지 방법으로 알아보시오.

- 475－286은 얼마라고 생각합니까?

475－286＝☐

- 왜 그렇게 생각했습니까?

[그림 5.7] 정당화 또는 전-형식적 증명(1)

교과서에서는 ....

활동 3 직사각형 모양의 종이로 그림과 같이 만들어 보시오.

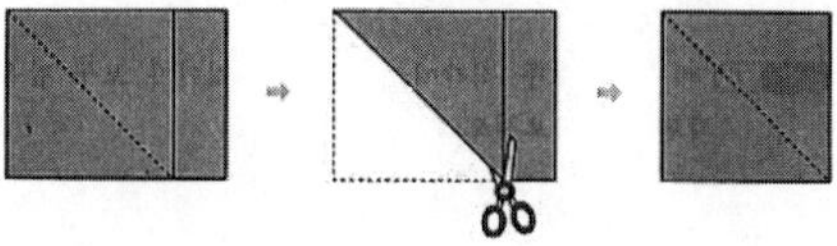

- 만들어진 사각형이 정사각형이라고 생각합니까?
- 왜 그렇게 생각했습니까?

[그림 5.8] 정당화 또는 전-형식적 증명(2)

Chapter 06

도형 지도

학교수학에서 기하학은 도형이 갖고 있는 성질로부터 출발하여, 그것이 놓여 있는 위치의 변화나 모양의 변화를 탐구하는 수학 분야라고 할 수 있다. 기하학은 미적 측면이나 실용적 측면 모두에서 인간의 삶과 관련하여 중요한 부분이 되어왔다는 점에서, 기하에 대한 학습은 수에 대한 학습만큼이나 오래되었다.

여기서 도형이란 보통 종이 위에 그려진 그림으로 여겨지지만, 수학에서는 매우 깊은 의미로 사용된다. 물체에서 그 형을 이루고 있는 물질을 제거했다고 가정하면 거기에 남는 것이 형이다. 그것을 도형figure이라고 한다. 물체에는 색, 광택, 부드러움, 딱딱함, 형, 크기, 위치 등 여러 가지 속성이 있으나, 그 가운데서 형과 위치와 크기만을 추상화한 것이 도형이다.

도형은 언제나 이상화를 수반한다. 완전한 정사각형이란 인간의 사고 속에서는 가능하지만 실제로 존재하지 않고 만들 수도 없다. 또한 시간적으로 오늘의 도형은 어제의 도형이 아니며, 몇 초 후의 도형은 현재의 도형도 아니다. 조그마한 다름을 버리고 같음을 취해서 이상화하여야만 도형을 추상화할 수 있다.

이런 관점에서 초등학교에서의 기하학은 유클리드 기하학이 중심이 되며, 2차원의 유클리드 평면과 3차원의 유클리드공간에서의 도형의 성질을 탐구하는 것이 과제가 된다. 이 장에서는 초등수학에서 도형지도의 내용과 이를 위한 교수학적 내용 지식에 대해 알아본다.

01 학교수학에서 도형 지도 내용

일반적으로 기하학은 유클리드 기하, 해석 기하, 비유클리드 기하, 변환 기하로 분류할 수 있다. 이 중 비유클리드 기하는 학교 수학에서 지도하지 않는다. 현재 초등학교와 중학교 수학에서 다루는 많은 내용은 주로 Euclid '원론'에 수록된 내용들이다. 초등학교서는 여러 가지 평면도형과 입체도형을 직관적 수준에서 취급한 후, 그것들의 개념과 성질을 탐구한다. 이어서 중학교에서는 삼각형의 내각의 합, 평행선의 성질 등을 증명하는 방법을 학습한다.

현재 학교 수학에서 변환기하와 관련된 내용은 대부분 합동 변환과 관련된다. 초등학교에서 다루는 합동변환 내용은 '도형과 도형 움직이기', '도형의 대칭' 등이다. 초등학교에서 다루고 있는 밀기, 뒤집기, 돌리기는 각각 평행이동, 대칭이동, 회전이동을 비형식적으로 표현한 것이다. 평행이동, 대칭이동, 회전이동이라는 형식적인 용어대신 밀기, 뒤집기, 돌리기라는 비형식적 용어를 사용함으로써 초등학교 학생들의 인지 수준과의 조화를 꾀하고 있다. 이어서 '선대칭 도형'과 '점대칭 도형'을 다룬다.

해석기하는 기하를 대수적인 방법으로 접근하는 분야로서 초등학교와 중학교에서는 지도하지 않으며, 고등학교에서 집중적으로 다루고 있다. 고등학교에서는 중학교에서 학습한 도형에 관한 여러 성질과 관계를 Descartes의 해석 기하적 관점에서 대수적인 방법으로 접근하여 기하학을 새롭게 조명해 보는 기회를 제공한다.

02 기하의 태동과 발달

1. 유클리드 기하

수학이 학문으로 주목을 받게 된 것은 기원전 6세기경 고대 그리스 시대라고 할 수 있다. 그 이전에도 고대의 인도·중국·바빌로니아·이집트 등에서는 수학을 비롯하여 괄목할만한 수학 문화가 발달하였다. 고대 이집트에서는 해마다 나일강에 홍수가 나면 토지의 경계가 없어져 경작지를 본래대로 복원하느라고 힘이 들었다고 한다. 이런 이유로 인해서 토지를 측량하는 기술이 발달하게 되었는데, 토지를 뜻하는 'geo'와 측량한다는 'metry'로 이루어진 기하geometry가 오늘날의 기하학의 시초가 되었다.

기하의 역사는 수학의 역사만큼이나 길다. 수학의 역사를 살펴보면, 기하와 대수에 관한 내용이 대부분을 차지하고 있다. 기원전 2900년 경 초기 이집트의 피라미드를 만든 사람들은 기하와 측량술에 대한 중요한 지식을 가지고 있었지만, 수학활동에 대한 기록은 이로부터 1000년이 지난 후의 것에서 알 수 있다.

대영 박물관의 Rhind 수집품 중에 있는 아메스Ahmes, B.C. 1680~1620의 파피루스는 현재까지 알려져 있는 세계 최고의 수학책이다. 아메스의 파피루스에는 신관문자로 분수의 계산을 표기하고 있고, 또한 1개의 미지수를 가지는 일차방정식과 이차방정식인 문제도 다루고 있다. 또 아메스 파피루스에는 여러 가지 기하문제 등이 있고, 원주율인 π를 $\frac{16}{9}$ = 3.1604… 를 이용하고 있다. 또한 원과 넓이가 같은 정사각형의 존재도 알았던 흔적도 있다. 아메스의 파피루스와 이집트의 피라미드는 아마도 기하학적 지식을 표시하고 있는 최고의 증거품이다.

그리스인들은 이집트에서 기하학을 바빌로니아에서 대수학을 배운 것으로 알려져 있다. 그리스의 탈레스B.C. 640~546, 피타고라스B.C. 580~500, 플라톤B.C. 428~347도 이집트에 유학하여 그 문화를 접하였다. 그리스는 이들 문화를 받아들여 새로운 문명을 개척하였다.

그리스 최초의 철학파인 이오니아학파의 창시자 탈레스B.C. 640~546는 실용적인 수학을 근거로 해서 이론적 연구를 하였다. 탈레스는 기하학을 그리스에 소개하였고, 피라미드의 그림자를 측정하여 그 실제의 높이를 재었다고 한다. 탈레스는 추상적이고 일반적인 도형의 성질을 연구하는 추상과학의 길을 개척하였다.

피타고라스Pythagoras, B. C. 580~500와 그 학파는 기하와 수론과의 연관성을 연구하였고, 직각삼각형의 변의 길이를 나타내는 정수를 찾아내는 방법을 생각하였다. 플라톤Platon, B. C. 427~347과 아리스토텔레스Aristoteles, B. C. 384~322는 추론의 형식, 정의, 공리에 대한 연구를 추진하여 연역적 전개 방법을 확립하였다.

기원전 3세기 경에 유클리드Euclid, B. C. 약 300년경는 유클리드의 원론Elements 13권을 저술하였는데, 이것은 당시까지의 기하학의 지식을 집대

성하여 하나의 논리적 체계를 완성한 것이었다.

고대에는 기하를 모든 사람이 습득해야 하는 교육의 일부로 인식하였다. 초기의 그리스 철학자들은 유클리드의 원론을 배우지 않은 사람은 자신의 학파에 입문할 수 없게 하였다고 한다.

유클리드의 원론은 역사상 처음으로 수학을 논리적으로 정리하여 체계화한 것으로서 유럽에서는 19세기 말까지 교과서로 활용하였다. 이 책은 공리에서 출발하여 차례로 정리를 증명하여 체계화하는 것을 기원전 3세기경에 보여주었다.

내용은 제1권에서 제4권까지가 평면기하학, 제5권이 비례론, 제6권 닮은꼴의 기하학에서는 황금비에 관한 내용이 수록되어 있으며, 제7권에서 제8권의 산술에서는 두 수의 최대공약수를 구하는 Euclid호제법이 있으며, 산술의 내용을 담고 있는 제9권에서는 Euclid의 소수정리라고 불리는 '소수의 개수는 무한하다'가 증명되어 있다. 제10권이 무리수, 제11권에서 13권은 입체기하학에 관한 것이고, 그리고 정다면체에 관한 문제가 설명되어 있다.

전체 13권 중 8권이 기하학인데, 이는 당시의 수학 전반에 관한 것으로 볼 수 있다. 이 체계에는 오늘날의 수학적 체계에서 바라보면 여러 가지 결점도 있으나, 원론이 이후의 수학에 끼친 영향은 헤아릴 수 없을 정도로 크다. 원론은 제1권의 서두에서 23개의 정의, 5개의 공준, 5개의 공리를 제시한 다음 이것을 기초로 하여 정수론, 평면기하, 공간기하, 기하적 대수 등에 관한 465개의 명제를 논리적으로 다루고 있다. 다음은 각각에 대한 간략한 내용이다.

23개의 정의

- (정의 1) 점은 부분으로 분해할 수 없는 것이다.
- (정의 2) 선은 길이가 있고 폭이 없는 것이다.
- (정의 3) 선의 양끝은 점이다.
- (정의 4) 직선은 그 위에 점이 균등하게 놓여 있는 선이다.
- (정의 5) 면은 길이와 폭만 있는 것이다.
- (정의 6) 면의 끝은 선이다.
- (정의 7) 평면은 그 위에 직선이 균등하게 놓여 있는 면이다.
- (정의 8) 평면각은 한 직선 위에 있지 않은 두 직선이 만날 때 이 두선의 기울기이다.
- (정의 9) 만나는 두 선이 직선일 때 그 각을 직선 각이라 한다.
- (정의 10) 한 직선에 다른 직선이 만나 이웃하는 두 각이 서로 같을 때 이 각을 직각이라 부르고 한 직선을 다른 직선에 수직이라고 한다.
- (정의 11) 둔각이라는 것은 직각보다 큰 각이다.
- (징의 12) 예각이라는 것은 직각보다 작은 각이다.
- (정의 13) 경계(둘레)는 어떤 것의 끝이다.
- (정의 14) 도형은 하나 이상의 경계로 둘러싸인 것이다.
- (정의 15) 원은 원주라고 불리는 하나의 곡선에 의해 둘러싸인 평면도형으로 어떤 한 점에서 원주까지의 직선은 모두 같다.
- (정의 16) 이 때 이 점을 원의 중심이라 부른다.
- (정의 17) 원의 지름은 그 중심을 통과해 양끝이 원주로 끝나는 직선이며 이 직선은 원을 이등분한다.
- (정의 18) 반원은 지름과 그것에 의해 나누어지는 원주에 의해 둘러싸인 도형을 말한다.
- (정의 19) 다변형(다각형)은 몇 개의 직선에 의하여 둘러싸인 도형이고, 삼변형(삼각형)은 세 개의 직선에 의하여, 사변형(사각형)은 제 개의 직선에 의하여 둘러싸인 도형이다.

- (정의 20) 삼변형 중에서 세 변이 같은 것을 삼등변 삼각형(정삼각형), 두 변만 같은 것을 이등변삼각형, 세 변이 모두 같지 않은 것을 부등변삼각형이라 부른다.
- (정의 21) 삼변형 중에 한 각이 직각인 것을 직각삼각형, 한 각이 둔각인 것은 둔각삼각형, 그리고 세 각이 모두 예각인 것은 예각 삼각형이다.
- (정의 22) 사변형 중에서 네 변이 같고 네 각이 모두 직각인 것은 정사각형, 네 각은 모두 지각이지만 등변이 아닌 것은 직사각형, 네 변은 같으나 각이 직각이 아닌 것은 마름모, 마주 보는 변과 각은 같지만 네 변은 같은 것이 아니고 각이 직각이 아닌 것은 평행사변형이다. 이외의 것은 부등변사변형이다.
- (정의 23) 동일 평면상에 있는 두 직선을 양방향으로 아무리 연장하더라도 서로 만나지 않을 때 두 직선이 평행이라고 한다.

5개의 공준(postulates)

Ⅰ. 한 점에서 다른 점에 직선을 그을 수 있다.

Ⅱ. 선분을 연장하여 하나의 직선을 만들 수 있다.

Ⅲ. 한 점을 중심으로 하고 한 선분을 반지름으로 하는 원을 그릴 수 있다.

Ⅳ. 모든 직각은 서로 같다.

Ⅴ. 두 직선이 한 직선과 만날 때, 한 쌍의 동측 내각의 합이 2직각 보다 작은 경우가 있으면, 두 직선은 무한히 연장하면, 동측 내각의 합이 2직각 보다 작은 쪽에서 만난다.

위의 다섯 번째의 공준을 정리로 만들려고 노력한 결과, 19세기 초에 비유클리드 기하학을 탄생시키게 되었다.

5개의 공리(common notions)

Ⅰ. 같은 것과 같은 것은 같다.
Ⅱ. 서로 같은 것에 같은 것을 더하면 그 합 또한 서로 같다.
Ⅲ. 서로 같은 것에서 같은 것을 빼면 그 차 또한 서로 같다.
Ⅳ. 서로 같은 것을 반으로 한 것은 서로 같다.
Ⅴ. 전체는 부분보다 크다.

2. 비유클리드 기하

Euclid 기하가 공표된 후에, 많은 수학자들은 Euclid '원론'의 제5 공준에 대해 의심스러워하였다. 평행선 공준은 다른 공준에 비하여 간결함이 부족하고 증명 없이 받아들이기 어려운 것으로 인식되었고, 28개의 명제를 증명할 때까지도 사용되지 않았다. 따라서 수세기 동안 유클리드의 다섯 번째 공준을 유클리드의 다른 가정으로부터 유도하려고 시도하였다. 이와 같이 Euclid 평행선 공준 대신에 다른 공준을 내세워 얻게 되는 새로운 기하학을 비유클리드 기하학이라고 한다.

흔히 평행선 공준을 "직선 ℓ과 그 위에 있지 않은 점 P가 주어졌을 때 P를 지나고 ℓ에 평행한 직선이 유일하게 존재한다."라고 하는데, 존재성은 공준 1에서 4로부터 증명되지만 유일성은 평행선 공준과 동치이다. 그 외에도 평행선 공준과 논리적으로 동치인 명제들은 다음과 같다.

(1) 임의의 직각삼각형에서 피타고라스의 정리가 성립한다.
(2) 직사각형이 존재한다.
(3) 임의의 삼각형의 내각의 합은 π이다.

(4) 삼각형의 한 외각의 크기는 이와 이웃하지 않는 두 내각의 크기의 합과 같다.

(5) 임의의 삼각형 ABC와 임의의 주어진 선분 DE에 대하여 대응각의 크기가 서로 같은 닮은 삼각형 DEF가 존재한다.

비유클리드 기하학에는 대표적으로 쌍곡 기하학과 타원 기하학이 있다. 쌍곡기하Hyperbolic Geometry는 평행선 공준 대신 “직선과 직선 밖의 한 점을 지나는 평행선은 무수히 많다”를 가정한다. 로바체프시키, 볼리야, 가우스 등이 연구하여 정립하였으며, 쌍곡기하의 모델에서는 ‘삼각형의 내각의 합은 π보다 작다’, ‘닮음이면 합동이다’등과 같은 유클리드 기하에서는 상상할 수 없는 결과들이 산출된다.

쌍곡기하의 Ponicaré 모델에서 직선이란 상반평면 $H=\{(x,\ y) \mid y>0\}$에서 중심이 x축에 있는 반원이나 π축과 수직인 반직선으로 정의된다. 이렇게 정의하여도 유클리드 기하에서 엉성하게 정의한 점, 직선, 거리(명확한 정의가 없다) 등의 개념과는 배치되지 아니한다.

리만Riemann기하라고도 부르는 타원기하Elliptic Geometry는 모델로서는 구면을 들 수 있고, 구면에서의 직선은 대원great circle이 된다. 따라서 ‘서로 다른 두 직선은 반드시 두 점에서 만난다.’ ‘삼각형의 내각의 합은 π보다 크다.’와 같은 결과를 얻지만, 이들도 자체적으로 무모순적이고 정합적이다. 비유클리드 기하에 대한 언급은 무모순적인 비유클리드 기하의 존재를 통해 우리는 평행선 공준이 나머지 4개의 공준으로부터 유도될 수 없는 독립적인 공준이라는 추론을 할 수 있다.

3. 해석 기하

17세기에 들어서서 기하학은 또 다른 큰 발전을 이루게 된다. 해석 기하analytic geometry는 Descartes1596~1650가 창안한 기하학으로, 좌표 개념을 도입하여 도형을 취급하는 것을 의미한다. 해석 기하에서는, 직선 위의 점을 하나의 수에 대응시키고, 2차원 평면의 점을 순서쌍 $(x,\ y)$에 대응시키며, 3차원의 공간의 점을 3개의 수에 대응시켜 점의 위치를 나타낸다. 이때 점에 대응하는 수를 그 점의 좌표coordinate라고 한다. 이와 같이 좌표축을 정하여 점의 위치를 좌표로 나타낼 수 있는 평면을 좌표평면이라고 한다. 좌표를 'Cartesian coordinate'라 명명하기도 하는데, 여기에서 'Cartesian'은 Descartes의 라틴어에 해당하는 'Cartesius'에서 유리한 것이다.

Euclid는 직선, 원 등의 도형을 전체적이고 종합적으로 파악한 반면에, Descartes는 직선이나 원을 분해하여 직선이나 원 위에 있는 각각의 점을 연구하였다. Descartes는 직선이나 원 위에 있는 점의 좌표 (x, y)에서 x와 y 사이에 성립하는 방정식의 관점에서 도형을 연구한 것이다. 이러한 Descartes의 해석 기하(또는 좌표 기하)와 대비되는 관점에서 Euclid '원론'의 기하학을 종합 기하(또는 논증 기하)로 명명하기도 한다.

4. 변환 기하

Kline은 1872년에 당시까지 발달된 여러 기하학을 변환을 중심으로 체계적으로 분류하고자 하였으며, 이러한 Kline의 시도를 변환기하적 관점이라고 한다. 여기서 도형의 변환이란 하나의 도형을 다른 도형으로 이동하는 것을 의미한다. 따라서 변환 기하란 도형의 성질을 변환이동의 관점

및 함수적 관점에서 파악하는 것을 의미한다. 변환에는 합동변환, 닮음변환, 아핀변환, 사영변환, 위상변환 등이 있다.

03 도형 지도를 위한 교수학적 내용 지식

1. 평면도형의 기본 개념

(1) 점, 선

현대수학에서 도형의 기본 요소인 점, 선, 면은 기하학의 기초 개념으로, 무정의 용어undefined term로 취급되고 있으며, 이 용어는 우리의 일상적 생활에서도 흔히 사용된다. 수학에서 무정의 용어의 사용은 정의의 순환성을 피하기 위해 필요하다.

점은 위치를 나타내는 추상 개념이다. 점을 찍어 점을 나타낸다. 점은 연필의 끝, 컴퍼스의 끝 등과 같이 한 끝을 의미하며 점A, 점B, 점C 등과 같이 표시한다.

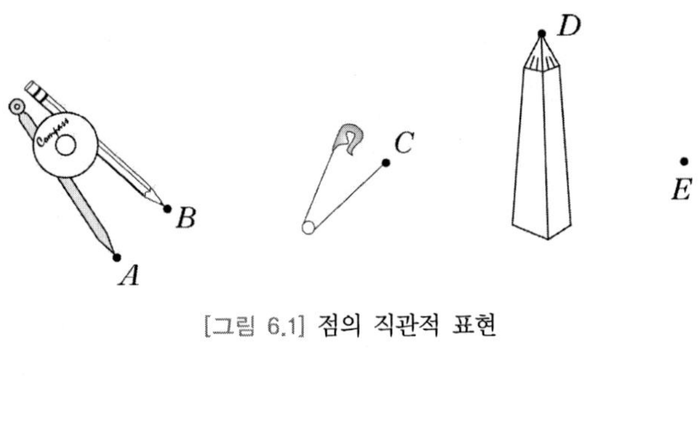

[그림 6.1] 점의 직관적 표현

점의 속성은 0차원으로 크기가 없고 위치만을 나타내는 추상적인 개념이다. 우리가 흔히 종이에 표시하는 기호 (•)은 영어로 'dot'의 의미로, 추상적인 개념으로서의 점Point을 나타내기 위한 기호이다.

선은 점들의 집합으로 본다. 유클리드 원론에서 직선은 '폭이 없는 길이'라고 정의한다. 다시 말해, 직선은 1차원 도형으로서 길이length만 있고, 폭width이 없다. 또한 직선은 평면을 분할하거나 길이를 나타내는 추상개념으로, 직선 l, m, n 또는 직선 위에 있는 임의의 두 점을 사용하여 $\overleftrightarrow{AB}$, $\overleftrightarrow{CD}$ 등으로 나타낸다.

직선은 점들의 무한 집합이지만, 한 직선은 두 점에 의해 결정된다. 따라서 점 A와 B는 $\overleftrightarrow{AB}$의 원소들이고, $A \in \overleftrightarrow{AB}$, $B \in \overleftrightarrow{AB}$라고 쓴다.

또한 한 직선위에 있는 두 점 간에는 교환성이 성립한다. 즉 $\overleftrightarrow{AB} = \overleftrightarrow{BA}$이다.

(2) 반직선, 사선, 선분

점 A를 직선 l 위에 있는 한 점이라고 할 때, 그 직선은 서로소인 세 집합으로 나누어진다. 즉, 점 A 자신과 점 A, 그리고 서로 다른 방향에 있는 점들의 집합이다. 이때 점 A를 끝점으로 하고(A를 포함하지 않음) 한 쪽 방향에 있는 모든 점들을 포함하는 직선을 반직선half-line이라고 한다. 또한 이 반직선에 끝점 A를 포함하는 점들의 집합을 사선ray이라고 하고, 기호 $\overrightarrow{AB}$로 나타낸다. 또 한 직선위에 두 점 A, B가 있을 때 두 점 A, B 사이에 있는 모든 점들의 집합을 선분이라고 하고, 두 점 A, B를 끝점이라고 하며 $\overline{AB}$ 또는 $\overline{BA}$로 나타낸다.

아래 그림과 같이 두 점 A, B를 잇는 선은 무수히 많으나 이 중에서 길이가 가장 짧은 것은 선분 AB이다. 이때, 선분 AB의 길이를 두 점 A, B 사이의 거리라고 한다.

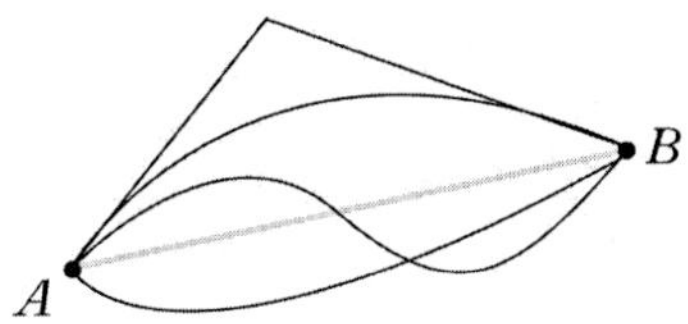

한편, 우리나라에서는 사선이라는 용어를 사용하지 않고 사선을 반직선이라고 한다.

교과서에서는 ....

활동 3 점 ㄱ과 점 ㄴ을 곧게 이어 보시오.

ㄱ　　　　ㄴ

도형의 이름

두 점을 곧게 이은 선을 선분이라고 합니다.
점 ㄱ과 점 ㄴ을 이은 선분을 선분 ㄱㄴ 또는 ㄴㄱ이라고 합니다.

ㄱ　　　　ㄴ

[그림 6.2] 선분 지도

교과서에서는 ....

도형의 이름

한 점에서 한쪽으로 끝없이 늘인 곧은 선을 반직선이라고 합니다.

점 ㄱ에서 시작하여 점 ㄴ을 지나는 반직선을 반직선 ㄱㄴ이라고 합니다.

점 ㄴ에서 시작하여 점 ㄱ을 지나는 반직선을 반직선 ㄴㄱ이라고 합니다.

[그림 6.3] 반직선 지도

교과서에서는 ....

도형의 이름

양쪽으로 끝없이 늘인 곧은 선을 직선이라고 합니다.
점 ㄱ과 점 ㄴ을 지나는 직선을 직선 ㄱㄴ 또는 ㄴㄱ이라고 합니다.

[그림 6.4] 직선 지도

생각해 볼 문제 6-1

초등학교 교육과정에서 다음의 개념을 어떻게 정의하고 있는지 조사해 보아라.

(1) 선분　　(2) 직선

(3) 사각형　　(4) 삼각형

(5) 원

(3) 평면(Planes)

평면은 공간을 분할하거나 넓이를 나타내는 추상개념으로, 한 직선위에 있지 않은 세 점으로 결정된다. 동일선상에 있지 않은 세 점들은 두 점이 유일하게 한 직선을 결정하는 것처럼 한 평면을 유일하게 결정한다.

한 평면은 무한히 많은 점들을 포함한다. 한 평면은 점들의 집합이기 때문에, 점 A, B, C는 평면 ABC에 포함되고, 즉 평면 ABC 안에 존재한다. 이처럼 동일한 평면에 속해있는 점들을 동일 평면상에 있는 점들Coplanar points이라고 한다.

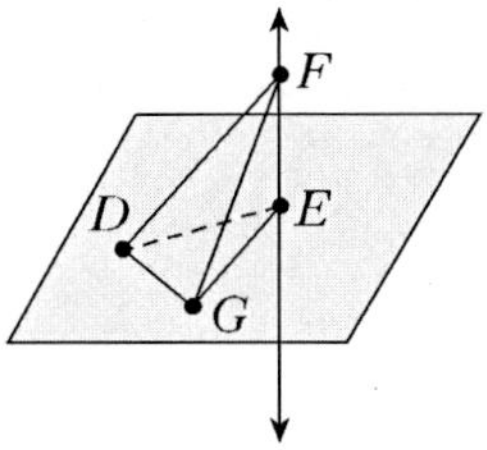

[그림 6.5]
평면의 결정 조건(1)

[그림 6.5]에서, 직선 DE와 GE는 같은 평면에 있고, 반면에 직선 GF와 DE는 같은 평면에 있지 않다. 여기서 직선 GF와 DE를 동일한 평면상에 있지 않는 직선이라고 한다.

(4) 점, 직선 평면사이의 관계

점, 선, 평면의 성질

(1) **직선의 결정 요소** : 서로 다른 두 점을 포함하는 직선은 오직 하나이다.

(2) **평면의 결정 요소** : 같은 직선 위에 있지 않는 세 점을 포함하는 평면은 오직 하나이다.

(3) 만일 두 점이 한 평면 안에 있다면, 그 점들을 포함하고 있는 직선은 그 평면 안에 있다.

(4) 만일 다른 두 평면이 만나면, 그 교선은 직선이다.

평면의 결정 요소

위의 성질 (2)는 평면의 결정 요소 중 하나이다. 이러한 평면의 결정 요소들은 아래의 입체도형을 통해 설명가능하다.

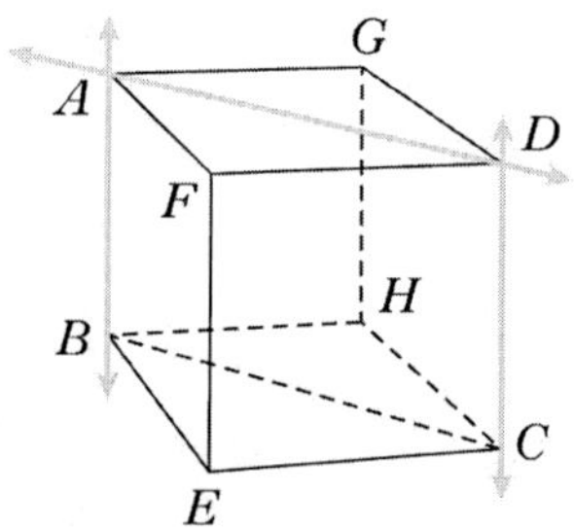

[그림 6.6] 평면의 결정조건(2)

첫째, 한 직선과 그 직선위에 있지 않은 한 점은 한 평면을 결정한다.
(예, 직선AB와 점 C는 평면 ABC를 결정한다)

둘째, 두 평행선은 한 평면을 결정한다(직선 AB와 CD는 평면 ABCD를 결정한다).

셋째, 두 교선intersecting line은 한 평면을 결정한다(직선 AB와 DA는 평면 AB를 결정한다).

평행하지 않고, 교차하지도 않는 두 직선은 평면을 결정하지 못한다. 예를 들면, 위 그림에서, 직선 AB와 GD는 동일한 평면에 있지 않다. 즉 꼬인skew 직선이다.

1) 평면과 평면의 위치 관계

두 개의 다른 평면은 교차하거나 평행이다. [그림 6.7]와 같이 두 평면이 만나서 생기는 각을 이면각Dihedral angle이라 한다. 이면각이 90°일 때 두 평면은 서로 수직이다. 이를 형식화 하면 다음과 같다.

$\alpha \cap \beta = l,\ m \subset \alpha,\ n \subset \beta$라고 하자.

$l \perp m,\ l \perp n$이면, $\alpha \perp \beta$이다.

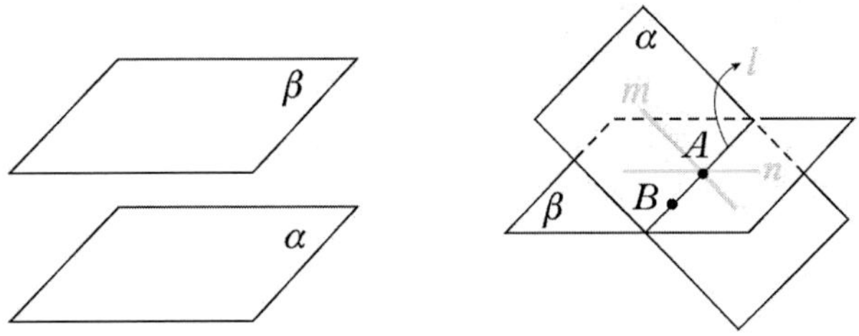

[그림 6.7] 평면과 평면의 관계

2) 직선과 평면의 위치 관계

직선과 평면의 관계는 다음 3가지가 있다.

첫째, 만일 직선과 평면이 공통인 점을 가지고 있지 않으면, 직선은 평면에 평행하다고 정의한다.

둘째, 한 직선의 두 점이 한 평면에 포함되어 있으면, 그 점들을 포함하는 전체 직선은 그 평면에 포함된다.

셋째, 한 직선이 한 평면과 만나지만 그 평면에 포함되어 있지 않으며, 그 직선은 평면과 오직 한 점에서 교차한다.

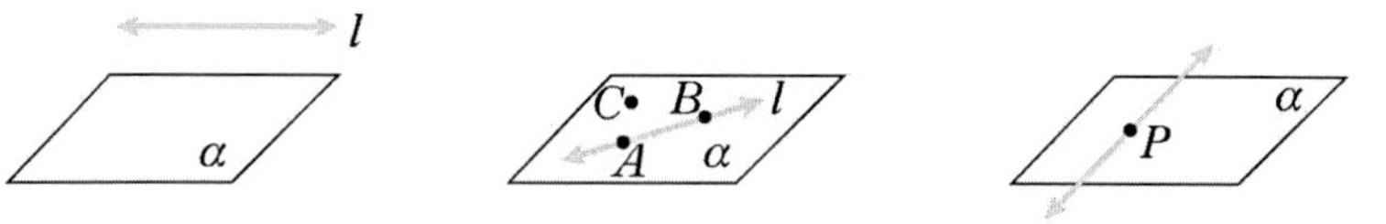

l은 α에 평행한다. l은 α안에 있다. l은 P점에서 α와 교차한다.

[그림 6.8] 한직선과 평면의 관계

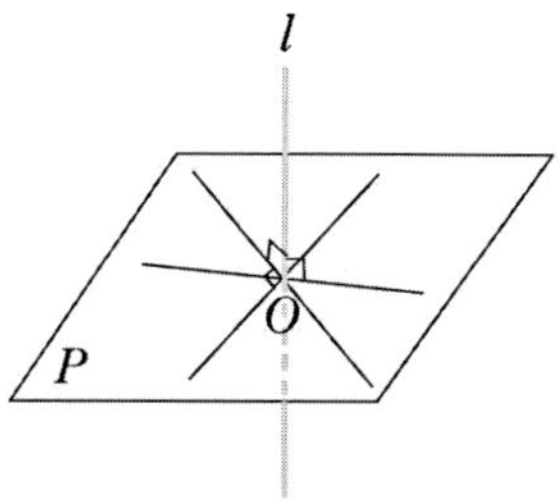

오른쪽 그림과 같이 직선 l이 평면 P와 점 O에서 만나고 직선 l이 점 O를 지나는 평면 P 위의 모든 직선과 서로 수직일 때, 직선 l과 평면 P는 서로 수직이다, 또는 서로 직교한다고 하고, 이것을 기호로

$$l \perp P$$

와 같이 나타낸다.

이때, 직선 l은 평면 P의 수선이다.

3) 평행과 수직

직선 l과 m이 한 평면 위에 있고 직선 l과 m이 만나지 않을 때(공통된 점을 갖지 않을 때), 두 직선 l과 m은 평행하다고 하고, 기호로 $l \mathbin{/\!/} m$으로 나타낸다.

한편, 직선 l과 m이 한 평면 위에 있고 직선 l과 m이 직각으로 만날 때, 두 직선 l과 m은 서로 수직이라고 하고, 기호 $l \perp n$으로 나타낸다.

오른쪽 그림과 같이 서로 평행한 두 직선 l, m과 다른 한 직선 n이 만날 때 생기는 동위각인 $\angle a$와 $\angle b$의 크기는 서로 같다. 즉 $\angle a = \angle b$이다.

한편, 한 직선 n에 대하여 동위각인 $\angle a$와 $\angle b$의 크기가 서로 같도록 직선 l, m을 그으면
두 직선 l, m은 서로 평행하다.

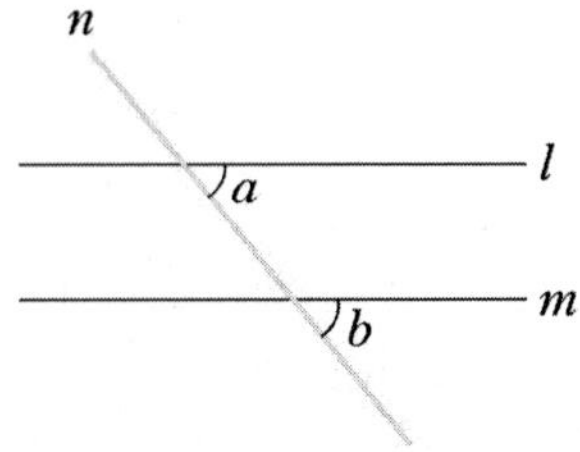

오른쪽 그림에서 $l /\!/ m$일 때,
동위각의 크기는 서로 같으므로
$\angle a = \angle c$이다.

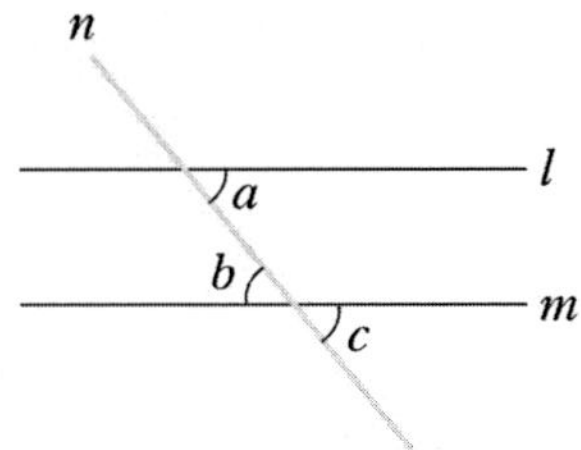

또, $\angle b$와 $\angle c$는 맞꼭지각이고
맞꼭지각의 크기는 서로 같으므로
$\angle b = \angle c$이다.

따라서 $\angle a = \angle b$이다.

즉, 평행한 두 직선 l, m이 다른 한 직선 n과 만날 때 생기는 엇각의 크기는 서로 같다.

교과서에서는 ....

생각열기 한옥의 문살에서 서로 만나지 않는 직선을 찾아봅시다.

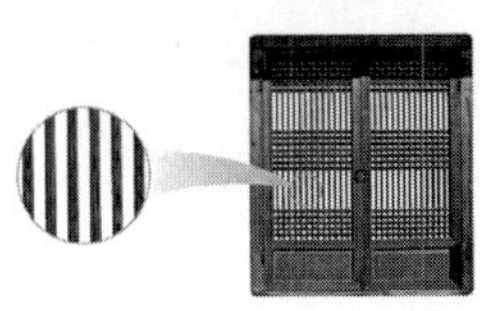

도형의 이름 한 직선에 수직인 두 직선을 그었을 때, 그 두 직선은 서로 만나지 않습니다.
이와 같이 서로 만나지 않는 두 직선을 평행하다고 합니다. 이때 평행한 두 직선을 평행선이라고 합니다.

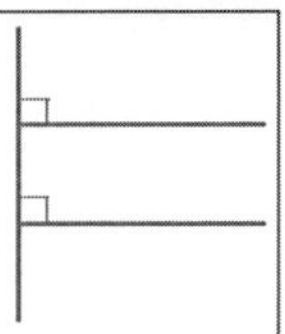

[그림 6.9] 평행의 개념 지도

수학이야기

초등학교 교실에서 평행(선)을 설명할 때 흔히 철길에 비유한다. 하지만 이러한 비유는 오개념을 유발할 수도 있다. 일부분만 잘라서 생각하면 평행이지만, 긴 철길을 생각하면 직선이 아니다. 왜냐하면, 또한, 세상 끝까지 가도 만나지 않는 두 직선은 평행이다라고 설명한다. 엄밀히 말하면 꼬인 위치에 있는 두 직선도 영원이 만나지 않는 직선들이다. 영원히 만나지 않는다는 직관에 의존한 설명과 더불어 '한(동일한) 평면 안에서...'라는 조건을 이해해야 한다.

4) 각

한 점 O를 끝점으로 하는 두 사선 OA, OB로 이루어진 도형을 각이라 하고, ∠AOB로 나타낸다. 한 각의 사선들을 각의 변sides라 하고, 공통 끝점을 그 각의 꼭짓점vertex이라고 하고 기호 ∠ABC, ∠CBA로 나타내며 혼선의 여지가 없을 때, 꼭짓점으로 각을 명명할 수 있다(∠B). [그림 6.10]의 두 번째 그림에서 꼭짓점 P는 두 개의 각을 포함하므로, ∠P라 하는 것은 적절치 못하다. 따라서 ∠QPR, ∠QPS, ∠RPS로 나타내거나, α, β, ∠QPS로 명명해야 한다. [그림 6.10]의 세 번째 그림에서 ∠B는 평면을 서로소disjoint인 세 집합으로 분할한다.

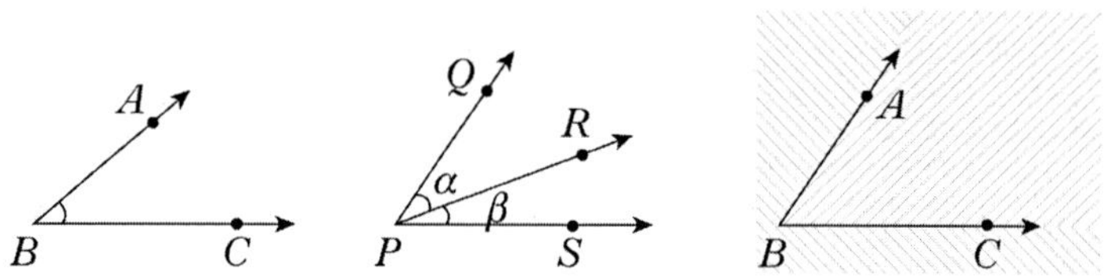

[그림 6.10] 각의 구성요소와 성질

첫째, 각의 내부이다. 사선 BA의 C쪽 반평면과 사선 BC의 A쪽 반평면의 교집합을 ∠ABC의 내부라 한다.

둘째, 각 그 자체이다.

셋째, 각의 외부이다. 각 ∠ABC와 ∠ABC 내부와의 합집합의 여집합을 ∠ABC의 외부라고 한다.

인접각Adjacent angle은 각의 내부 개념을 이용해 정의 가능하다. 인접각이란 공통 꼭짓점, 공통 변을 공유하고, 내부가 겹치지 않는 각이다. [그림 6.10]의 두 번째 그림에서 ∠QPR와 ∠RPS는 인접각을 의미한다.

(5) 수직과 수선

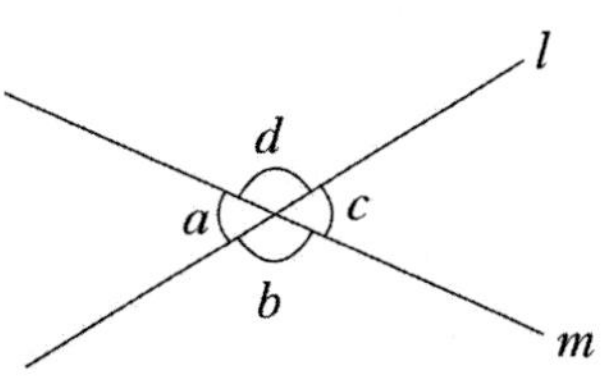

오른쪽 그림과 같이 두 직선 l과 m이 한 점에서 만날 때 생기는 $\angle a$, $\angle b$, $\angle c$, $\angle d$를 그 두 직선의 교각이라고 한다. 이때,

$\angle a$와 $\angle c$, $\angle b$와 $\angle d$

와 같이 서로 마주 보는 교각을 맞꼭지각이라고 한다.

또, 위의 그림에서

$$\angle a + \angle b = 180^\circ,\ \angle b + \angle c = 180^\circ \text{ 이므로}$$

$$\angle a + \angle b = \angle b + \angle c \text{이다.}$$

따라서 $\angle a = \angle c$이다.

마찬가지로 $\angle b = \angle d$이다.

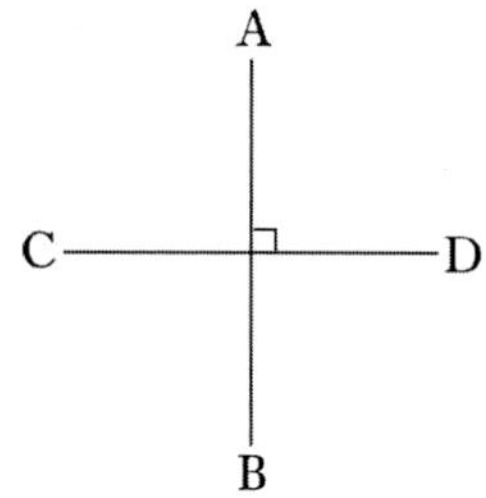

오른쪽 그림과 같이 두 직선 AB와 CD의 교각이 직각일 때, 이 두 직선은 서로 직교한다고 하고, 이것을 기호로

$$\overleftrightarrow{AB} \perp \overleftrightarrow{CD}$$

와 같이 나타낸다. 이때, 두 직선 AB와 CD는 서로 수직이고, 한 직선은 다른 직선의 수선이다. 또, 오른쪽 그림과 같이 직선 l 위에 있지 않은 점 P에서 직선 l에 수선을 그었을 때, 직선 l과의 교점 H를 점 P에서 직선 l에 내린 수선의 발이라고 한다.

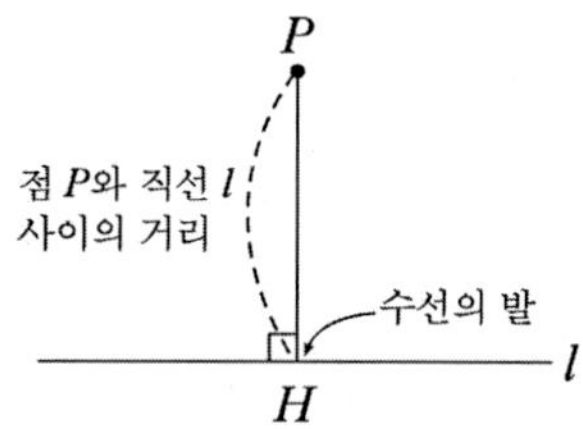

이때, 선분 PH는 점 P와 직선 l 위의 점을 잇는 선분 중에서 길이가 가장 짧은 선분이다. 이 선분 PH의 길이를 점 P와 직선 l 사이의 거리라고 한다.

교과서에서는 ....

도형의 이름

두 직선이 만나서 이루는 각이 직각일 때, 두 직선은 서로 수직이라고 합니다. 또 두 직선이 서로 수직으로 만나면 한 직선을 다른 직선에 대한 수선이라고 합니다.

활동 2 교실에서 한 직선이 다른 직선에 대한 수선인 곳을 찾아보시오.

- 교실에서 수선을 찾아보시오.

[그림 6.11] 수직과 수선 개념 지도

(6) 각도(Angle Measurement)

각을 이루는 두 사선사이의 회전량을 각의 크기 또는 각도라고 한다. 즉 ∠AOB의 크기란 한 점 O를 중심으로 각의 한 변인 사선 OB가 시계 반대 방향으로 회전한 사선 OA까지의 회전량을 각의 크기라 하고 $m(\angle AOB)$로 나타낸다. 한편 초등학교에서는 각도를 회전한 정도로 정의하지 않고, 학생들의 수준을 고려하여 '벌어진 정도'로 정의하고 있다.

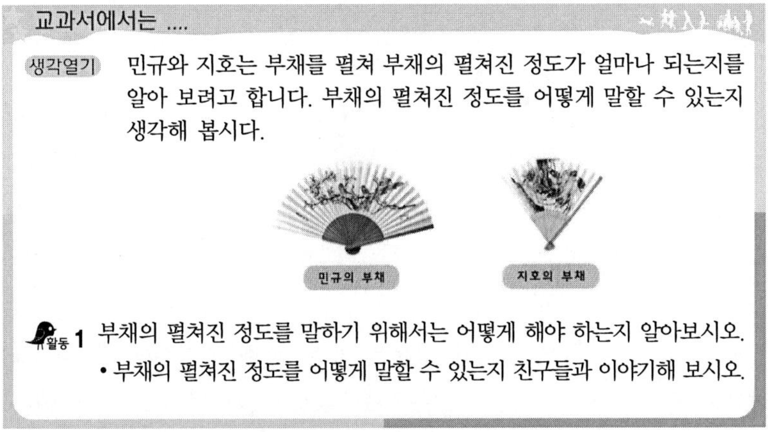

[그림 6.12] 각도 지도

(7) 다각형

수학에서 곡선은 평면의 부분집합이다. 평면 위의 곡선curve이란 연필의 끝을 평면에 떼지 않고 그린 선, 즉 평면 위의 한 점이 연속적으로 이동한 모든 점들의 집합을 말한다. 이를 테면 [그림 6.13]의 도형은 모두 곡선이다. a, b와 같이 시작점과 종점이 만나지 않는 곡선을 개곡선open curve, c, d, e와 같이 만나는 곡선을 폐곡선closed curve이라 한다. 또 폐곡선 중에서 c, e와 같이 시작점과 종점이 만나는 점을 제외하고 중복점이 없는 폐곡선을 단일폐곡선이라고 하며, 단일폐곡선이면서 선분으로 둘러싸인 도형을 다각형polygon이라고 한다.

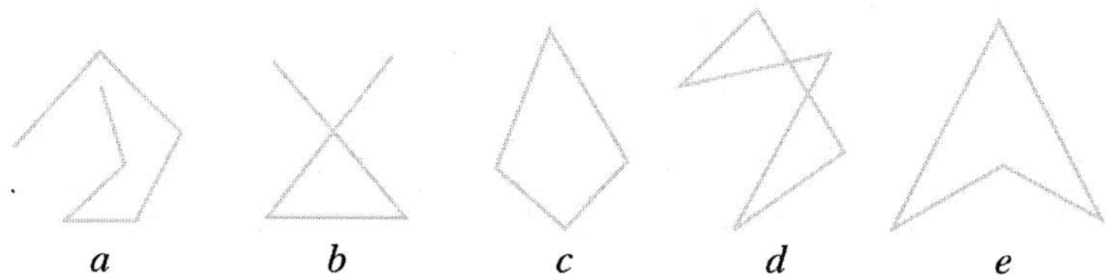

[그림 6.13] 여러 가지 곡선

아래 [그림 6.14]과 같이, 단일폐곡선이 주어지면 이 단일 폐곡선은 평면을 서로소인 세 개의 집합으로 분할한다. 하나는 단일폐곡선 자신이고, 나머지 둘은 내부와 외부인 집합이다. 이 때 단순폐곡선 자신을 경계boundary라 하고 단순폐곡선과 내부를 합친 것을 단일폐곡선의 영역region이라고 한다.

또한 단순 폐곡선의 영역에 있는 임의의 두 점을 연결한 선분이 그 영역 안에 있으면 볼록convex폐곡선이고, 그렇지 않으면 오목concave폐곡선이다.

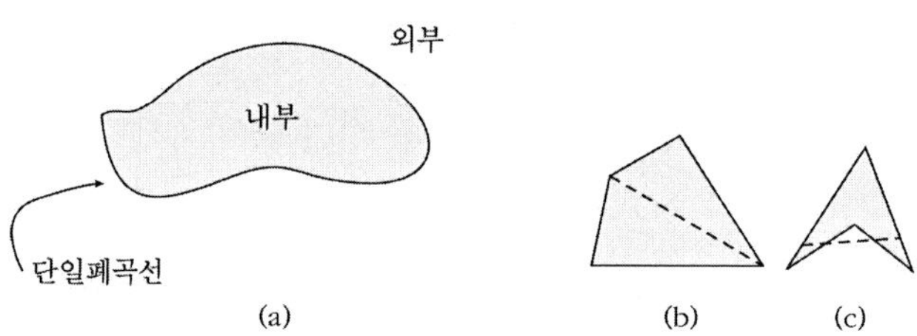

[그림 6.14] 볼록다각형과 오목다각형

다각형을 만드는 모든 선분들을 다각형의 변이라고 한다. 변의 개수에 의하여 3각형, 4각형,⋯, n각형이라고 한다. 다각형을 만드는 선분의 끝점을 꼭짓점이라고 하며 모든 변의 길이가 같은 다각형을 등변다각형이라고 한다. 특히 등변삼각형을 정삼각형, 등변사각형을 마름모라고 부른다.

모든 다각형의 크기가 같은 다각형을 등각다각형이라고 하며, 특히 등각사각형을 직사각형이라 한다. 다각형이 등변이고 등각일 때, 정다각형이라고 한다. 다각형이 주어졌을 때, 두 꼭짓점을 끝점으로 하는 선분의 끝점을 제외한 모든 점이 다각형의 내부에 있을 때 이 선분을 다각형의 대각선이라고 한다.

2. 입체도형의 기본 개념

우리가 살고 있는 세계는 3차원의 공간으로 이루어져 있기 때문에, 3차원 도형을 이해하는 것이 필요하다. 3차원의 공간 내에 있는 도형 중에서 닫힌 도형을 입체도형이라 한다.

단순폐곡면의 개념은 평면에서 다루었던 단순폐곡선과 유사한다. 이것은 구멍이 없고 속이 비어있어서 공간을 서로소인 세 집합, 즉 폐곡면 위의 점들의 집합, 폐곡면 내부의 점들의 집합, 폐곡면 외부의 집합으로 나눈다. 또 단일폐곡면과 내부를 합친 것을 입체라고 한다.

가장 간단한 예는 구이다. 구는 주어진 점(중앙)에서 주어진 거리에 있는 모든 점의 집합으로 정의된다. 어떤 다각형과 그것을 포함하는 다각형을 관련지을 때, 단순 폐 평면은 공간을 세 개의 서로소인 집합으로 분할한다. 즉, 표면 밖에 있는 점들, 그 표면에 포함된 점들, 표면 안에 있는 점들. 단순 폐 평면에 있는 모든 점들, 내부에 있는 모든 점들을 입체solid라고 한다. 아래 [그림 6. 15]에서, (a), (b), (c), (d)는 단일폐곡면이고 (e)

와 (f)는 그렇지 않다. 입체도형은 각기둥, 각뿔, 정다면체와 같은 다면체와 원기둥, 원뿔, 구와 같은 곡면체로 나누어 볼 수 있다. 여기서는 다면체, 곡면체, 회전체에 대해서 취급하기로 한다.

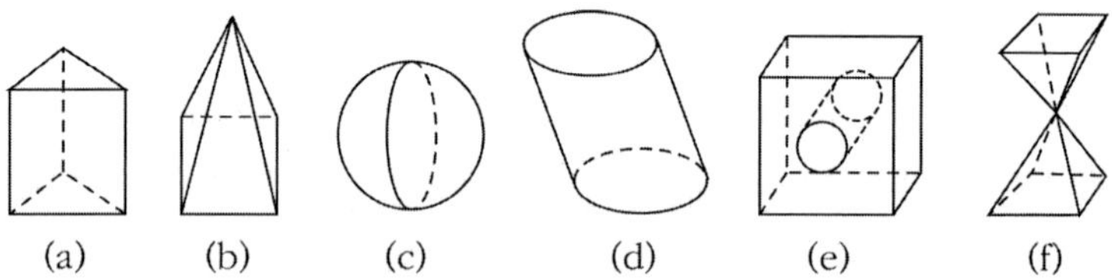

[그림 6.15] 다면체

(1) 다면체

직육면체나 삼각뿔과 같이 다각형의 영역평면으로 둘러싸인 입체도형을 말한다. 즉 다각형의 면들이 변과 꼭짓점에서 연결되어 둘러 싼 폐곡면으로 된 입체를 다면체라고 한다. 다면체는 다면체의 다각형 영역인 면face, 꼭짓점vertex, 다각형 영역의 변을 일컫는 모서리edge로 이루어져 있다. 특히 다면체에서 같은 면에 있지 않은 두 꼭짓점을 맺는 선분이 다면체의 내부에 있을 때 이 선분을 다면체의 대각선 또는 공간대각선이라 한다.

정다각형의 경우와 같이 다면체에서도 정다면체regular polyhedra를 생각할 수 있다. 정다면체는 면이 모두 정다각형이고 각 꼭짓점에서 만나는 변의 수가 모두 같은 다면체를 말한다. 정다면체는 정사면체, 정육면체, 정팔면체, 정십이면체, 정이십면체 5개이다. [그림 6.16]의 각 정다면체의 면을 한 평면 위에 펼쳐놓은 것이며, 이와 같은 평면도형을 정다면체의 전개도라고 한다. 어떤 다면체의 전개도만 주어져도 그 다면체가 어떻다는 것을 짐작할 수 있다.

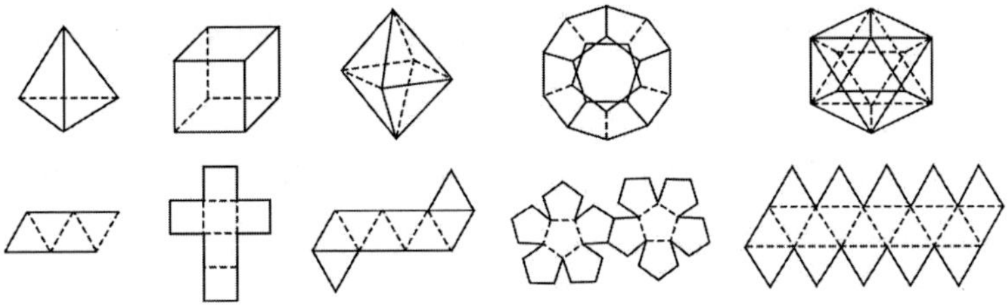

정사면체 정육면체 정팔면체 정십이면체 정이십면체

[그림 6.16] 정다면체와 전개도

위 그림에서 보듯이 정다면체는 모두 5개 뿐이다. 그렇다면 정다면체가 5개인 이유를 알아보자. 이것을 알아보는 방법은 정다각형 모형을이용하여 직접 구성해 보는 방법과 식을 이용하여 대수적으로 증명을 하는 방법이 있다. 먼저 정다각형 모형을 이용하여 정다면체를 만들어 보자. 첫 번째로 정삼각형을 이용하려면 입체도형을 만들기 위하여 한 꼭짓점에 최소한 3개의 정삼각형이 모여져야 한다. 한 꼭짓점에 최소한 3개의 정삼각형이 모이도록 만들면 정사면체가 만들어진다. 다음으로 한 꼭짓점에 4개의 정삼각형이 모이도록 만들면 정팔면체가 만들어지고, 한 꼭짓점에 5개의 정삼각형이 모이도록 만들면 정이십면체가 만들어진다. 그러면 정삼각형을 이용해서는 더 이상 정다면체를 만들 수 없다. 왜냐하면 한 꼭짓점에 6개의 정삼각형이 모이면 6개 삼각형의 내각의 합이 360°가 되어 평면이 되어버리기 때문이다.

마찬가지 방법으로 하면 정사각형을 이용해서는 한 꼭짓점에 3개의 정사각형이 모이도록 만들어 정육면체가 만들 수 있고, 그 이상은 불가능하다. 다음으로 정오각형을 이용하면 한 꼭짓점에 3개의 정오각형이 모이도록 만들어 정십이면체가 만들 수 있고, 그 이상은 불가능하다. 한 꼭짓점에 3개의 정육각형이 모이도록 만들면 평면이 되므로 불가능하다, 그 이상의 정다각형으로는 정다면체를 만들 수 없다는 것을 알 수 있다.

이제 정n각형이 한 꼭짓점에 m개 모이는 정다면체를 생각해 보자. 펼친그림에서 각의 합이 2π보다 작으면 정n각형이 한 꼭짓점에 m개 모이는 정다면체를 만들 수 있다. 따라서

$\frac{(n-2)\pi}{n}m < 2\pi$를 만족하는 정수 n과 m을 구하면 된다.

① $n=3$인 경우: m=3, 4, 5일 때 만족한다.

② $n=4$인 경우: m=3일 때 만족한다.

③ $n=5$인 경우: m=3일 때 만족한다.

그리고 그 $n>5$인 경우에는 부등식을 만족하는 정수 n과 m을 구할 수 없다.

(2) 각기둥(prism)

두 개의 합동인 다각형이 평행인 평면들 안에 있고, 다른 면들은 평행사변형인 다면체를 각기둥이라 한다. 각기둥의 위와 아래에 있는 평행인 면을 각기둥의 밑면base이라 한다. 밑면 이외의 다른 면들은 각기둥의 옆면lateral face이라 하고, 반드시 평행사변형이다. 만일, 각기둥의 옆면이 직사각형이면 직각기둥right prism이라 한다. 또한 각기둥의 옆면이 밑면과 수직이 아닌 각기둥을 빗각기둥oblique하고, 따라서 그것의 면들은 직사각형이 아니다. 또 두 밑면 사이의 거리를 각기둥의 높이라고 한다. 각기

둥의 밑면은 합동이고, 옆면은 모두 평행사변형이다. 밑면과 모서리가 서로 수직인 각기둥을 직각기둥이라 하고, 밑면이 정n각형인 직각기둥을 정n각기둥이라 한다.

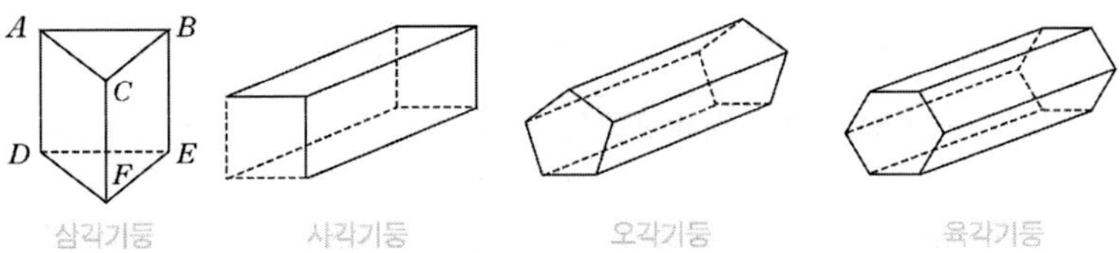

[그림 6.17] 각기둥의 종류

교과서에서는 ....

활동 2 입체도형을 살펴보시오.

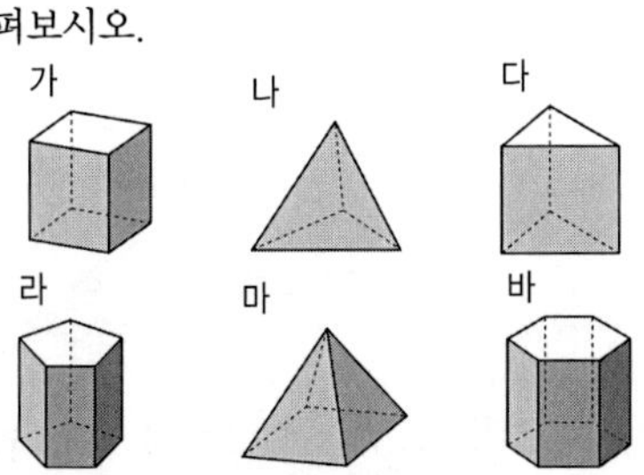

- 위의 입체도형을 2가지로 분류해 보시오.
- 분류 기준을 어떻게 정하였습니까?
- 위의 입체도형 중 위아래에 있는 면이 서로 평행하고 합동인 다각형으로 이루어진 도형은 어느 것입니까?

도형의 이름

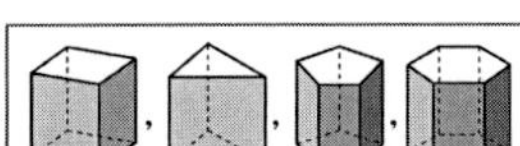 등과 같은 도형을 각기둥이라고 합니다.

[그림 6.18] 각기둥의 개념 지도

교과서에서는 ....

활동 1 각기둥의 이름을 알아보시오.

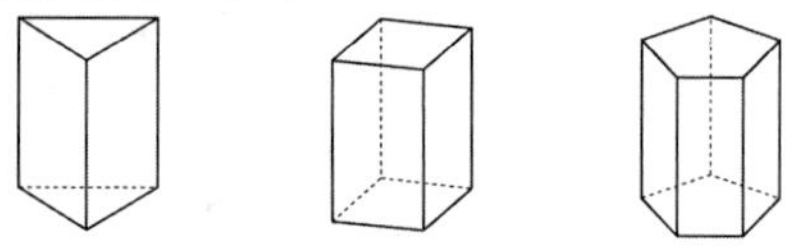

• 각기둥의 밑면을 각각 찾고 그 둘레를 따라 색연필로 선을 그어 보시오.

• 밑면의 모양은 각각 어떤 도형입니까?

도형의 이름

각기둥은 밑면의 모양에 따라 삼각기둥, 사각기둥, 오각기둥 ······이라고 합니다.

[그림 6.19] 각기둥의 종류 지도

(3) 각뿔(pyramid)

다각형의 각 변을 밑변으로 하고, 다각형의 평면 위에 있지 않은 한 정점apex을 공통의 꼭짓점으로 하는 삼각형으로 둘러싸인 다면체를 각뿔pyramid이라고 한다.

각뿔은 단순 폐다각형 영역밑면, 그 영역에 있지 않는 한 점각뿔의 꼭짓점, 그 점과 다각형 영역의 이웃한 꼭짓점들에 의해 결정되는 다면체이다. 여기서, 다각형 영역을 각뿔의 밑면이라 하고, 그 점은 각뿔의 꼭짓점apex 라고 한다. 밑면 외에 다른 면을 옆면이라 한다.

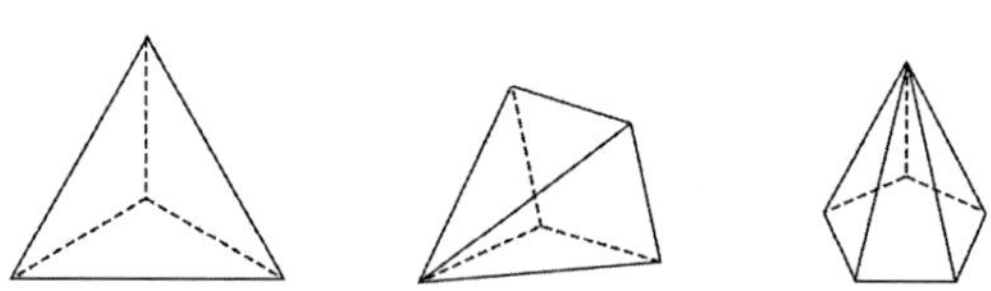

삼각뿔　　사각뿔　　오각뿔

[그림 6.20] 각뿔의 종류

(4) 곡면체와 곡기둥(cylinders)

곡면과 평면을 구별하여 평면이 아닌 면을 곡면이라 한다. 곡면체는 곡면의 영역으로 둘러싸인 입체 도형을 말한다.

곡기둥은 다면체가 아닌 단순폐곡면으로 된 도형이며, 곡기둥의 면이 원 영역인 곡기둥은 원기둥circular cylinder이라 한다.

한 공간에서 평행인 두 평면 α, β 위의 반지름이 같은 두 원과 직선 l에 대하여, 직선 l에 평행하고 두 원의 둘레와 만나는 선분이 그리는 면과 이들 두 원으로 둘러싸인 입체를 원기둥이라고 한다. 이때 두 원을 원기둥의 밑면base, 밑면 사이의 거리를 원기둥의 높이, 밑면의 둘레와 만나는 선분 AB를 곡기둥의 모선[6], 모선이 그리는 면을 원기둥의 옆면lateral surface이라고 한다.

만일 원기둥을 만든 선분이 밑면에 수직이면 그 원기둥은 직원기둥right circular cylinder이다. 직원기둥이 아닌 원기둥을 빗oblique circular cylinder사선 원기둥이라 한다. 초등학교에서는 빗원기둥은 취급하지 않는다.

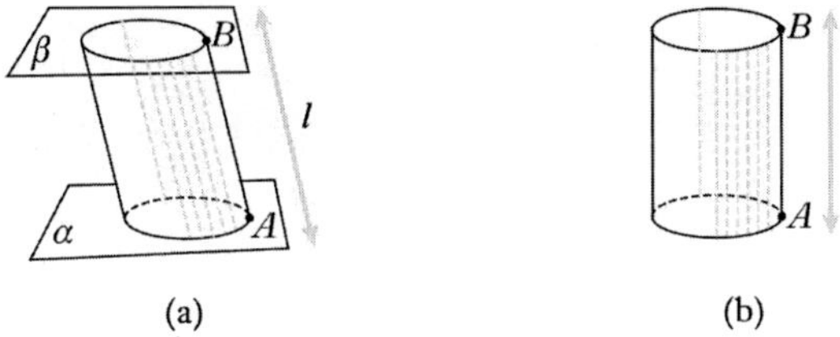

[그림 6.21] 빗원기둥과 직원기둥

6) 모선은 한자로 母線으로 쓴다. 모에는 '소생의 근원이 되다'라는 뜻이 있다. 따라서 모선에는 '어떤 것의 근원이 되는 선'이라는 뜻이 있다. 각기둥과 원뿔에서 옆면은 이 선을 계속 움직여서 만들어진 것으로 볼 수 있다. 바로 이런 의미에서 '모선'이라는 용어를 사용한 것이다. 모선을 영어로는 generating line이라고 한다. 수학에서는 점, 선, 면이 움직여서 선, 면, 입체 도형을 생기게 한다는 의미로 사용되고 있다. 북한에서는 어미선이라고 한다.

(5) 원뿔(Cones)

평면 안에 다각형이 아닌 단순 폐곡선과 곡선의 평면이 아닌 곳에 점 P가 있다고 하자. 점 P와 단순 폐곡선의 각 점을 연결하는 선분들의 모임, 단순 폐곡선, 곡선의 내부를 곡뿔cone이라고 한다.

곡뿔 중 밑면이 원인 경우를 원뿔circular cone이라 하며, 다음과 같이 정의할 수 있다. 한 공간에서 원과 이 원을 포함하는 평면 α밖에 있는 한 점 P를 잡는다. 이때 점 P와 원 위의 각 점을 이은 선분 전체와 이 원의 영역으로 이루어진 입체도형을 원뿔이라 한다.

[그림 6.22] 빗원뿔과 직원뿔

(6) 구

3차원 공간에서, 한 정점 O에서 같은 거리에 있는 점들로 이루어진 입체도형을 구라고 한다. 이때, 이 정점 O를 구의 중심, 정점과 구 위의 한 점을 잇는 선분을 구의 반지름이라 한다.

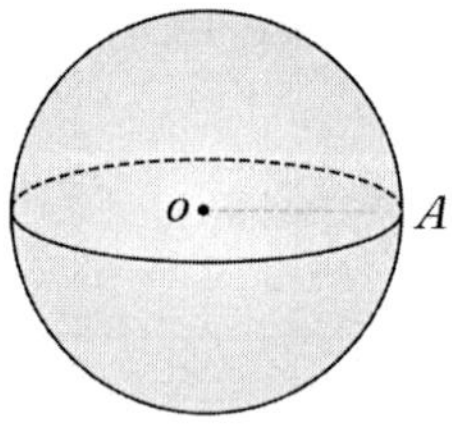

[그림 6.23] 구

과학자이자 훌륭한 수학자 아르키메데스가 죽었다는 말을 듣고 로마의 사령관은 원기둥에 원뿔과 구가 내접하도록 새긴 묘비를 세워 주도록 하였다고한다. 아르키메데스는 이 그림에서 매우 아름다운 수학적 조화를 발견하고 늘 자신이 죽으면 그것을 묘비에 새겨줄 것을 부탁하였다고 한다.

그러면 내접하는 원기둥, 원뿔, 구 사이에는 어떤 조화가 있는지 알아보자.

원기둥의 밑면의 반지름의 길이를 r, 높이를 h라고 하면 원뿔의 밑면의 반지름은 r, 높이는 h, 구의 반지름의 길이는 r이 되므로 세 입체도형의 부피의 관계는 다음과 같다. 그런데 구가 원기둥에 내접하므로 $h=2r$ 이다. 따라서

$$\text{구의 부피} = \frac{4}{3}\pi r^3$$

$$= \frac{4}{3}\pi r^2 \times r$$

$$= \frac{4}{3}\pi r^2 \times \frac{h}{2}$$

$$= \frac{2}{3}\pi r^2 h$$

이다. 따라서 세 입체도형의 부피 사이에는 다음 관계가 성립한다.

(원뿔의 부피) : (구의 부 피) : (원기둥의 부피)

$$= \frac{1}{3}\pi r^2 h \ : \ \frac{2}{3}\pi r^2 h \ : \ \pi r^2 h$$

$$= 1 \ : \ 2 \ : \ 3$$

아르키메데스는 1:2:3 으로 된 이 비를 발견하고는 매우 아름답다고

생각하였다고 한다.

[참고자료]
http://www.edrb.co.kr/clip/detl/selectClipDetail?subType=50003765&subMenu=50004144&subList=50004656&typeId=1&clipId=VOD_20120426_00136

(7) 회전체

평면 도형을 그 평면 위의 한 직선을 회전축으로 하여 회전하였을 때 얻어지는 입체도형을 회전체라고 한다. 즉, [그림 6.24]과 같이 평면상에 한 곡선 C와 직선 l이 주어졌을 때 C를 l을 중심으로 1회전시키면 얻어지는 입체가 회전체이다. 이 때, 곡선 C가 그리는 곡면을 회전면, C의 임의의 위치를 그 모선, l을 그 회전축이라고 한다. 원기둥, 원뿔, 구 등은 사각형, 삼각형, 원을 한 직선을 회전축으로 하여 회전시킨 회전체이다.

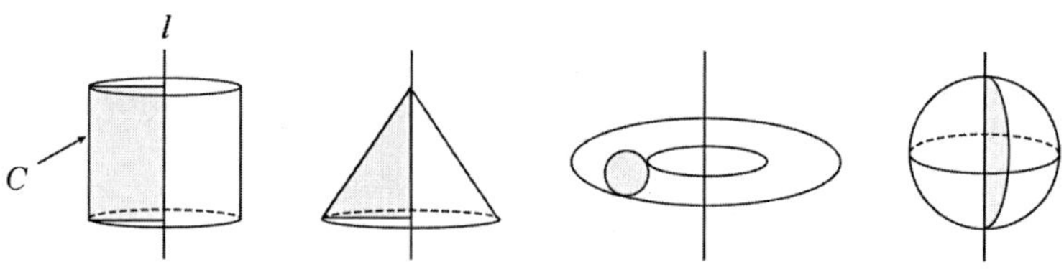

[그림 6.24] 회전체

3. 도형의 변환

변환은 글자 그대로 풀이하면, 어떤 것을 다른 곳으로 옮기는 작용을 말한다. 따라서 도형의 변환이라고 하며 하나의 도형을 다른 도형으로 옮기는 일이 된다. 도형을 점의 집합으로 본다면 점집합 A로부터 A'으로의 대응관계로 생각할 수 있다. 다시 말해서, 도형의 변환이란 도형 A를 일정한 규칙에 의해 도형 A'을 만드는 것을 말한다.

도형의 변환에는 어떤 성질을 불변으로 하느냐에 따라 합동변환, 닮음변환, 아핀변환, 사영변환, 위상변환 등이 있는데, 초등학교에서는 주로 합동변환isometry에 대해서만 다룬다.

도형의 모양과 크기가 변하지 않고 위치만이 변화는 변환을 합동변환이라고 말하고, 평행이동, 회전이동, 대칭이동으로 구성된다.

(1) 합동변환

합동변환이란 평면상의 임의의 도형을 그것과 합동인 도형으로 이동시키는 변환을 말한다. 두 도형이 합동이란 모양과 형태가 같은 도형이라 할 수 있는데, 유클리드 기하의 공리 (4)에서 '포개지는 것은 같다'의 의미이기도 한다. 합동변환은 두 점을 잇는 선분을 길이가 같은 선분으로 이동시켜주므로 임의의 두 점 사이의 직선거리가 그대로 유지된다. 즉 합동변환은 도형의 크기와 모양이 보전된다.

이런 변환을 등거리변환이라 부른다. 역으로 T가 등거리변환이면 삼각형 $\triangle A'B'C'$으로 이동되었다면 두 삼각형의 대응하는 세 변의 길이가 서로 같아야하므로 결국 이들은 합동이 되어야 한다. 이들 변환은 각도 보전시켜준다는 것을 쉽게 알 수 있다. 기본적인 합동변환에는 평행이동, 회전이동, 대칭이동이 있다.

1) 평행이동(Translation)

한 평면상의 모든 점이 한 직선에 따라 지정된 방향으로 지정된 거리를 이동한 한 평면의 변환이다. 즉 평면 R^2 위의 모든 점을 일정한 방향으로 일정한 거리만큼 옮기는 이동을 평행이동이라 한다.

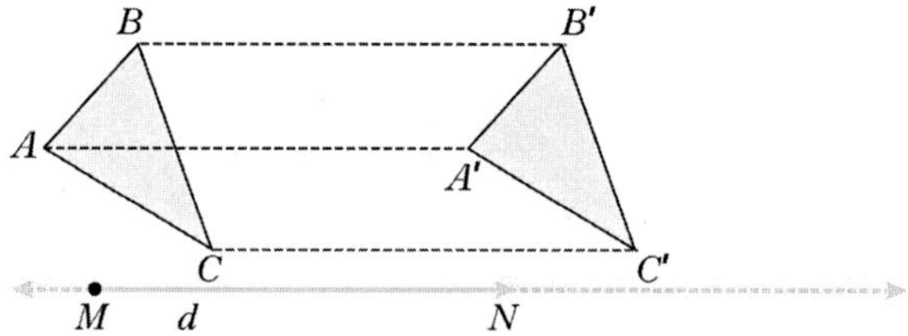

[그림 6.25] 평행이동

한 점 $P(x,\ y)$가 평행이동 T에 의하여 $P'(x',\ y')$로 옮겨졌다고 하자. 그러면 $\begin{cases} x' - x + a \\ y' = y + b \end{cases}$ 이고, 이것을 행렬로 나타내면

$$\begin{pmatrix} x' \\ y' \end{pmatrix} = \begin{pmatrix} 1 & 0 \\ 0 & 1 \end{pmatrix} \begin{pmatrix} x \\ y \end{pmatrix} + \begin{pmatrix} a \\ b \end{pmatrix}$$

로 나타낼 수 있다.

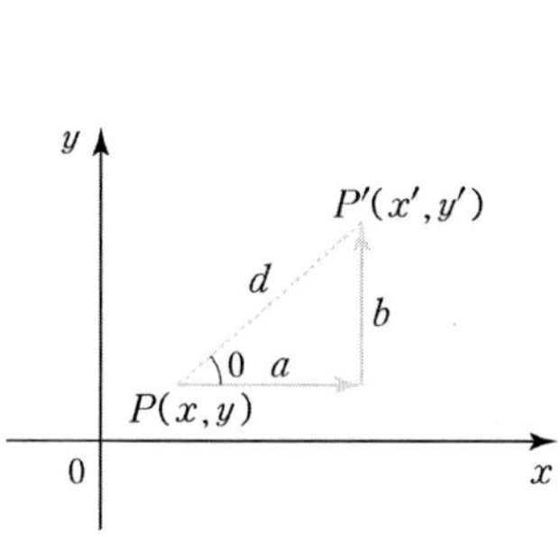

교과서에서는 ....

활동 1 주어진 도형을 왼쪽, 오른쪽, 위쪽, 아래쪽으로 밀었을 때의 도형을 각각 그려 보시오.

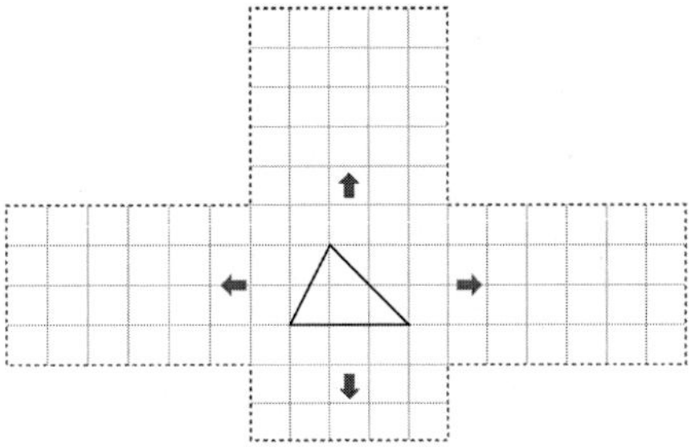

[그림 6.26] 밀기(평행이동) 지도

2) **회전이동**(turn or rotation)

한 도형을 같은 평면상에 있는 한 점을 중심으로 하여 그 평면상에서 회전시켜서 이동시키는 것을 회전이동이라 한다. 즉, 아래 [그림 6.27]과 같이, 도형의 모든 점을 한 점을 중심으로 일정한 각도만큼 회전시켜 다른 위치로 옮기는 일을 그 도형을 점을 중심으로 회전이동시킨다고 하고 그 각을 회전각(30°)이라 한다.

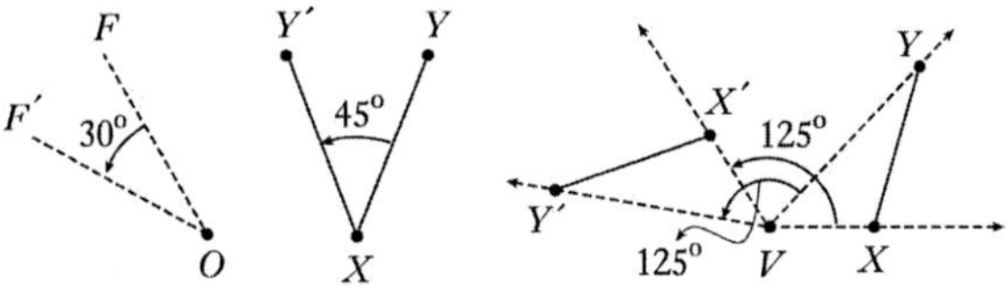

[그림 6.27] 회전이동

원점 둘레의 각θ에 의한 회전이동 T에 의하여 한 점 $P(x,y)$를 원점에 관하여 반시계 방향으로 θ만큼 회전 이동하여 $P'(x',y')$로 옮겨졌다고 하자.

그러면 행렬로 나타내면

$$\begin{pmatrix} x' \\ y' \end{pmatrix} = \begin{pmatrix} \cos\theta & -\sin\theta \\ \sin\theta & \cos\theta \end{pmatrix} \begin{pmatrix} x \\ y \end{pmatrix}$$

로 나타낼 수 있다.

즉, $\begin{cases} x' = xcos\theta - y\sin\theta \\ y' = x\sin\theta + ycos\theta \end{cases}$ 인 관계가 있다.

도형위의 점$P(x,y)$를 점$P'(x',y')$에 옮겨서 선분 $\overline{PP'}$가 정직선에 의하여 수직이등분 되게 할 때 $P'(x',y')$의 집합인 도형F'를 F와 선분에 관한 선대칭도형이라 하고, 이 도형을 대칭이동이라 한다.

점 $P(x,y)$를 다음에 관하여 대칭으로 옮기는 대칭이동 변환

① 대칭축이 x축

$$\begin{pmatrix} x' \\ y' \end{pmatrix} = \begin{pmatrix} 1 & 0 \\ 0 & -1 \end{pmatrix} \begin{pmatrix} x \\ y \end{pmatrix}$$

즉 $\begin{cases} x' = x \\ y' = -y \end{cases}$ 인 관계가 있다.

② 대칭축이 y축

$$\begin{pmatrix} x' \\ y' \end{pmatrix} = \begin{pmatrix} -1 & 0 \\ 0 & 1 \end{pmatrix} \begin{pmatrix} x \\ y \end{pmatrix}$$

즉 $\begin{cases} x' = -x \\ y' = y \end{cases}$ 인 관계가 있다.

③ 대칭축이 원점

$$\begin{pmatrix} x' \\ y' \end{pmatrix} = \begin{pmatrix} -1 & 0 \\ 0 & -1 \end{pmatrix} \begin{pmatrix} x \\ y \end{pmatrix}$$

즉 $\begin{cases} x' = -x \\ y' = -y \end{cases}$ 인 관계가 있다.

④ 대칭축이 $y = x$축

$$\begin{pmatrix} x' \\ y' \end{pmatrix} = \begin{pmatrix} 0 & 1 \\ 1 & 0 \end{pmatrix} \begin{pmatrix} x \\ y \end{pmatrix}$$

즉 $\begin{cases} x' = y \\ y' = x \end{cases}$ 인 관계가 있다.

교과서에서는 ....

활동 1 주어진 도형을 왼쪽, 오른쪽, 위쪽, 아래쪽으로 뒤집은 도형을 각각 그려 보시오.

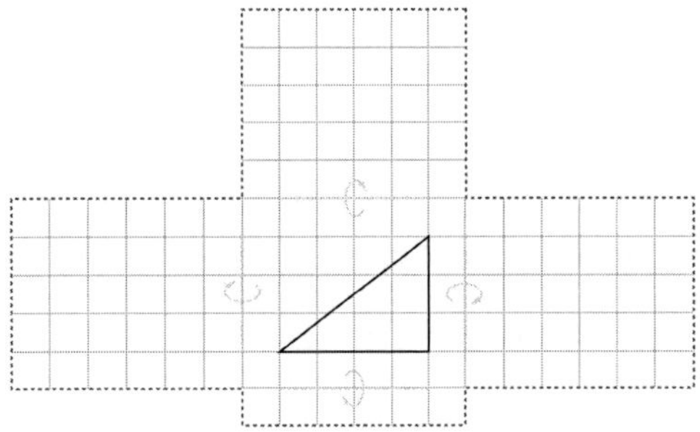

[그림 6.28] 뒤집기(대칭이동) 지도

3) 대칭이동

① 선대칭 도형

만일 한 도형이 직선 l에 대하여 대칭이 되는 상image이 있다면 이 도형은 대칭축이 있다고 말한다. 평면 위에 있는 한 도형에 대하여, 도형의 내부를 지나는 한 직선을 대칭축으로 하여 접었을 때 완전히 겹쳐지는 도형을 선대칭 도형이라 한다. 아래 [그림 6.29]의 도형은 모두 선대칭 도형이며, 점선으로 표시된 직선은 선대칭의 축을 나타낸 것이다.

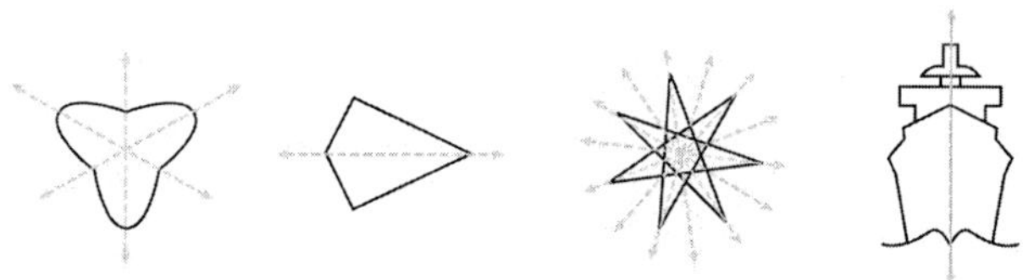

(a) (b) (c) (d)

[그림 6.29] 선대칭 도형

교과서에서는 ....

활동 2 접었을 때 완전히 겹쳐지는 도형을 찾아보시오.

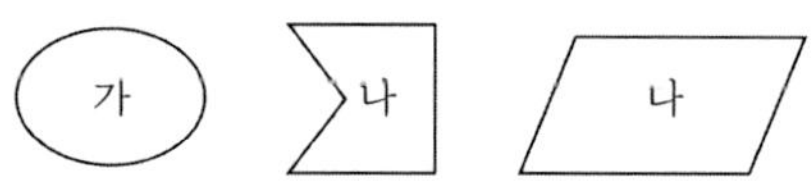

- 접었을 때 완전히 겹쳐지는 도형은 어느 것이라고 생각합니까?
- 도형을 여러 가지 방법으로 접어 보시오.
- 도형이 완전히 겹쳐지도록 접을 수 있는 선을 모두 찾아 그어 보시오.

[그림 6.30] 선대칭 도형 지도

② 선대칭의 위치에 있는 도형

평면 위에 두 도형 F, F'에서, 직선 l에 대하여 F 위의 각 점의 대칭점이 모두 F' 위에 있고 또 F' 위의 각 점의 대칭점이 F 위에 있을 때, F와 F'는 직선 l에 관하여 선대칭의 위치에 있다고 한다. 이때 직선l을 대칭축이라 하고, 대칭축을 접는 선으로 하여 접어 넘기면 F와 F'는 일치한다.

아래 [그림 6.31]에서 $\triangle ABC$와 $\triangle A'B'C'$는 직선 l을 축으로 하여 선대칭의 위치에 있다. 또한, 대응점을 연결한 선분 AA', BB', CC'은 직선 l에 의하여 수직이등분된다.

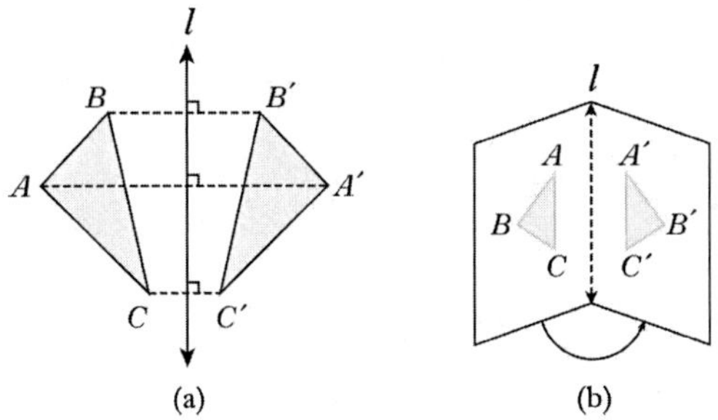

[그림 6.31]

③ 점대칭 도형

한 도형을 한 점을 중심으로 180° 회전한 도형이 원래의 도형에 완전히 겹쳐질 때 이 도형을 점대칭 도형이라고 하고, 회전의 중심이었던 점을 점대칭의 중심이라고 한다. [그림 6.32]는 중심이 O인 점대칭 도형의 예들이다.

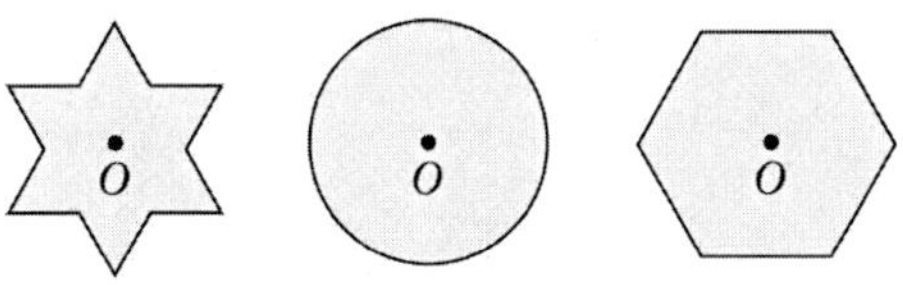

[그림 6.32] 점대칭 도형

교과서에서는 ....

활동 2 평행사변형을 몇 도 돌리면 처음 도형과 완전히 겹쳐지는지 알아보시오.

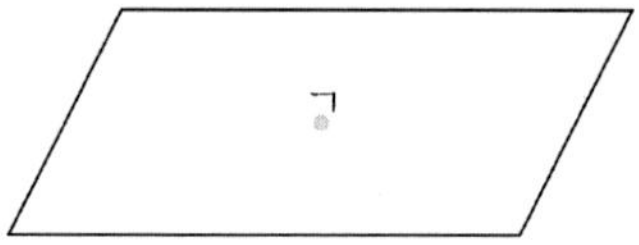

- 투명 종이에 평행사변형의 본을 떠 보시오.
- 점 ㄱ을 중심으로 평행사변형을 돌려 보시오.
- 몇 도를 돌렸을 때 처음 평행사변형과 완전히 겹쳐지는지 알아보시오.

[그림 6.33] 점대칭 도형 지도

④ 점대칭의 위치에 있는 도형

한 평면 위에 두 도형 F, F'에서, 한 도형 F를 점 O를 중심으로 하여 180° 회전했을 때 도형 F'과 완전히 겹쳐질 때, 두 F와 F'는 점 O를 중심으로 하여 점대칭의 위치에 있다고 한다. 이때 O를 점대칭의 중심이라고 한다. [그림 6.34]는 두 사각형이 점 O를 중심으로 하여 점대칭의 위치에 있는 것을 나타낸 것이다.

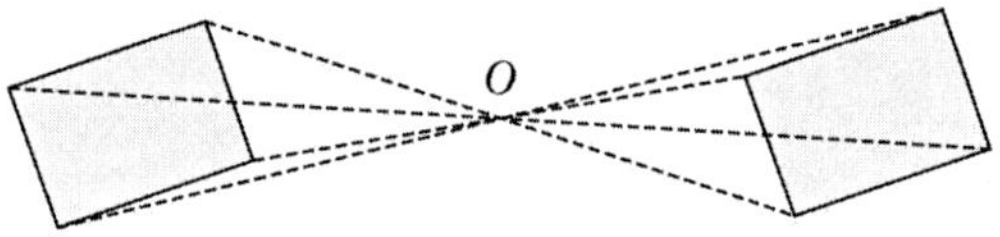

[그림 6.34] 점대칭 위치에 있는 도형

(2) **닮음변환**

평면 R^2 위의 정점 A와 다른 점 P에 대하여 $\overline{AP}$ 또는 그 연장 위에 점 P'를 잡아서

$$\overline{AP'} : \overline{AP} = k : 1 \ (k \neq 0\text{인 상수})$$

되도록 P를 P'에 대응시키는 변환을 닮음변환 similarity transformation이라 한다. 이때 정점 A를 닮음의 중심, 일정한 비의 값 k를 닮음비또는 확대비라 한다.

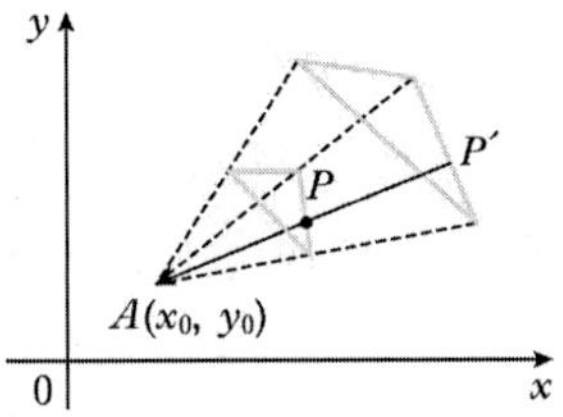

평면 R^2 위의 점 $P(x,\ y)$가 정점 $A(x_0,\ y_0)$를 닮음의 중심으로 하는 닮음변환에 의하여 점 $P'(x',\ y')$에 옮겨진다고 하면

$$\frac{\overline{AP'}}{\overline{AP}} = \frac{x'-x_0}{x-x_0} = \frac{y'-y_0}{y-y_0} = k$$

따라서 정점 $A(x_0,\ y_0)$을 닮음의 중심으로 하는 닮음변환 $T:(x,\ y) \to (x',\ y')$은 다음과 같이 주어진다.

$$T : \begin{cases} x' = kx + (1-k)\,x_0 \\ y' = ky + (1-k)\,y_0 \end{cases}$$

이것을 행렬로 나타내면

$$\begin{pmatrix} x' \\ y' \end{pmatrix} = \begin{pmatrix} k & 0 \\ 0 & k \end{pmatrix} \begin{pmatrix} x \\ y \end{pmatrix} + (1-k) \begin{pmatrix} x_0 \\ y_0 \end{pmatrix}$$

이다. 닮음변환에 의해서 도형은 그 크기와 위치가 변하지만, 모든 선분의 길이(두 점 사이의 거리)의 비와 각의 크기가 보존되므로 그 모양은 불변이고 다만 일정한 비로 확대 또는 축소된다.

(3) 아핀변환

아핀변환은 한 도형을 평행 광선에 의한 투영으로 다른 평면에 비춰 옮기는 변환은 합동변환이나 닮음변환을 일반화한 것이다. 아핀변환은 기하학적으로는 평행선을 평행선으로 옮기는 평면 위에서의 연속변환이라 정의되고, 해석적으로는 다음과 같이 정의한다.

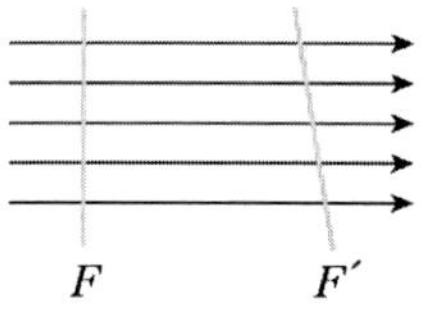

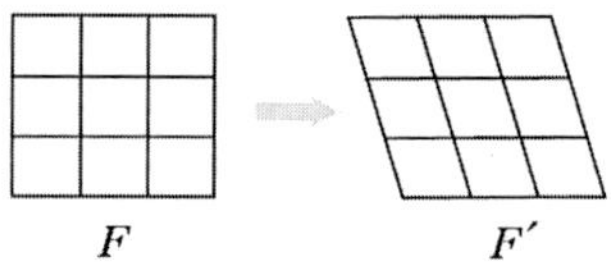

아핀변환은 $T:(x,\ y) \to (x',\ y')$는

$$\begin{cases} x' = ax + by \\ y' = cx + dy \end{cases} \quad (\text{단, } D = ad - bc \neq 0)$$

로 나타내어지며, 변환식이 일차식으로 나타나기 때문에 선형변환이라고 한다.

아핀변환의 성질은 다음과 같이 네 가지가 있다.

① 직선은 직선으로 옮겨진다.
② 평행인 두 직선은 평행인 두 직선으로 옮겨진다.
③ 같은 직선 위에 있는 두 선분의 길이의 비는 불변이다.
④ 각의 크기는 보존되지 않는다.

(4) 사영변환

공간에서 한 도형 F를 한 점 O로부터 평면 π 위에 투영하는 그림(1소실점 투시도)을 그리는 작도는 다음 두 가지 원리에 의한다.

① 한 점 O와 도형 F 위의 각 점을 직선(이 직선을 사선이라고 함)으로 맺는다.
② 각 사선을 평면으로 끊어 그 교점을 구한다.

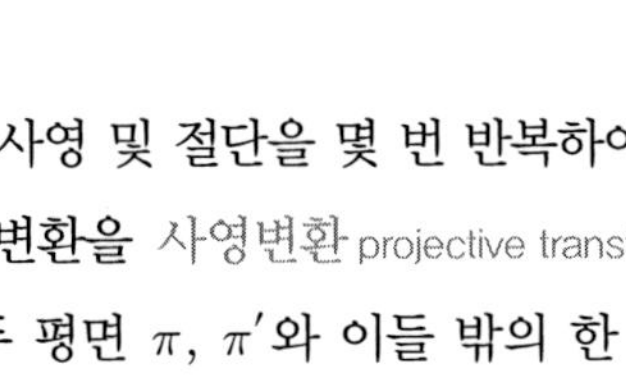

이때 어떤 도형에 사영 및 절단을 몇 번 반복하여 차원이 같은 새로운 도형으로 변환하는 변환을 사영변환 projective transformation이라 한다.

기하학적으로는 두 평면 π, π'와 이들 밖의 한 점 O가 주어졌을 때 π위의 한 점 P에 대하여 직선 OP와 π'와의 교점 P'를 대응시키는 변환 $T: P \rightarrow P'$를 O를 중심으로 하는 사영변환이라 한다. 이때 두 평면 π와 π'는 반드시 평행은 아니다. 사영변환은 다음 그림과 같은 중심투사에 의한 평면 위에 그림자 만들기로 실험할 수 있다.

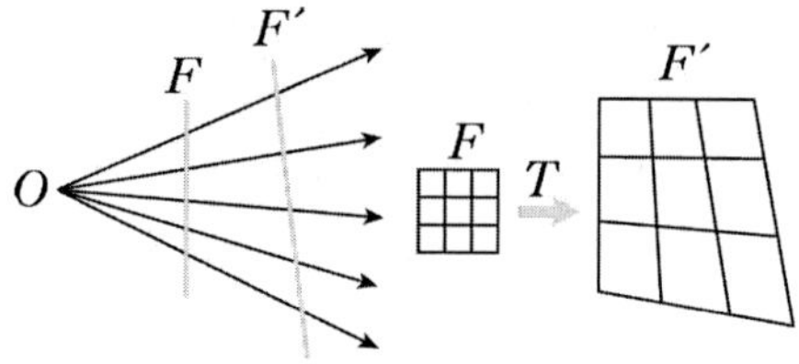

사영변환의 성질에는 다음과 같이 세 가지가 있다.

① 사영변환에 의하면 직선은 직선으로 옮겨진다.
② 한 직선 위에 네 점 A, B, C, D의 복비(비조화비) $\frac{AC}{BC}:\frac{AD}{BD}$는 불변이다.
③ 사영변환에 있어서 두 직선의 평행선은 보존되지 않는다.

(5) 위상변환

도형 F에서 도형 F'에의 변환 f가 다음 두 조건

① F 위의 점과 F' 위의 점은 1 대 1 대응이다.
② 변환 f와 그 역변환 f^{-1}은 다같이 연속변환이다.

을 만족하는 변환 f를 위상변환 topological transformation이라고 하고, 위상변환에 의하여 불변인 성질을 위상적 성질이라 한다. 위상변환은 고무판 위의 원 C가 고무판의 단순한 신축에 의해 곡선 C'으로 바뀌는 변형을 생각하면 쉽게 알 수 있다.두 개의 도형 F와 F'이 적당한 위상변환에 의하여 한쪽에서 다른 쪽으로 옮길 수 있을 때 F와 F'은 위상동형homeomorphic이라 하고 $F \approx F'$로 나타낸다. 에를 들면 모든 다면체는

구와 위상동형이다.

4. 초등수학에서 도형의 변환 지도

초등학교 수학에서 '도형의 변환'은 공간감각을 기르기 위한 내용을 재구성되어 지도되고 있다. 공간 감각은 공간 지각 또는 공간 시각화로 부르기도 하며, 사물의 이동, 배치 등을 상상할 수 있는 공간 능력이다. NCTM1989은 공간 감각을 개발시키기 위해서는 "아동들은 기하적인 관계성(방향, 방위, 사물에 대한 투영도, 도형과 사물들의 상대적인 크기와 모양)에 초점을 둔 많은 경험을 해야만 한다"(p. 49)고 제안한다. 초등수학에서 평행이동은 밀기slide, 회전이동은 돌리기rotation, 대칭이동은 뒤집기flip, 선대칭 및 점대칭으로 변환되어 지도되고 있다.

(1) 색막대를 활용해 도형의 회전 알아보기

1) 학생들에게 보기와 같이 왼쪽의 막대 모양을 주어진 각도만큼 시계 방향으로 회전한 결과를 오른쪽 격자지에 그려보게 한다.

[보기 : 90° 회전이동]

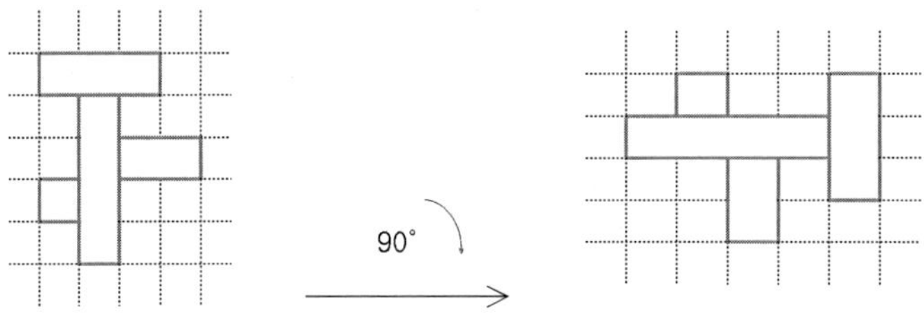

[보기 : 270° 회전이동]

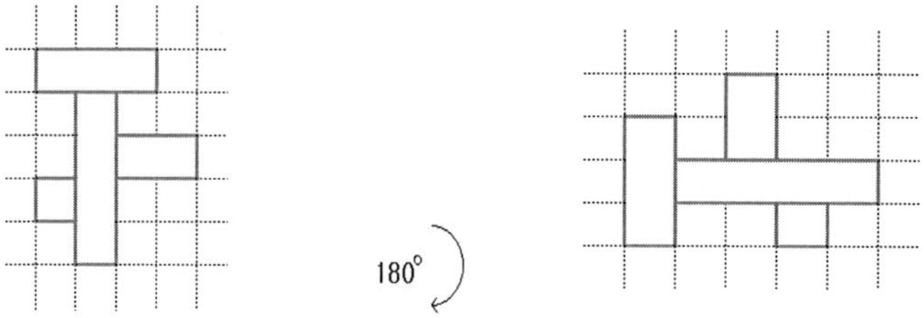

(2) 색막대를 활용해 도형의 대칭 알아보기

보기와 같이 왼쪽의 막대 모양을 점선을 중심으로 뒤집었을 때 나타난 결과를 오른쪽 격자지에 그려보게 한다.

[보기 : 대칭축이 수직인 경우]

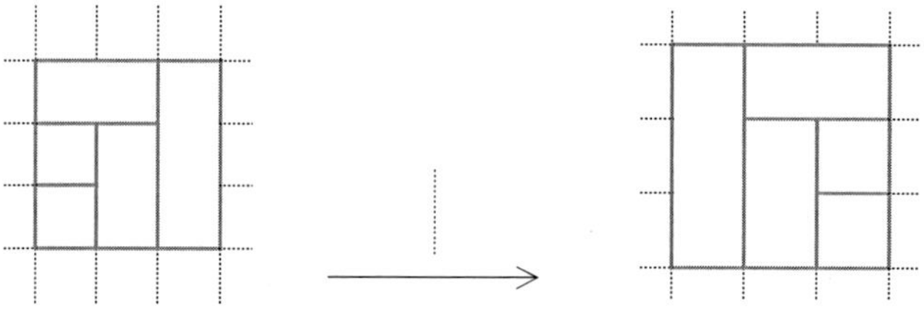

생각해 볼 문제 6-2

1. 아래의 그림은 평행사변형이다. 높이를 표시하여라.

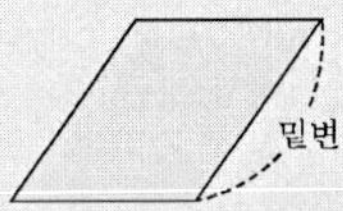

2. 다음과 같이 정사각형 모양으로 배열된 점판에서 주어진 조건에 맞게 작도하여라.

X에서 X'으로 평행이동　점 0를 중심으로 180° 회전이동

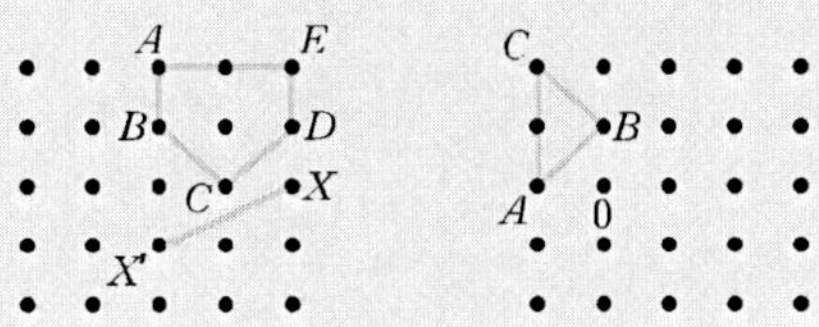

Chapter 07

작도 지도

작도란 눈금없는 자와 컴퍼스를 이용하여 합동인 도형을 그리는 것을 말한다. 눈금없는 자와 컴퍼스만을 이용한 이유는 오래 전에는 자에 눈금을 그리는 것을 생각하지 못하였기 때문이다. 특히 그리스인들은 자와 컴퍼스만으로 작도하는 것을 강조하였는데, 작도하기 가장 간단한 도형을 신성시하고, 기술적인 도형(타원, 쌍곡선, 포물선이나 그 외 기계를 사용해서 그릴 수 있는 도형)은 천한 것으로 생각했기 때문이라고 한다.

[그림 7.1] 파르테논 신전

그리스의 대표적인 수학자 피타고라스도 입체도형 중 가장 아름다운 것은 구이고, 평면도형 중 가장 아름다운 것은 원이라고 하였다. 그러한 사고의 영향으로 당시의 종교적 상징인 건축물에는 원과 직선이 많이 사용되고 있다.

이 장에서는 작도와 관련된 기초적인 원리 및 기능과 작도 지도에 필요한 교수학적 내용 지식에 대해 알아본다. 또한 작도를 이용한 생활문제 해결이나 생활에서 자주 접하는 기하학적 모양을 작도하는 방법을 알아본다.

01 학교수학에서 작도 지도 내용

초등학교에서 작도는 도형, 도형의 변과 각의 수, 오목과 볼록 등을 직관적으로 이해하는 수준이다. 더욱이 수학에서 작도가 눈금없는 자와 컴퍼스만을 가지고 그리는 것에 비해 초등학교 수준에서 작도는 눈금이 있는 자와 컴퍼스, 각도기를 가지고 그린다. 이는 일상생활에서 필요한 측정량의 크기를 알게 하는 데 그 목적이 있다고 본다. 이러한 활동을 통하여 평면도형을 삼각형(정사각형, 이등변삼각형, 직각삼각형, 일반적인 삼각형), 사각형(정사각형, 직사각형, 평행사변형, 마름모, 사다리꼴), 다각형, 원 등으로 분류할 수 있는 기준을 발견할 수 있도록 한다. 또 각도기나 눈금이 있는 자를 이용하여 삼각형과 사각형의 성질, 원과 부채꼴의 성질, 평면도형의 합동과 닮음에 대한 조건들을 직관적으로 알아보게 한다. 더욱이 작도와 측정을 통하여 길이와 수직선의 관계, 평면과 공간 위에서의 거리, 피타고라스의 정리를 통한 기하와 대수의 관계 등을 대략적으로 이해하도록 한다.

초등학교 교육과정의 작도는 주로 점판이나 모눈종이 위에 그려보는 활동으로 구성되며, 원과 합동인 삼각형의 작도만 눈금없는 자와 컴퍼스를 이용하여 작도하는 내용으로 구성되어 있다.

02 작도 지도를 위한 교수학적 내용 지식

1. 기초 작도 기능

(1) 선분의 수직이등분선의 작도

주어진 선분 AB에 대해서 직선 PQ가 존재하여 AB와 수직이고, PQ와 AB와 교점이 선분 AB를 이등분할 때, PQ를 선분 AB의 수직이등분선이라고 한다.

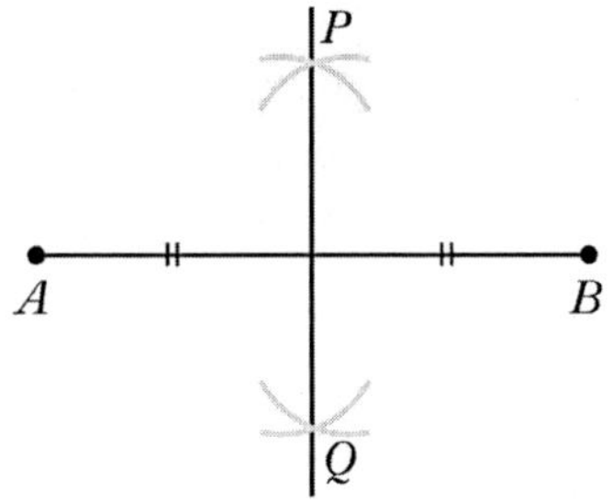

주어진 선분의 수직이등분선은 수직이등분선 위의 임의의 점에서 선분의 양 끝점에 이르는 거리가 같다는 성질을 이용하여 작도한다. 이런 성질을 초등학생이 발견하게 하기 위해서는 색종이로 수직이등분선을

접고, 그 선의 한 점에서 선분의 양끝점 사이의 거리를 재어보는 귀납적인 방법으로 발견하게 하는 것이 효과적이다.

① 선분 AB의 반보다 긴 적당히 큰 반지름의 원을 점 A에서 그린다.
② 점 A와 B에서 같은 거리의 있는 두 점을 얻기 위하여 점 B를 중심으로 ①과 반지름이 같은 원을 그린다.
③ 두 원의 교점 P와 Q를 잇는다.

생각해 볼 문제 7-1

1. 선분 AB에 수직이고, 점 C를 지나는 수선을 작도해 보아라.(주어진 점 C가 직선 밖에 있는 경우).

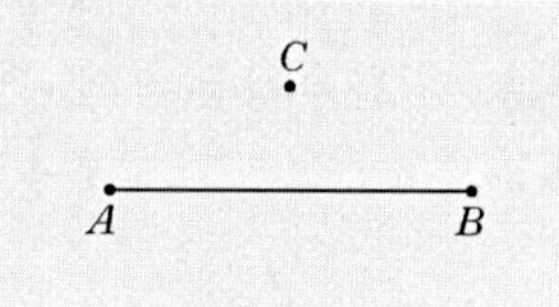

2. 다음 그림과 같이 강가에 A, B 두 마을이 있다. 강기슭에 정수장을 하나 설치하여 두 마을에 수돗물을 공급하려고 한다. 정수장을 건설하는 건설회사 사장이라면 어디에 정수장을 건설하는 것이 가장 경제적일지 정수장 건설 위치를 찾아보아라.

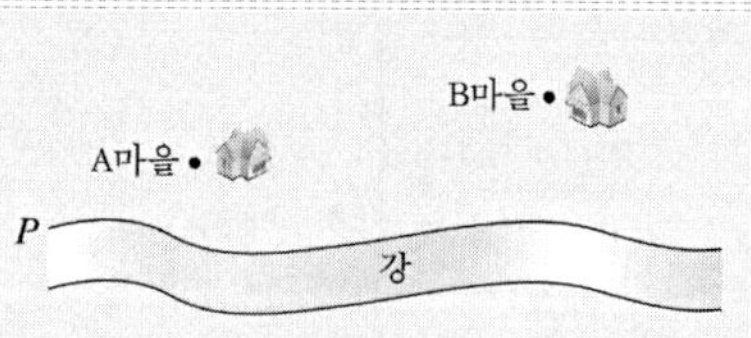

(2) 주어진 선분에 평행한 직선

학생들에게 평행선을 작도하는 방법이나 기능을 미리 안내하고 그대로 따라서 작도해 보게 하는 활동은 무의미하다. 평행선을 작도하는 방법으로 자신들이 알고 있는 수학 지식을 활용하여 찾아보게 하는 활동이 의미있을 것이다. '마주보는 변이 서로 평행하다'라는 마름모의 성질을 이용하여 평행선을 작도할 수 있다.

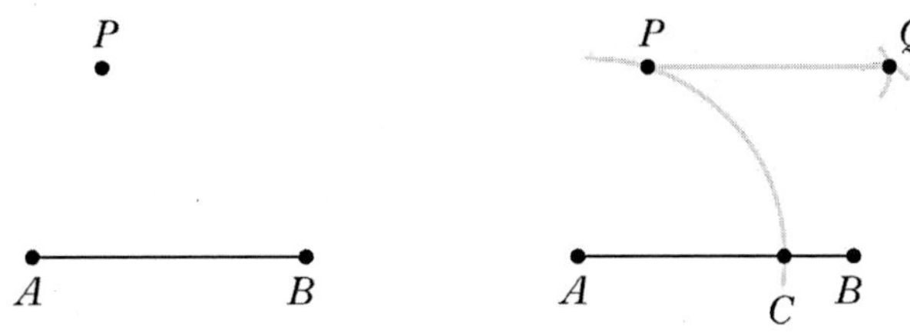

> ① 선분 AP를 반지름으로 하는 원을 그리고, 선분 AB와 원이 만나는 점을 C라 한다.
> ② 점 C와 점 P를 중심으로 하고, 선분 AP를 반지름으로 하는 두 개의 원을 그려 두 원이 만나는 점 Q라 한다.
> ③ 점 P와 Q를 지나는 직선을 그리면 이 직선은 선분 AB에 평행한 직선이 된다.

예 1

평행선 작도 방법을 응용하여 주어진 선분 AB를 3등분하는 점을 작도하는 방법은 다음과 같다.

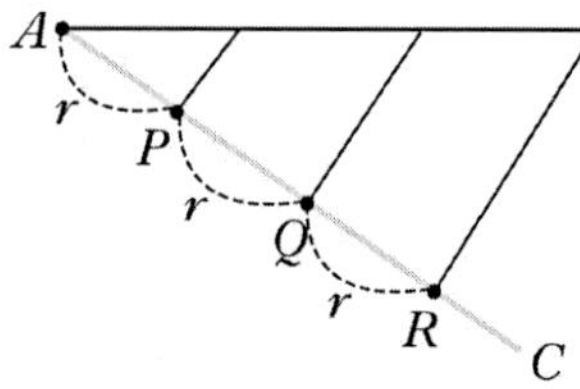

① 점 A를 지나는 직선 AC를 긋고, 점 A를 중심으로 반지름이 r인 원을 그리고 직선 AC와 만나는 점을 P라 하자.

② P를 중심으로 반지름이 r인 원을 그리고 직선 AC와 만나는 점을 Q라 하자.

③ Q를 중심으로 반지름이 r인 원을 그리고 직선 AC와 만나는 점을 R이라 하자.

④ 선분 RB를 긋고 점 P, Q에서 이 선분과 평행인 선분을 그어 선분 AB와 만나는 점을 찍는다.

(3) 각의 이등분선의 작도

∠AOB가 주어졌을 때, ∠AOP = ∠BOP를 만족시키는 OP를 ∠AOB의 이등분선이라고 한다. 이 때 주어진 각의 이등분선은 각의 꼭짓점으로부터 같은 거리에 있는 두 점 A, B로부터 같은 거리에 있다는 성질을 이용하여 작도한다. 각의 이등분선의 작도 방법도 학생들이 발견하게 하기 위해서는 마름모의 성질을 이용할 수 있다. 즉, 다음 그림과 같이 색종이로 마름모를 접게 하고, 마름모의 대각선은 마름모의 한 각을 이등분한다는 성질을 이용하여 마름모를 작도하는 방법을 이용할 수 있다.

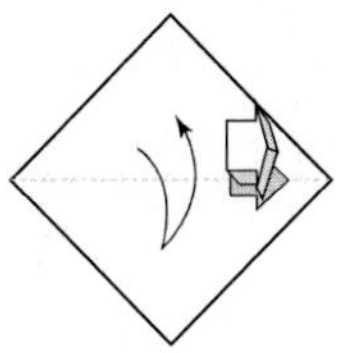

접었다 편다.

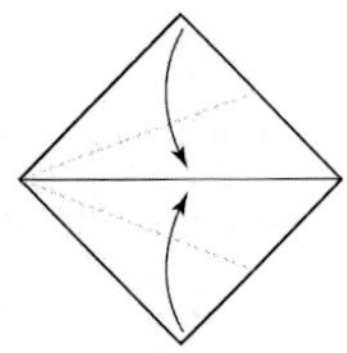

중심에 맞추어 접는다.

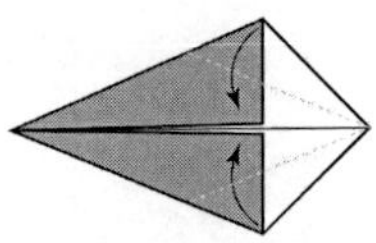

선을 따라 안으로 접는다.

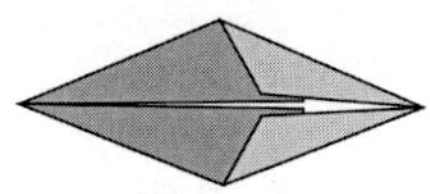

접은 후 뒤 집는다.

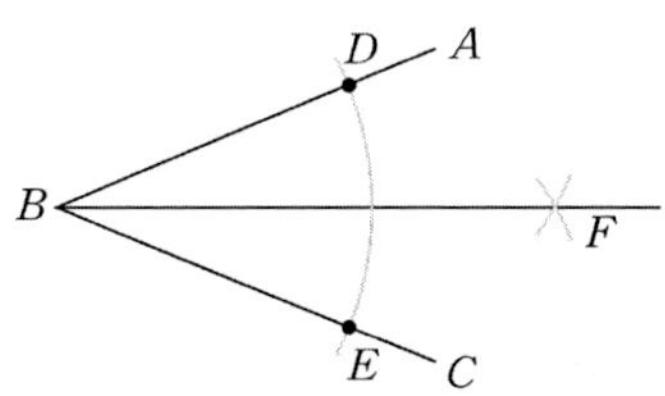

① 각의 꼭짓점 B로부터 같은 거리에 있는 두 점을 D, E라 한다.

② 점 E, D로부터 같은 거리에 있는 점을 구하기 위해 점 E, D를 중심으로 같은 반지름의 원을 그린다.

③ 점 B와 F를 잇는다.

생각해 볼 문제 7-2

다음 그림과 같이 바다로 둘러싸인 육지 안쪽에 재료를 쌓아둔 건물을 지었다. 바다와 접해 있고 재료를 쌓아둔 건물 양쪽에 각각 공장을 세우려고 한다. 2개의 공장과 재료를 쌓아둔 건물을 3개의 길로 연결할 때 길의 길이의 합이 가장 최소가 되는 곳에 공장을 지으려면 어디에 지어야 하는가?

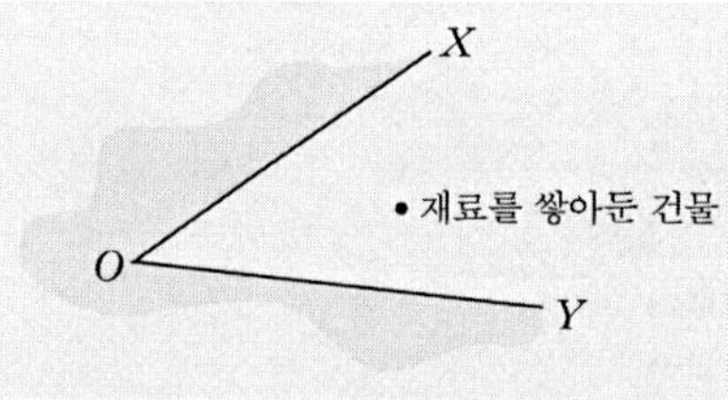

(4) 크기가 같은 각의 작도

각의 크기가 같을 때 두 각은 포개어진다. 다음과 같은 방법으로 크기가 같은 각을 작도할 수 있다.

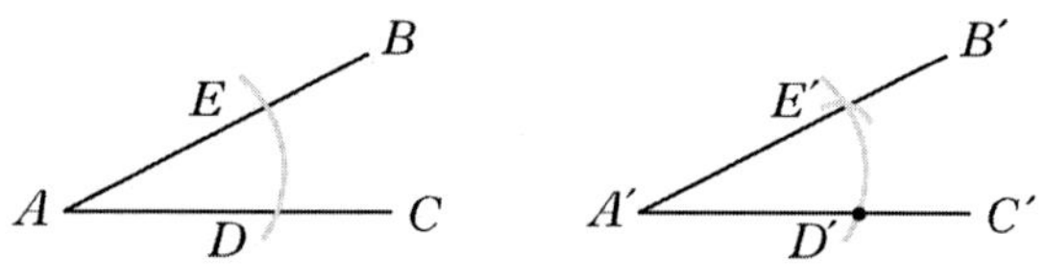

① 크기가 같은 각을 이동할 선분 $A'C'$를 그린다.

② 점 A에서 적당한 크기의 반원을 그리고 컴퍼스 침을 그대로 A'에 옮겨 반원을 그린다.

③ 반원과 선분 $A'C'$가 만나는 점 D'라 한다.

④ D에서 E까지 컴퍼스를 벌린 후 그대로 컴퍼스 침을 옮겨 D'에서 반원을 그린다.

⑤ 두 반원이 만나는 점 E'와 A'를 선분으로 연결한다.

크기가 같은 각의 작도 방법을 이용하여 각의 합과 차를 작도할 수 있다.

예 2

다음과 같이 주어진 두 각 A와 각 B에 대해 각의 합과 차를 작도하는 방법은 다음과 같다.

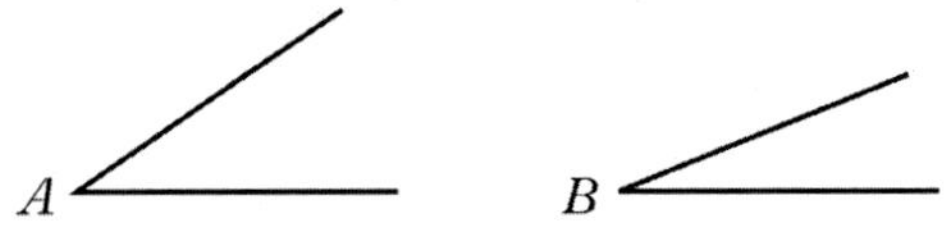

각의 합 : 선분 PQ를 그린다. → $\angle QPR$와 각 A 가 같게 직선 PR을 그린다. → $\angle SPR$와 각 B가 같게 직선 PS를 그린다.

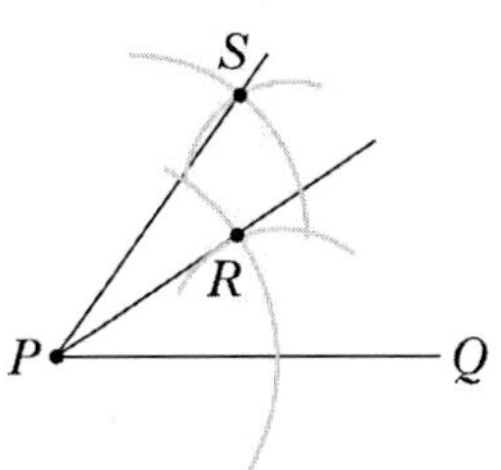

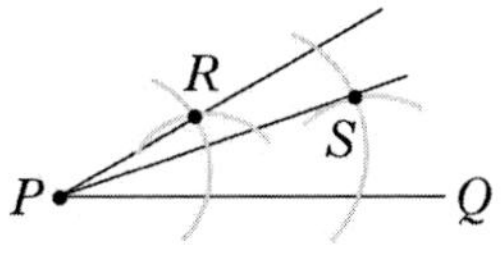

각의 차 : 선분 PQ를 그린다. → $\angle QPR$와 각 A 가 같게 직선 PR을 그린다. → 각 $\angle SPQ$와 각 B가 같게 직선 PS를 그린다.

60°의 각을 작도할 수 있으면 각의 이등분선이나 각의 합과 차를 이용하여 다양한 크기의 각을 작도할 수 있다. 60°를 작도하는 방법은 다음과 같다.

① 점 A를 중심으로 하고 선분 AB를 반지름으로 하는 원을 그린다.
② 점 B를 중심을 하고 선분 AB를 반지름으로 하는 원을 그린다.
③ 두 원이 만나는 점과 점 A를 긋는다.

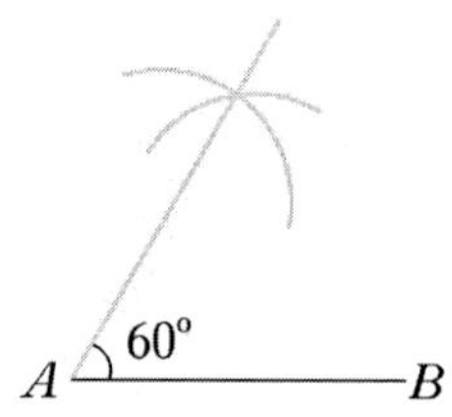

예 3

30°와 120°도의 각을 각각 작도하는 방법은 다음과 같다.

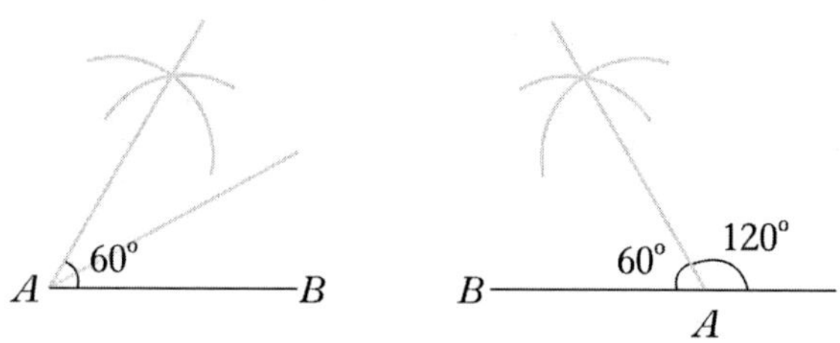

60°작도를 이용한다. 60°각의 이등분선을 작도하면 30°작도이고, 반대쪽 각은 120°가 된다.

2. 정다각형의 작도

자와 컴퍼스만을 이용하여 정n각형을 작도할 수 있다. 그러나 모든 정n다각형을 작도할 수 있는 것은 아니다. 그렇다면 어떤 n의 값에 대해서 정다각형을 그릴 수 있을까?

먼저, 다음과 같은 방법으로 정삼각형을 그릴 수 있다.

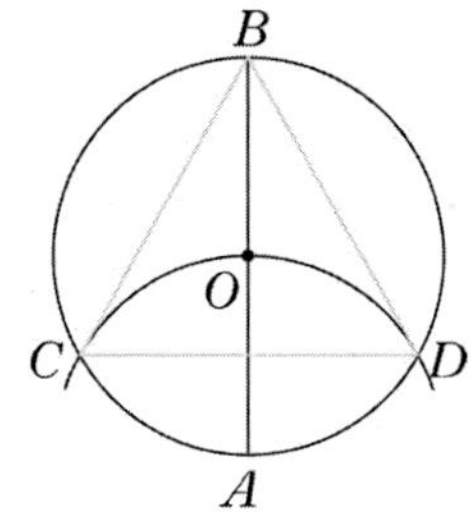

① 점 O를 중심으로 한 원을 그리고, 원의 중심을 지나는 지름 AB를 긋는다.

② 컴퍼스를 이용하여 점 A를 중심으로 하고, 점 O를 지나는 반원을 처음 그린 원의 원주와 만나는 점을 C, D라 하자.

③ 두 원이 만나는 점 C, D와 점 B를 잇는 선분을 그린다.

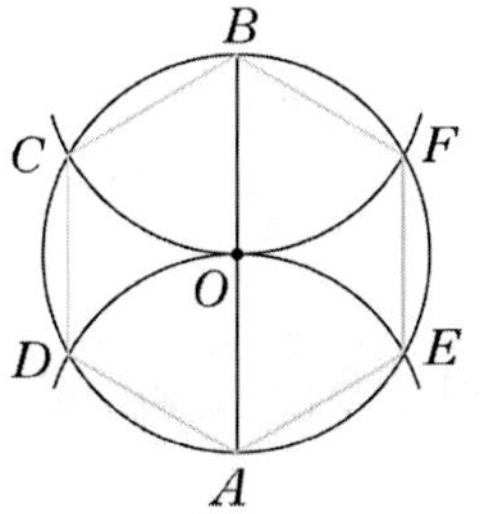

같은 방법으로 점 A, B를 중심으로 점 O를 지나는 반원을 그려서 정육각형을 작도할 수 있다. 또한 정삼각형의 한 변을 수직이등분하는 직선과 원주가 만나는 점을 이어 정육각형을 작도할 수 있다.

이와 같은 과정을 반복하면 정12각형, 정24각형, … 을 작도할 수 있다. 즉 $n=3$일 때, 6, 12, 24, 48, …, $3 \cdot 2^k$(k는 자연수)인 정다각형을 작도할 수 있다.

한편, 우리는 직각을 작도하는 방법을 알고 있다. 이것을 이용하여 정사각형을 작도할 수 있다. 다시 정사각형의 외접원을 그리고 꼭짓점의 중심각을 이등분하여 정8각형, 정16각형, …을 작도한다. 즉 $n=2^k$(k는 자연수)인 정n각형을 작도할 수 있다.

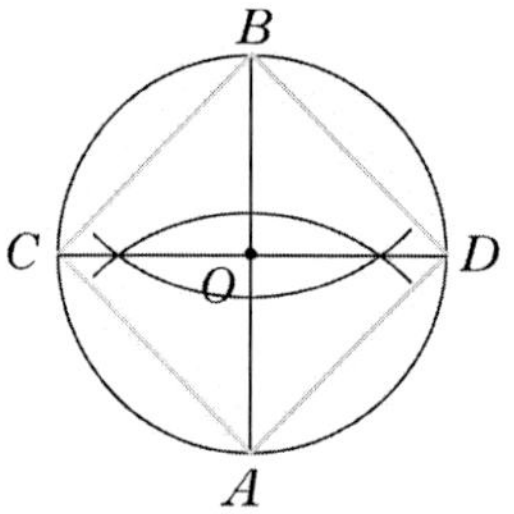

일반적으로 정n각형을 작도하면 중심각을 이등분함으로써 정$n \cdot 2^k$각형(k는 자연수)을 작도할 수 있다. 따라서 우리의 문제는 어떤 n에 대하여 정n각형을 작도할 수 있느냐 하는 것이다.

정다각형 작도에 대한 가우스 정리
자와 컴퍼스만을 가지고 정n각형을 작도할 수 있는 필요충분조건은 n의 소인수분해에서 유일한 홀수인 소인수는 서로 다른 페르마 소수[7)]이어야 한다.

가우스의 정리에서 n의 소인수분해에서 유일한 홀수인 소인수는 페르마 소수이어야 하며, 그 페르마 소수는 중복되어서는 안된다는 것이다. 예를 들면

$n = 40 = 2^3 \times 5$이므로 유일한 홀수 소인수는 5이며, 5는 페르마 소수이다. 따라서 정40각형을 작도할 수 있다.

예

정다각형 작도 방법을 이용하여 다음을 작도해 보자.

7) $2^{(2^k)} + 1 (k \geq 0)$인 꼴의 소수

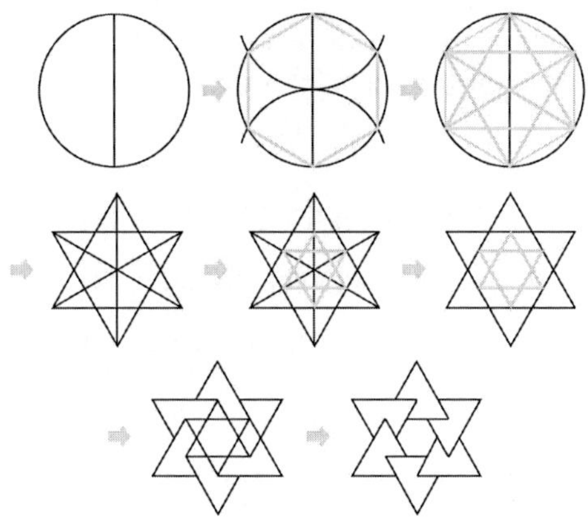

3. 작도 불가능

작도는 눈금없는 자와 컴퍼스를 이용한 활동을 의미하는데, 예부터 인간이 도형을 그리기 위하여 다양한 도구를 사용해 온 역사와 함께 했다고 볼 수 있다. 작도에서 눈금없는 자는 임의의 점들이 동일한 직선 위에 있다는 것을 보장해 주는 도구이고, 컴퍼스는 등거리를 만들어 주는 도구이다. 눈금없는 자와 컴퍼스를 이용한 작도에 대한 전통을 만든 유클리드의 컴퍼스는 우리가 사용하는 컴퍼스와 가능이 상당히 다른 것이었다. 유클리드 컴퍼스는 다리를 종이에서 떨어지는 순간 접히고 마는 컴퍼스였다는 것이다.

눈금없는 자와 컴퍼스를 이용한 활동에서 3대 작도불가능한 것이 다음과 같다.

[배적문제] 한 변의 길이가 a인 정육면체의 부피의 2배가 되는 정육면체를 작도하여라.

[원적문제] 원과 같은 넓이를 가진 정사각형을 작도하여라.

[각의 삼등분문제] 임의의 각을 삼등분하여라.

배적문제에서 한 모서리의 길이가 a인 정육면체의 부피는 a^3이고, 이 정육면체의 각 변의 길이를 2배로 하면 부피는 $8a^3$이 된다. 따라서 부피가 2배인 정육면체를 만들려면 그 부피는 $2a^3$이어야 하고, 한 모서리의 길이는 $\sqrt[3]{2}\,a$이어야 한다. 따라서 눈금없는 자와 컴퍼스를 이용하여 주어진 길이의 $\sqrt[3]{2}\,a$를 작도할 수 있는가라는 문제가 남게 된다. 그런데 현대대수학의 힘을 통해 눈금없는 자와 컴퍼스만으로는 작도할 수 없다는 것이 밝혀졌다.

원적문제는 초월수인 π가 해결의 열쇠를 가지고 있다. 초월수란 다음과 같이 표현되는 대수방정식의 근이 되지 않는 수이다.

$$(a_n x^n + \cdots + a_2 x^2 + a_1 x + a_0 = 0\, n\text{은 유한, 모든 계수 } a_i\text{는 유리수})$$

만일 원적문제가 유한번의 작도로 가능하다면 계수가 정수인 대수방정식의 한 근은 $\sqrt{\pi}$가 되어야 한다. 그러나 대수방정식의 근이 아니라면 원적문제는 불가능해 보인다. 이 문제는 1882년 린데만이 원주율 π는 초월수임을 증명하면서 원과 같은 넓이를 갖는 정사각형은 작도가 불가능하다는 것을 밝히게 되었다.

각의 삼등분문제는 고대부터 수학자들이 깊은 관심을 가지고 시도를 한 문제이다. 그러나 그러한 노력들은 모두 실패하였고, 오직 근사적인 작도만을 했을 뿐이었다. 이 문제는 삼각함수의 3배각 공식과 3차 방정식을 이용하여 해결 가능한데, 3차방정식이 유리근을 갖지 않게 되어 작도할 수 없다는 결론에 이르게 된다.

4. 황금비율과 그 작도

대략적으로 1170년대에 태어난 Leonardo Fibonacci는 1202년에 간행한 '산반서算盤書'라는 책에서 흥미로운 피보나치수열을 제시하였다. 그런데 피보나치수가 커짐에 따라 이웃하는 항 사이의 비의 값은 황금비에 무한히 다가간다는 흥미로운 사실이 있다. 황금비는 일반적으로 다음과 같이 정의할 수 있다.

선분 $\overline{AB}$를 선분 위의 한 점 S에서 둘로 나누어 전체 길이와 긴 선분의 길이의 비가 긴 선분의 길이와 짧은 선분의 길이의 비와 같을 때, S는 선분 $\overline{AB}$를 황금분할로 나눈다고 한다.

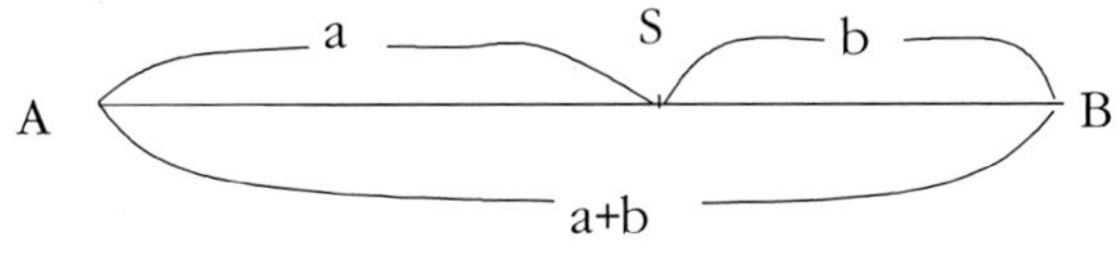

이를 비례식으로 나타내면 다음과 같다.

$\overline{AB}:\ \overline{AS} = \overline{AS}:\ \overline{BS}$

$a+b:\ a = a\ :\ b$

$$a^2=ab+b^2$$

$$\frac{a}{b}=1+\frac{b}{a}$$

$\frac{a}{b}=t$라 하면 $t=1+\frac{1}{t}$

$$t^2-t-1=0$$

$t=\frac{1\pm\sqrt{5}}{2}$인데 $t>0$이므로

$$t=\frac{1+\sqrt{5}}{2}=1.618\cdots$$

이때 상수 $t=\frac{1+\sqrt{5}}{2}$를 $t=\frac{1+\sqrt{5}}{2}$보통 φ 로 나타낸다.

황금비는 린드 파피루스에 기록되어 있는데, 기원전 4700년경 피라미드를 건설할 때 '신성한 비율'을 사용했다고 기록하고 있다. 그런데 이 신성한 비율이 현재 황금비라 부르는 것으로 피라미드 밑면의 중심에서 밑면의 변까지의 거리와 피라미드의 꼭짓점에서 밑면의 한 변에 이르는 거리가 황금비에 가깝다고 한다. 고대 그리스의 피타고라스Pythagoras, B.C. 582년경~B.C. 497년경를 중심으로 한 피타고라스학파 사람들이 사용한 휘장인 팬타그램pentagram에서도 황금비를 찾을 수 있다.

황금분할점을 작도하는 방법은 여러 가지가 있다. 먼저 내적 황금분할은 $\overline{AB}$를 황금분할하는 점 S를 찾는 것이고, 외적 황금분할은 $\overline{AS}$가 주어졌을 때 점 S가 $\overline{AB}$의 황금분할이 되도록 하는 $\overline{AS}$의 외부에 있는 점 B를 찾는 것이다. 다음 (방법 1)은 내적 황금분할을, (방법 2)는 외적 황금 분할을, (방법 3)은 내적·외적 황금분할을 작도하는 방법이다(김진호,

김인경, 2010).

(방법 1) 길이가 a인 $\overline{AB}$에 길이가 $\frac{a}{2}$인 수선 BC를 긋는다. 중심이 C이고, 반지름이 $\overline{BC}$인 원이 $\overline{AC}$와 만나는 점을 D라하고, 중심이 A이고, 반지름이 $\overline{AD}$인 원이 $\overline{AB}$와 만나는 점을 S라 한다. 그러면 점 S가 $\overline{AB}$의 황금분할한다.

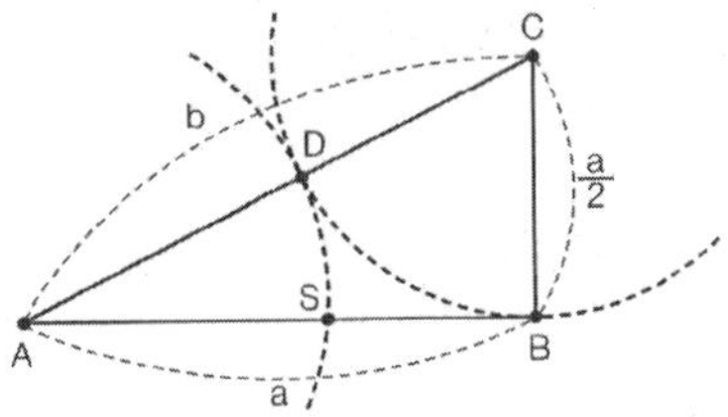

(방법 2) 정삼각형 XYZ의 외접원을 K라 하고, A와 S는 $\overline{XZ}$, $\overline{YZ}$의 중점이라고 하자. $\overline{XY}$에 평행한 $\overline{AS}$의 연장선은 원 K와 C와 B에서 만나다고 하자. 이때 점 S가 $\overline{AB}$의 황금분할한다.

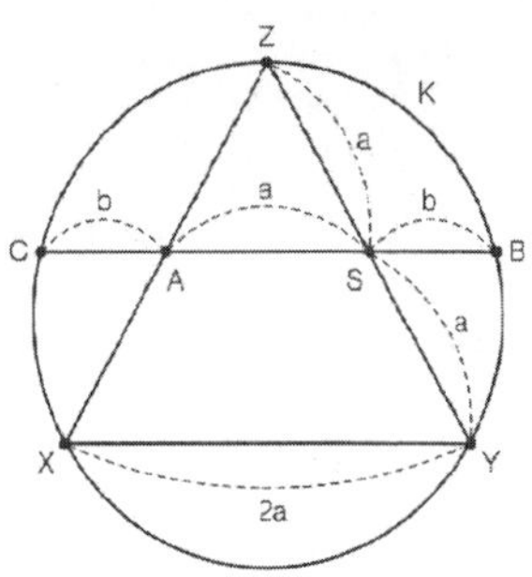

(방법 3) $\overline{AB}$가 한 점 S에서 황금분할된다고 하자. 점 A를 중심으로

하고, 반지름이 $\overline{AS}$인 원이 직선 $\overline{AB}$와 만나는 또 다른 점을 C라고 한다. 이때 점 A는 $\overline{BC}$를 황금분할한다.

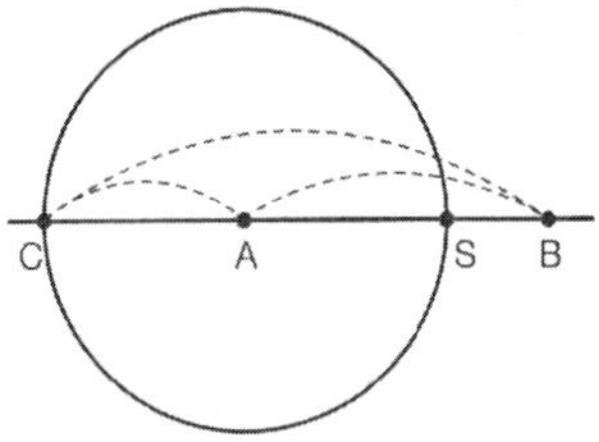

[문제 1] (방법 1, 2, 3)을 증명하시오.

한편, 고대 그리스의 피타고라스학파의 휘장인 펜타그램pentagram에서 황금비를 찾을 수 있는데, 정오각형 내에 펜타그램을 그렸을 때 펜타그램에는 3개의 서로 다른 길이를 찾을 수 있는데, 이들 길이에서 황금비를 발견할 수 있다. 예를 들어 한 변의 길이가 5이면 다른 변들의 수도 이웃하는 피보나치 수가 되고, 이 수가 커지면 이들의 비의 값은 황금비에 다가가게 된다.

또 황금직사각형이란 아래 그림과 같이 '짧은 변의 길이: 긴 변의 길이= 긴 변의 길이: 짧은 변과 긴 변의 길이의 합'이 황금비를 이루는 사각형으로, 가로와 세로의 비가 황금비를 이루는 직사각형을 말한다. 황금직사각형에서 한 변의 길이가 피보나치 수로 이루어지면서 수가 커짐에 따라 두 변의 길이의 비는 점점 황금비에 다가가게 된다는 것을 알 수 있다.

[문제 2] 정사각형을 이용하여 황금직사각형을 작도하는 방법을 쓰시오.

황금비는 인체 비례, 조개껍데기, 나뭇잎, 피라미드 파르테논신전 등과 같이 의식적으로, 또는 무의식적으로 이용되고 있다. 우리의 생활 속에서 활용되는 것으로는 명함과 신용카드가 대표적이다. 여러 개의 정사각형을 이용하여 가로와 세로의 비가 황금비인 직사각형 안에서 만들어지는 대수나선은 대표적인 황금나선이다. 이 소용돌이 곡선은 앵무조개에서 볼 수 있는데, 17세기 유럽의 조개 수집가들은 앵무조개의 껍질에 매료되었는데, 조개껍질의 나선이 지니는 형태적 완전성이 창조주의의 정신을 담고 있다고 보았기 때문으로 해석된다. 황금나선의 작도는 정사각형을 이용하여 다음과 같은 순서로 그릴 수 있다(김진호, 김인경, 2010).

① 황금직사각형 ABCD를 그린다.
② A를 중심으로 $\overline{AD}$를 반지름으로 하는 사분원을 그려 황금직사각형의 짧은 변을 한 변으로 하는 정사각형 AEFD를 그린다. 이때 직사각형 BCFE는 황금직사각형이 된다.
③ 마찬가지 방법으로 $\overline{BE}$를 반지름으로 하는 사분원을 그려서 정사각형을 그려나가면 황금직사각형 CFHG를 얻을 수 있다.
④ 이러한 방법으로 정사각형을 그리는 과정을 반복하면 무한히 많은 황금직사각형을 만들 수 있다. 이 때 D에서 중심점까지의 길이는 유한하지만, 곡선의 길이는 무한하게 된다.
⑤ 이제 각각의 정사각형 안에 사분원을 하나의 곡선으로 연결하여 그리면 황금나선을 얻을 수 있다.

[문제 3] 인체 안에서 황금비를 발견해 보아라.

생각해 볼 문제 7-3

정다각형 작도 방법을 이용하여 다음을 작도해 보아라.

■ Line Designs

아래의 여러 가지 모양을 보고 컴퍼스를 이용한 곡선으로 그린 모양일 것으로 착각할 것이다. 하지만 다음 모양은 곧은 선만을 이용하여 작도한 것이다.

자를 이용하여 어떻게 이와 같은 모양을 그릴 수 있을까?
가장 중요한 원리는 다음과 같다.

① 두 선분을 긋는다.
② 각 변을 같은 수의 점으로 등분한다.
③ 점 가, 점 나, …, 점 바끼리 선분으로 잇는다.

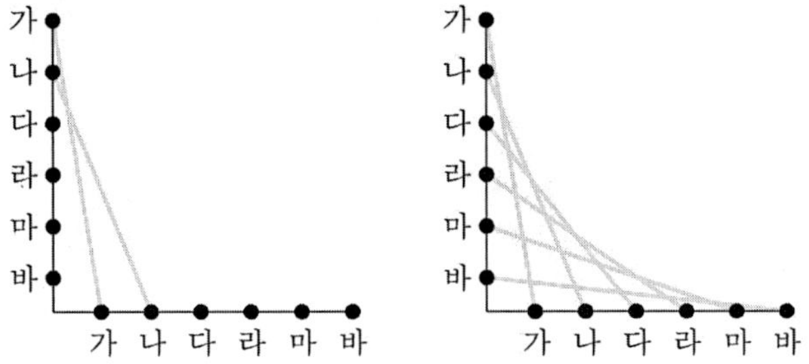

수학이야기

잘못 유도된 미사일

정사각형 네 꼭짓점 R, P, Q, S에는 유도탄이 설치되어 있고, 각 점사이의 거리는 10km라고 한다. 네 개의 유도탄은 동시에 발사되었다. R은 P에 유도되고, P는 Q에 유도되고, Q는 S에 유도되고, S는 R에 유도되도록 설정하였다. 그 미사일들은 규칙적으로 자신들의 목표물의 새로운 위치로 유도되면서 방향을 바꿀 것이다. 다음 그림은 각 미사일이 목표물을 추적하면서 어떤 경로로 움직이는지를 나타내고 있다. 결국 미사일은 정사각형의 중심에서 폭발하게 될 것이다.

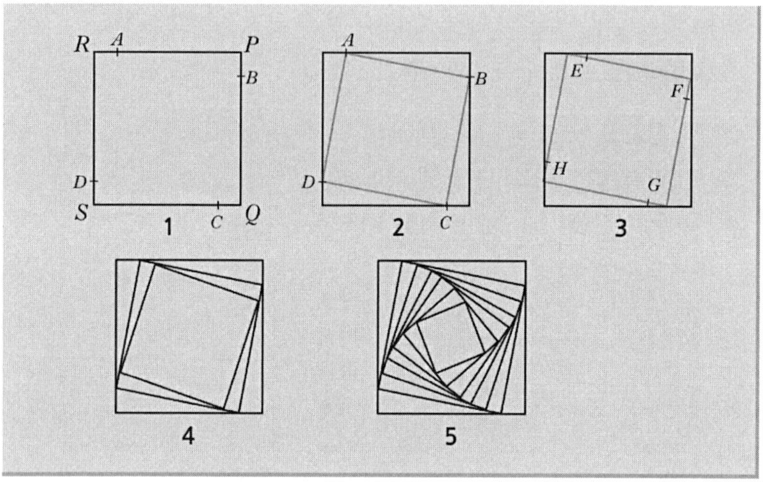

생각해 볼 문제 7-4

정삼각형, 정오각형, 정육각형의 각 꼭짓점에서 미사일을 발사한다면 그 경로는 어떻게 되는지 한 가지만 골라 작도하여라.

3. 삼각형의 결정 및 합동조건

한 직선 위에 있지 않은 세 점 A, B, C와 이들을 연결하는 세 선분 AB, BC, CA로 이루어진 도형을 삼각형이라 하고, 이것을 기호로 △ABC와 같이 나타낸다. 이때 삼각형을 이루는 세 점을 삼각형의 꼭짓점이라 하고, 선분을 삼각형의 변이라고 한다. 삼각형의 한 꼭짓점과 이 꼭짓점을 한 끝으로 하는 두 선분으로 이루어진 각을 삼각형의 내각이라고 한다. 삼각형의 한 내각과 마주보는 삼각형의 변을 이 각에 대한 대변이라고 한다.

세 선분이 주어졌을 때 이 선분을 이용해 삼각형을 만들 수 있으려면 두 선분의 길이의 합이 다른 선분의 길이보다 길어야 한다. 즉 세 선분의 길이를 각각 a, b, c라 할 때

$$a+b>c,\quad b+c>c,\quad a+c>b$$

를 만족하면 이 세 선분을 이용하여 삼각형을 만들 수 있다.

삼각형의 결정조건

다음의 경우에 삼각형의 모양과 크기가 각각 하나로 결정된다.

(1) 세 변의 길이가 주어질 때

(2) 두 변의 길이와 그 끼인각의 크기가 주어질 때

(3) 한 변의 길이와 그 양끝각의 크기가 주어질 때

두 삼각형 $\triangle ABC$와 $\triangle DEF$에서 꼭짓점 A, B, C와 D, E, F가 각각 대응하면 변 AB와 DE, BC와 EF, AC와 DF는 서로 대응한다. 마찬가지로 $\angle ABC$, $\angle BCA$, $\angle ACB$는 각각 $\angle DEF$, $\angle EFD$, $\angle DFE$와 서로 대응한다. 특히 대응하는 변과 각이 합동일 때 두 삼각형 $\triangle ABC$와 $\triangle DEF$는 서로 합동congruent이라고 하며, $\triangle ABC \cong \triangle DEF$와 같이 나타낸다.

합동인 두 삼각형은 같은 크기가 같은 모양을 가진다. 물론 그 위치는 다를 수 있다. 두 삼각형에서 대응하는 세 변과 세 각이 합동이면 두 삼각형은 합동이다. 그러나 두 변과 한 각, 한 변과 두 각이 합동인 경우에도 합동인 경우가 있다. 대응하는 두 변과 그 사잇각이 합동이면 두 삼각형

은 합동이다. 이것을 SASside-angle-side합동 성질이라 한다. SAS합동 성질은 두 변과 그 사잇각이 합동이면 두 삼각형이 합동일 필요충분조건이다.

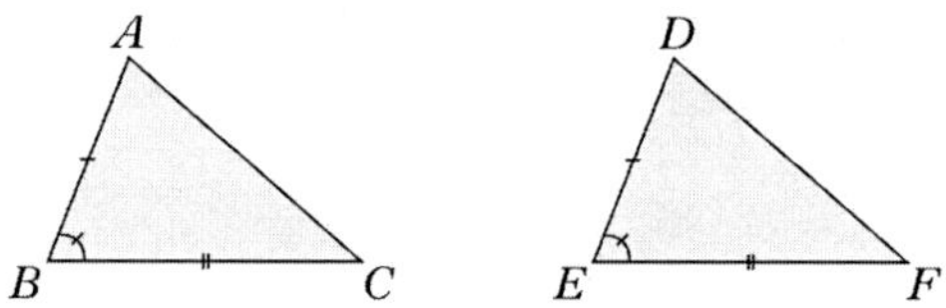

SAS

또 대응하는 공통인 변과 양 끝 각이 각각 합동이면 두 삼각형은 합동이다. 이것을 ASAangle-side-angle합동 성질이라 한다.

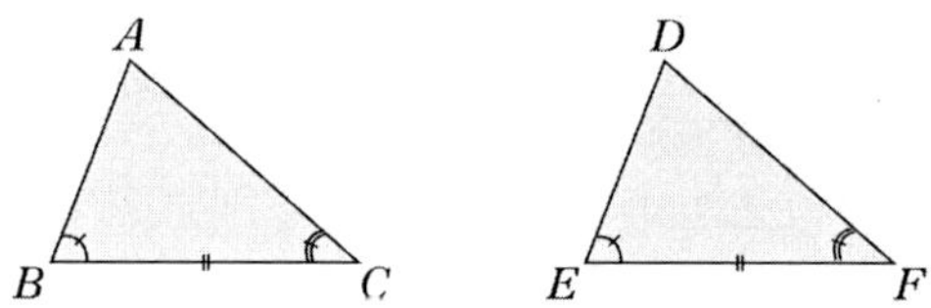

ASA

주어진 세 변이 삼각형을 이루면 그 삼각형은 오직 하나 뿐이라는 것을 알 수 있다. 즉 대응하는 세 변이 각각 합동이면 두 삼각형은 합동이다. 이러한 성질을 SSSside-side-side합동 성질이라 한다.

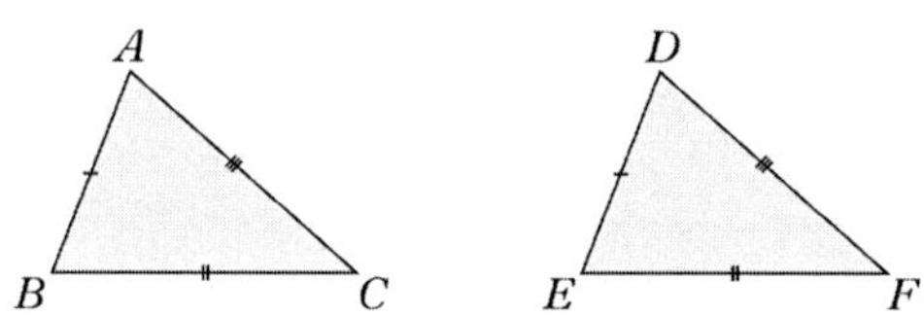

SSS

삼각형의 결정조건에서 각각의 조건을 만족하는 삼각형은 하나만 존재한다. 따라서 같은 조건을 만족하는 두 삼각형은 모양과 크기가 같을 수밖에 없다. 즉 합동이 된다.

$$\triangle ABC \cong \triangle DEF$$

삼각형의 대응하는 변의 길이의 비가 같을 때 닮았다similar라고 한다. 합동인 삼각형은 닮은 삼각형이지만, 닮은 삼각형이라고 해서 모두 합동일 필요는 없다.

두 삼각형이 닮을 경우는 삼각형의 합동과 비슷하고 그 조건은 다음과 같다.

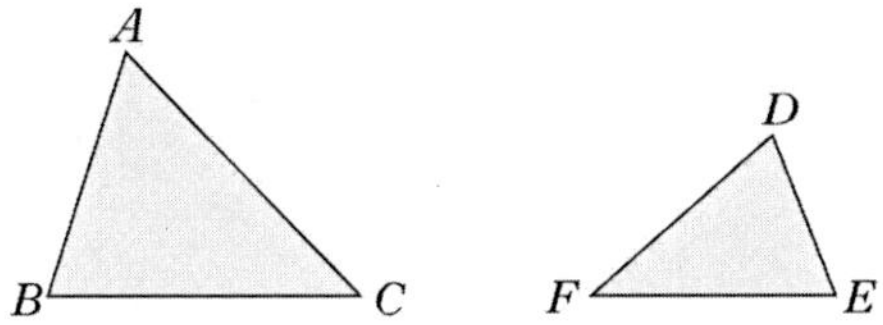

$$\frac{\overline{AB}}{\overline{DE}} = \frac{\overline{BC}}{\overline{EF}} = \frac{\overline{AC}}{\overline{DF}}$$

삼각형의 닮음 조건

(1) 두 대응변의 길이의 비가 같고, 낀 각의 크기가 같을 때
(2) 두 대응각의 크기가 같을 때
(3) 세 대응변의 길이의 비가 같을 때

Chapter 08
측정 지도

측정은 연필의 길이와 같이 대상의 속성에 수치를 부여하는 것이다. 측정을 학습하면 수와 연산, 도형 개념, 통계 개념, 함수 표현을 포함한 수학의 여러 영역을 학습하고 적용할 기회를 갖게 된다. 측정은 수학 내에서, 그리고 사회, 과학, 예술, 체육 등과 같은 수학 밖의 영역과 수학이 연결되어 있음을 보여준다. 특히 초등학교에서의 측정은 수학 영역 내의 아이디어를 연결 짓고, 수학과 다른 과목을 연결 짓는데 도움이 된다. 또한 측정은 학생들이 분수, 도형, 자료 나타내기와 같은 중요한 수학 개념을 이해하는 맥락이 된다. 따라서 고등학교보다도 중학교와 초등학교에서 측정을 더 강조해야 한다(NCTM, 2000).

01 학교수학에서 측정 지도 내용

학교수학에서 취급하는 측정 지도 내용은 매우 광범위하다. 초등학교에서는 먼저 일상생활과 밀접한 관련이 있는 시간, 길이, 들이와 단위

변환을 학습하고, 이어서 각도, 평면도형의 둘레와 넓이를 학습한 후, 원주율, 원의 겉넓이와 부피, 각기둥, 원기둥의 겉넓이와 부피를 학습한다. 중학교에서는 초등학교에서 학습한 내용을 바탕으로 여러 가지 각기둥, 원뿔, 구의 겉넓이와 부피를 학습한다. 이어서 고등학교에서 구분구적법을 이해하고, 구분구적법으로 간단한 도형의 넓이와 부피를 구한다. 이를 바탕으로 정적분을 학습한 후, 곡선과 x축 사이의 넓이, 두 곡선사이의 넓이, 회전체의 부피를 구한다.

초등학교, 중학교, 고등학교에 걸쳐 취급하는 측정 지도 내용 중 가장 핵심이 되는 것은 평면도형의 넓이와 입체도형의 부피라 할 수 있다. 도형의 넓이와 부피를 구하는 핵심적인 아이디어는 전체를 분해하여 각 부분의 모습을 살펴본 후, 그것을 다시 결합하여 전체의 모습을 파악하는 구분구적법과 이를 이론화한 것이 적분이기 때문에, 측정의 아이디어를 이해하기 위해서는 구분구적법과 적분 개념이 수학사에서 어떻게 발전해왔는지를 살펴볼 필요가 있다. 이에 2절에서는 적분 개념의 기원과 발달을 개관해 보고, 3절에서는 적분 개념이 초등학교 측정 내용으로 어떻게 변환되어 있는지 살펴본다. 이와 더불어 측정은 임의의 양을 대상으로 하므로 양의 개념과 그것의 기본성질을 알아본다.

02 적분법의 발달 과정

1. 적분법의 기원

적분법의 기본 원리는 구분구적법이다. 구분구적법은 넓이를 구할 때 작은 직사각형으로 분할하여 직사각형들의 넓이의 합의 극한값을 계산하여 구하는 방법이다. 이러한 방법은 17세기 뉴턴과 라이프니츠가 정립하였으나, 고대에도 이와 유사한 방법이 있었다.

고대 그리스 시대에는 곡선으로 둘러싸인 넓이나 곡면으로 둘러싸인 부피를 실진법method of exhaustion으로 구하였는데, 이 방법의 예로 아르키메데스Archimedes, 287~212 B.C가 생각한 포물선과 직선으로 둘러싸인 부분의 넓이를 구하는 방법을 들 수 있다.

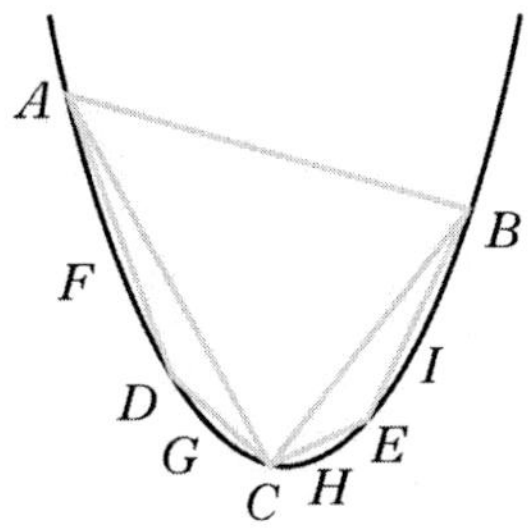

[그림 8.1]

아르키메데스는 [그림 8.1]과 같이 포물선과 직선으로 둘러싸인 도형의 넓이를 삼각형으로 분할하는 방법으로 구하였다. 즉 직선과 포물선이 만나는 점을 A, B라고 하고, 직선 AB에 평행한 접선을 갖는 포물선 위의 점 C를 잡은 후에 삼각형 ABC의 넓이를 구한다. 다음으로 직선 AC, BC와 평행한 접선을 갖는 포물선 위의 점 D, E를 잡고 삼각형 ADC와 삼각형 CBE의 넓이의 합을 구한다. 같은 방법으로 접선이 직선 AD, DC, CE, EB와 평행하게 되는 포물선 위의 점 F, G, H, I를 잡고 삼각형 AFD, DGC, CHE, EIB의 넓이의 합을 구한다. 이러한 방법을 연속적으로 시행하여 삼각형의 넓이를 더함으로써 포물선과 직선으로 둘러싸인 도형의 넓이를 구한다. 여기에서 아르키메데스는 전 단계에서 삼각형들의 넓이의 합과 다음 단계에서 만들어지는 삼각형들의 넓이의 합의 비율은 일정함을 보였다. 이러한 사실과 무한등비급수를 이용하여 포물선과 직선으로 둘러싸인 도형의 넓이를 정확하게 계산할 수 있었다. 위의 넓이 구하는 과정을 수식으로 표현하면 다음과 같다.

$\triangle\mathrm{CDA}+\triangle\mathrm{CEB}=\frac{1}{4}\triangle\mathrm{ABC}$이므로,

$$(\text{다각형 ADCEB의 넓이})=\triangle\mathrm{ABC}+\frac{1}{4}\triangle\mathrm{ABC}$$

이와 같은 방법으로 계속하면 구하는 넓이 S는

$$\begin{aligned} S &= \triangle ABC+\frac{1}{4}\triangle ABC+\frac{1}{4^2}\triangle ABC+\frac{1}{4^3}\triangle ABC+\ldots\ldots \\ &= \triangle ABC\left(1+\frac{1}{4}+\frac{1}{4^2}+\frac{1}{4^3}+\ldots\ldots\right) \end{aligned}$$

S는 공비가 $\frac{1}{4}$인 무한등비급수이므로

$$\left(S=\frac{a}{1-r}(r<1)\right),\ S=\triangle\mathrm{ABC}\left(\frac{1}{1-\frac{1}{4}}\right)=\frac{4}{3}\triangle\mathrm{ABC}$$

2. 카발리에의 불가분법

적분은 선(1차원)을 쌓아서 면(2차원)을 만드는 것, 혹은 면(2차원)을 쌓아서 입체(3차원)을 만드는 과정이라 할 수 있다. 이와 관련된 것인 카발리에

리Cavalieri, 1598~1647의 불가분법method of individual으로 평면도형의 불가분량은 '현'이고 입체도형의 불가분량은 입체도형을 절단한 단면이다. 카발리에리의 불가분량법은 평면도형과 입체도형에 대한 다음 두 가지 원리에 기초한다(Eve, 1990, 김남희 외, 2006에서 재인용).

> (1) 두 평면도형에서 두 도형이 두 개의 평형선 사이에 있을 때, 평행한 직선으로 잘린 선분의 길이가 항상 같으면 두 도형의 넓이는 같다.
> (2) 두 입체도형이 두 평행한 평면사이에 놓여있을 때, 이 평면에 평행한 평면으로 잘린 평면도형의 넓이가 항상 같으면 두 공간도형의 부피가 같다.

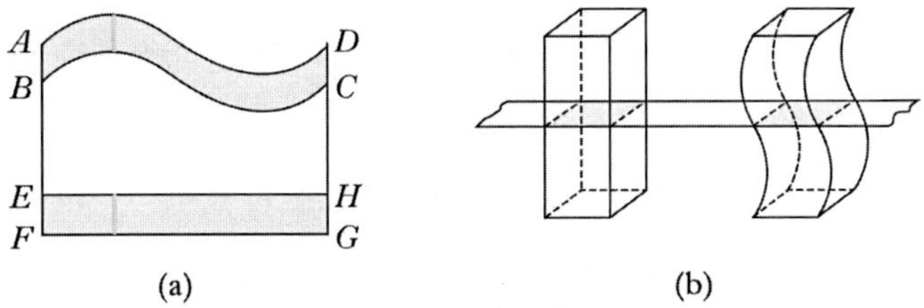

[그림 8.2] 카발리에리의 불가분의 원리

[그림 8.2]의 첫 번째 그림은 카발리에리의 불가분법 첫째 번 원리를 나타낸 그림으로 도형 AFGD에서 곡선으로 둘러싸인 도형 ABCD와 직사각형 EFGH는 그 폭이 같으면 그 넓이가 같다. [그림 8.2]의 두 번째 그림은 카발리에리의 불가분법 둘째 번 원리를 나타낸 그림으로서 높이가 같은 두 입체도형을 밑면과 평행한 평면으로 자른 단면의 넓이가 항상 같을 때 그 두 입체도형의 부피는 같음을 나타낸다.

그 후 파스칼은 넓이는 선분의 총합이라는 불가분의 생각에 대하여 '넓이는 미소한 직사각형을 원소로 한다.'고 주장하여 구분구적법의 기본적인 개념을 확립하였다(박규홍 외, 2002).

3. 뉴턴과 라이프니츠의 적분 개념

위의 카발리에리도 불가분의 원리에 의하여 구적을 다루었으나, 오늘날의 적분의 개념과는 다르다. 뉴턴Newton, 1642~1727과 라이프니츠Leibniz, 1646~1716에 의하여 정적분의 개념이 소개되면서 구적법의 개념이 일반화되어 무수히 많은 구적법의 문제가 해결되었다.

라이프니츠는 곡선으로 둘러싸인 도형의 넓이에서 적분을 생각하여 발표하였으며, 적분 기호 $\int$도 그가 처음으로 생각해낸 것이다.

뉴턴은 거의 같은 시기에 미분법의 속도, 가속도 분야에 대한 연구에서 적분법을 발표하였다. 그 후, 19세기에 이르러 프랑스의 수학자 코시Cauchy, 1789~1857가 엄밀한 정의를 써서 미적분학의 논리적 기초를 확립하였고, 19세기 말 경에 독일의 리만Riemann, 1826~1866에 의하여 보다 엄밀한 리만 적분법이 만들어졌다.

코시의 적분에서 리만적분의 확정으로 적분의 대상이 확대되었으나 리만적분에서도 여러 가지 결함이 나타났고, 이 결함을 20세기 초에 프랑스의 르베그Lebesgue, 1875~1941가 더욱 일반적인 적분론을 만들어 이를 해결하였다. 그는 측도 즉 길이, 넓이, 부피 등의 개념을 일반화하는 데서 그의 이론을 출발시켰다.

03 측정 지도를 위한 교수학적 내용 지식

1. 양과 측정

(1) 양의 개념

양이란 일반적으로 시각, 청각, 촉각 등의 감각에 의하여 사물의 대소, 다과, 경중, 증감 등의 판단을 얻을 수 있는 대상이라고 생각할 수 있다. 그렇지만 수학적인 정의는 앞에서 감각적인 요소는 버리고 추상적인 것만을 취하는 것으로서, 곧 사물의 대소, 다소, 경중, 증감 등의 변화를 지각하고 이를 수치화한 것이라 할 수 있다(현종익, 2006).

양을 수학적인 관점에서 분석하면 이산량분리량과 연속량 두 가지로 분류할 수 있다. 사람 수나 사탕의 개수와 같이 단위의 크기보다 더 작게 쪼개어 생각할 수 없는 양이 이산량이고, 사람의 키, 땅의 넓이, 시간, 무게와 같이 단위의 크기보다 더 작게 쪼개어 생각할 수 있는 양이 연속량이다. 이산량의 단위는 자연 발생적으로 한 명, 한 개, 한 권과 같이 정해지지만, 연속량의 단위는 1m, 1시간, 1도와 같이 인위적으로 적당한 크기를 단위로 정하고 있다.

이산량을 수치화하는 과정을 '센다(how many?)'라 하고, 그 수치는 정수가 대응되며 단위는 자연적으로 생성된다. 연속량을 수치화하는 과정을 '잰다(how much?)'고 하고, 이때는 실수가 대응된다. 따라서 측정 영역의 주요 대상은 연속량이 된다.

또 연속량은 길이, 넓이, 부피, 시간, 무게, 들이와 같이 가법적인 양과 속도, 밀도, 농도와 같이 비가법적인 양으로 분류된다. 전자는 사물의 외형적 크기를 나타내는 양으로 외연량이라 하고, 후자는 사물의 속성의 크기를 나타내는 양으로 내포량이라 한다. 예를 들면, 10m인 철사와 20m인 철사를 연결하면 그 길이는 30m가 되므로 길이는 가법적인 양이다. 그러나 농도가 10%인 소금물과 20%인 소금물을 합치더라도 그 농도는 30%가 되지 않으므로 농도는 가법적인 양이 아니다. 내포량은 (속력)=(거리)/(시간), (인구밀도)=(인구)/(땅의 넓이)와 같이 두 외연량의 비율이다.

- 양
  - 분리량
  - 연속량
    - 가법적인 양: 외연량
    - 비가법적인 양: 내포량(도, 율)

내포량은 다음과 같은 기준에 의해 나눌 수 있다.

1) 두 외연량의 몫으로 나타내는 경우

① 서로 다른 두 종류의 외연량으로 나타내는 경우를 도(度)라고 하며, 단위당 분포율(균등 분포)을 나타낸다. 예: 속도(km/sec), 밀도(명/㎢)

② 서로 같은 두 종류의 외연량으로 나타내는 경우를 율(率)이라 하며, 같은 종류의 두 양의 비의 값으로 나타낸다. 예: 원주율, 확률, 기울기 등

2) 두 외연량의 몫으로 나타내지 않는 경우 : 온도

생각해 볼 문제 8-1

외연량과 내포량의 차이점을 설명하여라.

(2) 양의 기본 성질

양의 기본 성질에는 비교성, 연속성, 가법성이 있는데, 이 세 가지 성질은 양을 규정하는 조건이 되며 공리의 성격을 지닌다.

1) 양의 비교성

같은 종류의 양끼리 대소 상등의 관계를 비교할 수 있다는 것이 양의 비교성이다. 일반적으로 양을 비교하는 방법은 두 가지가 있는데, 하나는 대상을 직접 이동하여 겹쳐보는 '직접비교' 방법이고 다른 하나는 매개물을 사용하는 '간접비교' 방법이다. 직접 비교의 경우에는 물체를 이동하더라도 비교하는 양의 속성이 변하지 않아야 하는 소위 '양의 보존성'이 전제되어야 한다. 양의 보존성이란 물체를 이동하거나 분할, 변형, 합성하더라도 양의 크기는 변하지 않는다는 성질을 의미한다. 즉, 같은 양의 찰흙으로 꽃병과 공을 만드는 활동에서 겉모양의 크기는 다르지만 찰흙의 양은 같다는 보존성을 경험하게 되고, 평행사변형을 직사각형으로 변형하여 넓이를 구하는 것은 넓이의 보존성등적변형을 이용하는 것이다.

그런데 직접비교의 경우에는 물체를 이동하여야 하므로 대상의 길이와 무게, 크기가 적당하여야 가능하다. 예를 들면, 땅의 넓이나 산의 높이, 댐에 저장되어 있는 물의 양은 너무 커서 직접 비교할 수 없다. 이러한 불편함에 따라 다른 매개물을 이용한 간접비교의 방법이 필요하게 된다.

간접비교란 대상을 이용하는 것이 아니라, 막대기나 손의 뼘 등의 매개물이나 자, 저울, 시계, 각도기 등의 계기를 사용하여 측정한 수치로서 양을 비교하는 방법이다. 간접비교의 경우에는 '양의 독립성', 즉 양은 그

것이 소속된 물체와는 독립된 개념이므로 다른 물체로 대치 가능하다는 것이 전제되어야 한다. 즉, 사람, 돼지, 책상, 과일 등은 비교 대상이 서로 이질적이더라도 무게라는 측면에서는 같은 양이므로 무게의 대소를 비교할 수 있다.

일반적으로 양의 독립성은 다음과 같이 형식화될 수 있다.

> 같은 종류의 두 양 a, b에 대하여 $a=c_1$, $b=c_2$, $c_1>c_2$이면 $a>b$이다.

결국, 양의 독립성에 따라 양을 매개물이나 계기를 사용하여 수치화하고, 그 수치를 비교하면 양의 대소를 판별할 수 있게 된다. 또, 두 양의 상등관계를 이해하려면 다음 관계가 이해되어야 한다.

> 같은 종류의 양 a, b, c에 대하여 다음의 동치관계가 성립한다.
>
> ① $a=a$ (반사율)
>
> ② $a=b$이면 $b=a$ (대칭률)
>
> ③ $a=b$, $b=c$이면 $a=c$ (추이율)
>
> 또, 양의 대소를 판단하기 위해서는 다음 원리가 성립하여야 한다.
>
> ④ 같은 종류의 양 a, b에 대해서 다음 중 어느 하나가 반드시 성립한다(삼일율).
>
> $$a<b,\ a=b,\ a>b$$
>
> ⑤ 같은 종류의 세 양 a, b, c에 대해서 다음 추이율이 성립한다.
>
> $$a<b,\ b<c\text{이면 }\ a<c$$

위의 삼일율과 대소에 관한 추이율에 의하여 같은 종류의 양은 크기 순서로 나열시킬 수 있게 된다.

2) 양의 가법성

양의 가법성은 단순히 같은 종류의 두 양을 측정하여 가법, 또는 감법의 계산을 수행하는 것만을 뜻하는 것이 아니고, 그보다 앞서 같은 종류의 두 양을 합병하여 한 양을 만들 수 있다는 뜻이다. 두 물체를 합쳐 같은 종류의 양이 될 수 있을 때, 두 양을 합치는 것을 양의 합병이라 한다. 그리고 두 양을 합병할 수 있을 때 두 양은 덧셈 가능하다고 하며, 양의 합병에서는 물체의 화학적인 변화를 고려하지 않는다.

양의 가법성에 관한 성질을 수학적으로 형식화시키면 다음과 같다.

① 같은 종류의 두 양 a, b에 대하여 $a+b=c$가 되는 양 c가 있다.

② 같은 종류의 세 양 a, b, c에 대하여 다음 성질이 성립된다.

- $a+b=b+a$ (교환법칙)
- $(a+b)+c=a+(b+c)$ (결합법칙)

③ 같은 종류의 양 a, b, c에 대하여 다음과 같은 성질의 성립된다(양의 합병에 따른 보존성)

- $a+b>a$
- $a>b$이면 $a+c$이면 $a+c>b+c$

④ 같은 종류의 양 a, b에 대하여 $a>b$이면 $a=b+c$가 되게 하는 양 c가 존재한다. (c를 a-b로 나타내고 a에서 b를 뺀 차라고 한다)

3) 양의 연속성

길이, 넓이, 무게, 부피와 같은 연속량을 수치화하면 실수가 되므로 수직선상의 점이나 선분의 길이로 나타낼 수 있게 된다.

> 같은 종류의 두 양 a, b에 대하여
> ① $a > b$이면 $a > c > b$인 양 c가 존재한다(양의 조밀성).
> ② $a > b$이면 $a \leq n \times b$인 자연수 n이 존재한다(Arichimedes의 원리; 최대의 양도, 최소의 양도 존재하지 않는다).
> ③ 양 a와 자연수 n에 대하여 $a = n \times b$인 양 b가 존재한다(양은 얼마든지 등분 가능함).

이상의 성질은 양의 연속성과 등분성으로서 이에 따라 모든 양은 측정 가능하게 된다. 결국, 양의 비교성, 가법성, 연속성에 의해 양은 실수로 대치될 수 있고, 또한 수와 연산을 활용할 수 있게 된다.

(3) 측정과 측도

측정measurement이란 양의 크기에 수를 대응하는 과정이며, 그 결과를 통해 얻어진 수치 값을 측도measure 또는 측정값이라고 한다. 측도의 개념을 좀 더 수학적으로 표현하면

> 동일한 속성을 갖고 있는 양 E_1, E_2, $E_3 \cdots$가 있어서
>
> $$E_1 = ae,\ E_2 = be,\ E_3 = ce \cdots \text{일 때,}$$
>
> a, b, c를 각각 측도라 하고, e를 단위라 한다.

여기서 측도는 어떤 양이 단위기준량의 몇 배인가를 나타내는 수값가 된다. 예를 들어 어떤 도형의 넓이 120cm²은 1cm²×120을 의미하며 단위는 1cm²이고 측도는 120이 된다. 이러한 관점에서 측도는 측정의 결과로 얻어진 수나 값으로 측정값이라고도 한다. 다시 말해 어떤 양의 크기는 측도와 단위의 곱으로 나타낼 수 있으며, 측정단위의 몇 배가 곧 그 양의 크기라는 의미이다.

2. 넓이

(1) 넓이의 개념

넓이는 초등수학에서 중요한 수학적 개념이기 때문에 넓이에 대한 수학적인 정의를 살펴봄으로써 넓이의 개념을 좀 더 명확히 할 필요가 있다. 더불어 수학적 정의가 초등수학 교육과정 테두리 안에서 어떻게 재정의 될 수 있는지 알아보고자 한다.

넓이는 수학적으로 다음과 같이 정의할 수 있다.

> 동일한 속성을 갖는 평면도형 E_1, E_2, $E_3\cdots$가 있어서 각각의 넓이를 $S(E_1)$, $S(E_2)$, $S(E_3)$ 라 할 때, $S(E_1)=ae$, $S(E_2)=be$, $S(E_3)=ce\cdots$ 이다(a, b, c는 임의의 실수).

위의 식에서 임의의 e는 단위 넓이를 나타내는데, 측정하고자 하는 평면도형 (E)와 동일한 속성을 지니고 있고,[8] 학생들이 비교나 측정을 위해 교과서, 공책, 색종이, 모눈종이 등과 같이 개별적으로 선택한 임의 단위와 표준단위 1cm²를 모두 포함한다.

8) 측정 대상 E와 동일한 속성을 갖고 있다는 의미에서 단위를 소문자 e로 나타내었다.

한편, 단위를 임의로 선택할 수 있다는 점은 단위와 측도 사이의 관계를 형성한다. $S(E) = ae$ 이고, $a = \dfrac{S(E)}{e}$ 에서 측도(a)와 단위(e)의 크기는 역관계이다. 즉 기준으로 정한 단위의 넓이가 클 때 측도는 작아지고 넓이가 작으면 측도는 커진다. 가령 위의 예에서 한 책상을 공책, 색종이, post-it을 단위로 할 때, 크기가 가장 작은 post-it의 측도가 가장 크고, 크기가 가장 큰 공책의 측도가 가장 작다. 학생들에게 직접 단위를 선택할 수 있는 기회를 주고, 선택한 단위의 장단점[9]을 논의케 함으로써 이러한 관계를 이해하고 어떤 단위가 가장 적당한 것인지를 스스로 판단하도록 해야 할 것이다.

(2) 구분구적법과 넓이

1) 구분구적법과 평면도형의 넓이

초등학교와 중학교에서 구분구적법은 평면도형의 넓이나 입체도형의 부피를 구할 때 자주 이용된다. 초등학교에서는 원의 넓이를 다루며, 중학교에서 구의 겉넓이를 구하는 공식을 배운다. 이러한 넓이 공식을 유도할 때 잘게 나누어 합하는 구분구적법의 아이디어를 사용하고 있다.

먼저 원의 넓이를 구하기 위해 원을 2^n등분하여 부채꼴로 나눈 후, 이것들을 다음 그림과 같이 엇갈려 놓으면 n이 한없이 커짐에 따라 직사각형 모양에 가까워진다.

9) 큰 단위를 선택하여 평면을 덮으면 단위의 수를 신속하게 구할 수 있지만 정확성은 떨어진다. 반면 너무 작은 단위를 선택하면 정확하게 잴 수 있으나 시간이 오래 걸린다.

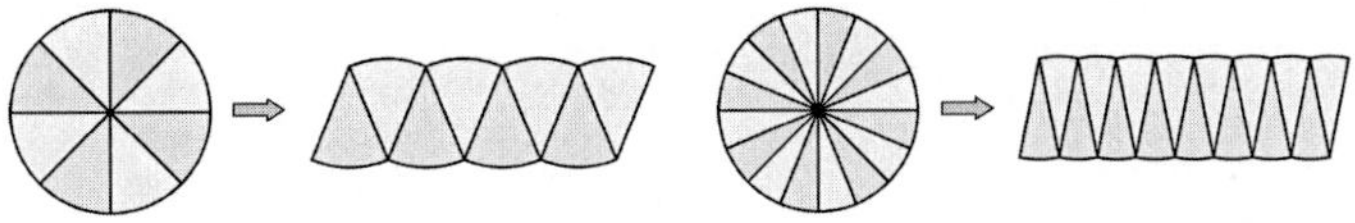

[그림 8.3] 초등학교에서 원의 넓이 공식 유도 과정

원을 한없이 잘게 잘라 이어 붙이면, 원의 넓이는 직사각형의 넓이와 같아진다.

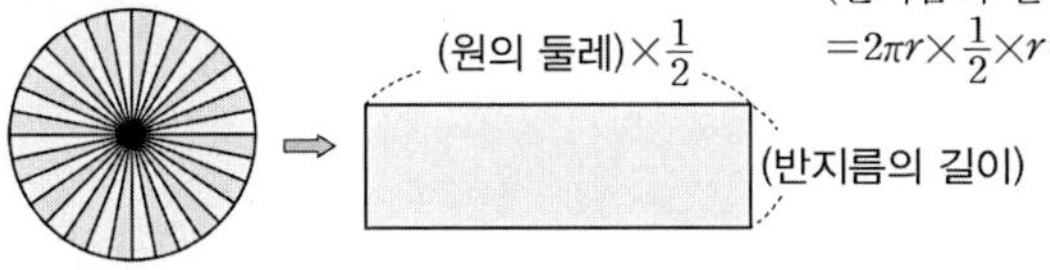

(반지름의 길이가 r인 원의 넓이)
$=2\pi r\times\frac{1}{2}\times r=\pi r^2$

원의 넓이를 구분구적법과 극한 개념을 이용하여 구할 수 있다. [그림 8.4]에서 주어진 원의 넓이는 삼각형 OAB의 넓이들의 합을 구한 후, 극한값을 주어 원의 넓이에 근사시킴으로써 원의 넓이를 구할 수 있다.

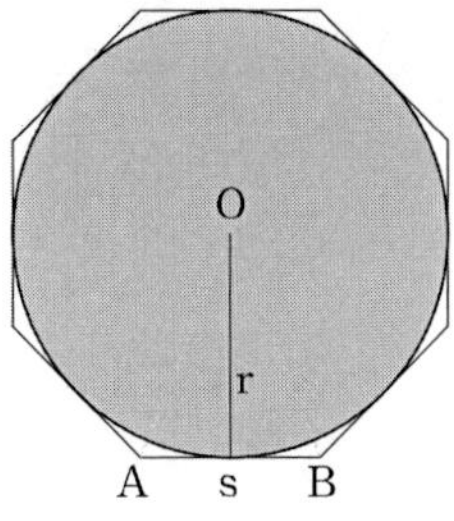

[그림 8.4] 구분구적법(원)

한편 원의 넓이를 정적분을 이용하여 구하면 다음과 같다.

원은 x축 및 y축에 대하여 대칭이므로 구하는 넓이는 제1사분면에 있는 부분의 넓이의 4배가 된다.

원의 방정식 $x^2+y^2=1$을 y에 대하여 풀면

$$y=\pm\sqrt{1-x^2}$$

따라서 구하는 넓이 S는

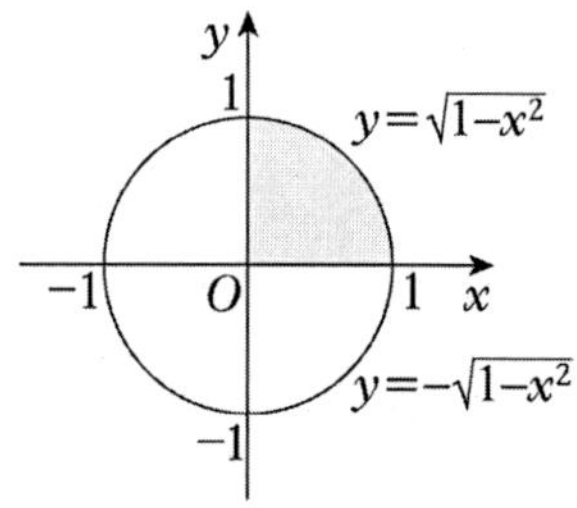

$$S=4\int_0^1\sqrt{1-x^2}\,dx$$

여기서 $x=\sin\theta\left(0\le\theta\le\frac{\pi}{2}\right)$로 놓으면

$$\frac{dx}{d\theta}=\cos\theta$$

$x=0$일 때 $\theta=0$, $x=1$일 때 $\theta=\frac{\pi}{2}$이고,

$$\sqrt{1-x^2}-\sqrt{1-\sin^2\theta}=\cos\theta$$

이므로

$$\int_0^1\sqrt{1-x^2}\,dx=\int_0^{\frac{\pi}{2}}\cos^2\theta\,d\theta=\frac{1}{2}\int_0^{\frac{\pi}{2}}(1+\cos2\theta)\,d\theta$$

$$=\frac{1}{2}\left[\theta+\frac{1}{2}\sin2\theta\right]_0^{\frac{\pi}{2}}=\frac{\pi}{4}$$

$$\therefore\ S=4\times\frac{\pi}{4}=\pi$$

또한 중학교 1학년에서 구의 겉넓이 구하는 방법을 학습할 때 구분구적법이 사용된다. 사과를 반지름의 길이가 r인 구와 같다고 생각하자.

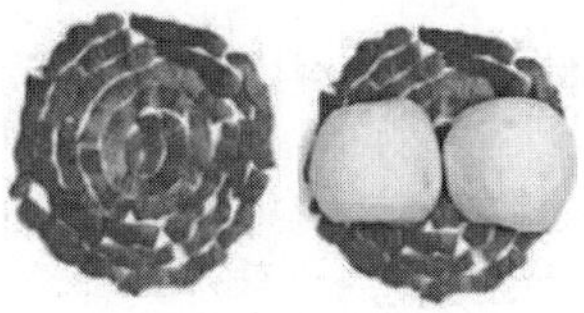

[그림 8.6] 원의 겉넓이

사과를 깎아 껍질을 여러 조각으로 나눈 후, 이 조각들을 합하여 [그림 8.6]과 같이 원 모양으로 만들면 사과의 겉넓이의 근삿값을 구할 수 있다. 사과 껍질의 조각을 좀 더 가늘게 깎아 더 잘게 나눌수록 조각들을 합한 모양은 원, 특히 반지름의 길이가 사과의 반지름의 길이의 2 배인 원에 점점 더 가까워진다. 이를 이용하면 구의 겉넓이를 다음과 같이 구할 수 있다.

(반지름의 길이가 r인 구의 겉넓이)

=(반지름의 길이가 $2r$인 원의 넓이)

$= \pi(2r)^2 = 4\pi r^2$

2) 구분구적법과 도형의 넓이

초등학교에서 직사각형의 넓이를 구하는 과정은 주어진 직사각형을 단위넓이($1cm^2$)로 분할 한 후 그 개수를 세어 즉, 가로로 몇 개씩 몇 줄인가를 곱셈을 이용해 구한다([그림 8.8] 참고). 이러한 방법으로 다음과 같이 직사각형과 정사각형의 넓이를 구하는 공식을 유도한다.

직사각형의 넓이 = (가로에 놓인 정사각형의 수) × (세로에 놓인 줄 수) = (가로) × (세로)

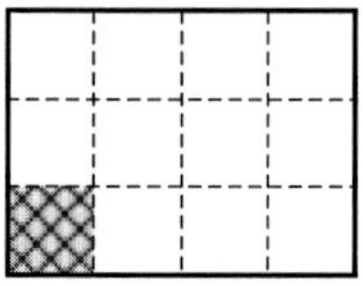

가로에 놓인 정사각형의 수, 세로에 놓인 줄 수는 결국 가로의 길이, 세로의 길이와 같게 된다. 따라서 위 직사각형의 넓이는 $1\text{cm}^2 \times 12 = 12\text{cm}^2$이 된다.

여기서 주어진 양을 기본 도형의 잘게 쪼갠 후 다시 결합하는 과정에서 구분구적법의 원리가 사용되고 있음을 알 수 있다. 이러한 직사각형의 넓이를 정적분을 이용해 풀면 다음과 같다.

먼저 가로가 4cm, 세로가 3cm인 직사각형의 넓이는 폐구간 $[a,\ b]$에서 직선 $y=3$과 x축 및 직선 $x=4$로 둘러싸인 빗금 친 부분의 넓이와 같다.

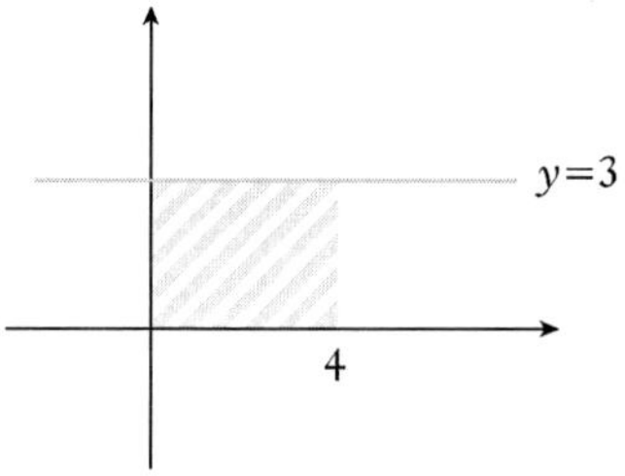

[그림 8.7] 직사각형의 넓이

정적분을 이용하여 빗금 친 부분의 넓이 S를 구하면

$$S = \int_{O}^{4} f(x)dx = \int_{0}^{4} 3dx = [3x]_0^4 = 12$$

교과서에서는 ....

활동 1 단위넓이를 이용하여 직사각형의 넓이를 알아보시오.

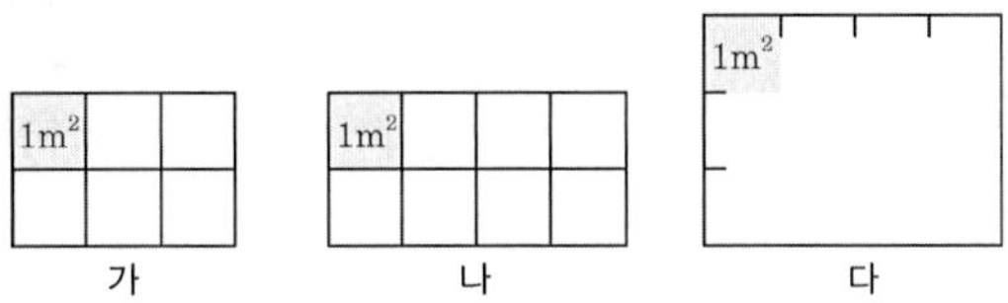

- 1m²가 몇 개인지 세어 넓이를 구하시오.
  가: ■ m^2 나: ■ m^2 다: ■ m^2
- 표를 완성하시오.

도형	가로(개)	세로(개)	넓이(m^2)
가			■
나			■
다			■

- 표를 보고 직사각형의 넓이 구하는 방법을 예상하여 써 보시오.

[그림 8.8] 직사각형의 넓이 지도

또한 초등학교에서 삼각형의 넓이는 직사각형 넓이의 절반을 구하는 과정을 통해 공식 $\frac{1}{2}ah$(밑면×높이)를 유도한다. 삼각형 넓이도 정적분법을 사용해 다음과 같이 구할 수 있다.

삼각형의 넓이 공식을 이용하면

$S=\frac{1}{2}\times1\times1=\frac{1}{2}$

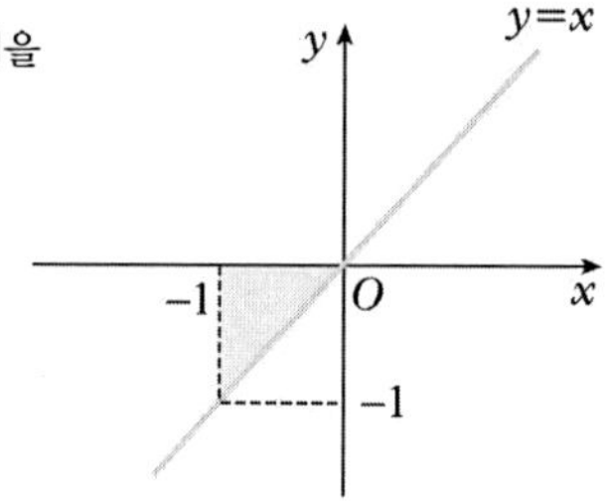

정적분을 이용하면

$S=\int_{-1}^{0}|x|dx$

$=-\int_{-1}^{0}x\,dx$

$=-\left[\frac{1}{2}x^2\right]_{-1}^{0}=\frac{1}{2}$

[그림 8.9] 정적분과 공식을 이용한 삼각형 넓이 구하기

위와 같은 정적분의 원리를 일반화하여 곡선으로 둘러싸인 부분의 넓이를 구할 수 있다.

함수 $y=f(x)$가 닫힌구간 $[a,\ b]$에서 연속일 때, 곡선 $y=f(x)$와 x축 및 두 직선 $x=a$, $x=b$로 둘러싸인 도형의 넓이 S를 구하면, 닫힌구간 $[a,\ b]$에서 $f(x)\geq0$일 때, S는 다음과 같다.

$$S=\int_{a}^{b}f(x)\,dx$$

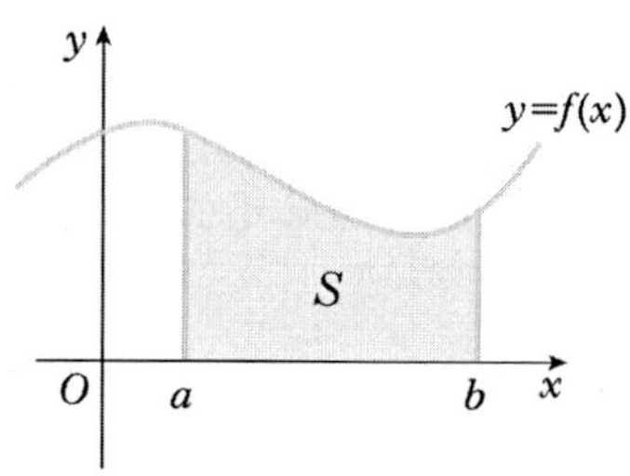

[그림 8.10] 곡선으로 둘러싸인 부분의 넓이

(2) 구분구적법과 부피

1) 각기둥의 부피

직육면체의 부피를 구하는 기본적인 아이디어는 길이, 넓이를 구하는 아이디어와 같다. 즉, 측정 대상과 똑같게 단위 부피를 쌓은 다음, 단위 부피가 몇 개인가를 세는 것이다. 몇 개인지 알아보기 위하여 일일이 셀 수도 있지만 더 쉽게 셀 수 있는 방법을 찾아보게 하여 부피를 구하는 공식을 만들게 한다.

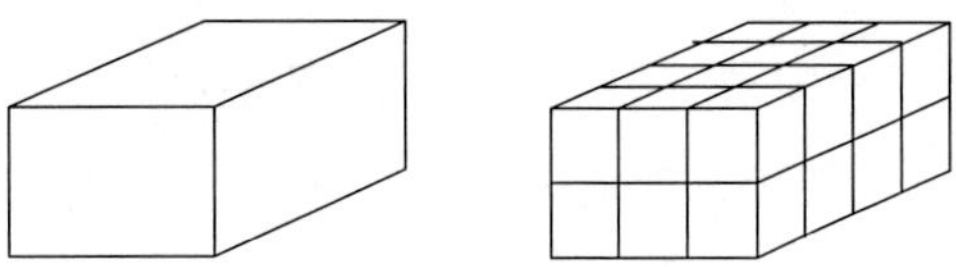

[그림. 8.11]

> 직육면체의 부피 = (밑넓이) × (높이)
> = (가로) × (세로) × (높이)

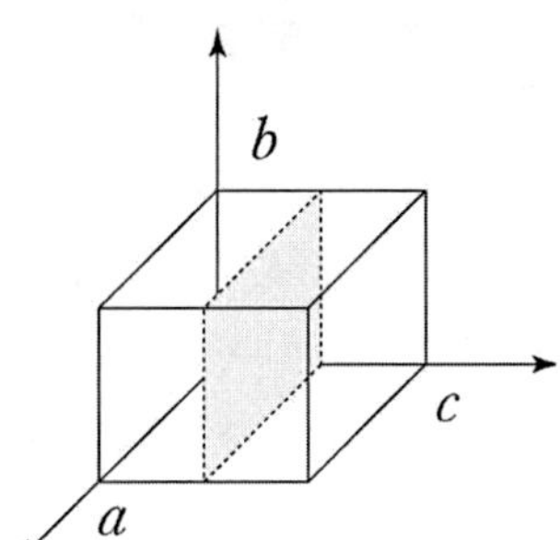

[그림 8.12] 직육면체의 부피

한편 고등 수학에서 직육면체의 부피는 직육면체를 밑면과 수직인 방향으로 잘라 만들어진 단면의 넓이의 합을 정적분하여 구한다. 위 과정을 수식을 나타내면 닫힌 구간 $[a,\ b]$의 임의의 점 x에서 x축에 수직인 평면으로 자른 단면의 넓이가 $S(x)$인 입체도형의 부피 V는

$$V=\int_a^b S(x)\,dx \text{ (단, } S(x)\text{는 } [a,\ b]\text{에서 연속)}$$

이다.

위의 정의를 이용해 직육면체의 부피를 구해보면 먼저 밑변의 가로, 세로와 높이가 각각 a, b, c인 직육면체를 좌표평면에 나타낸 후, 밑면(x축)과 수직이 되게 자르면 단면이 생긴다. 이 단면의 넓이 $S=ab$이므로,

$$V-\int_0^c ab\,dx=[ab]_0^c=abc$$

교과서에서는 ....

활동 **2** 부피가 1㎤인 쌓기나무를 직육면체 모양으로 쌓았습니다. 직육면체의 부피를 각각 구하시오.

가 나

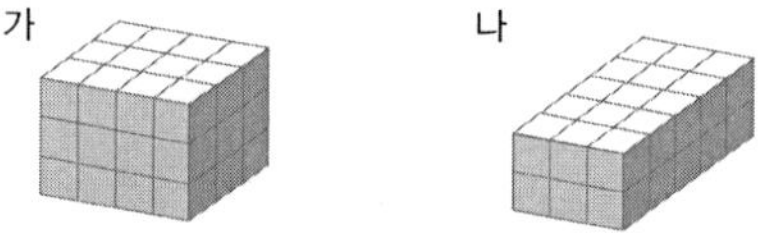

- 부피가 1㎤인 쌓기나무가 각각 몇 개인지 세어 직육면체 가와 나의 부피를 구하시오.
- 직육면체의 부피를 쉽게 구하는 방법을 이야기해 보시오.
- 표를 완성하시오.

	가로(cm)	세로(cm)	높이(cm)	부피(cm)
가				
나				

• 직육면체의 부피 구하는 방법을 식으로 정리해 보시오.

(직육면체의 부피)=( )×( )×( )

[그림 8.13] 각기둥의 부피 지도

초등학교 수학에서 직육면체의 부피는 한 변의 길이가 1cm인 정육면체의 부피를 단위 부피($1cm^2$)라고 약속한 후, 그것의 개수를 세는 효율적인 방법으로 공식(밑변의 가로)×(밑변의 세로)×높이를 이끌어 낸다([그림 8.13] 참고).

2) 원기둥과 구의 부피

원기둥의 부피는 각기둥의 부피를 구하는 공식으로부터 유도할 수 있다. 예를 들어 원기둥을 16등분하여 [그림 8.14]와 같이 이어 붙이면 밑면이 평행사변형 모양과 유사할 것이다. 이것을 다시 32등분, 64등분 등 한없이 잘게 잘라 붙이면 밑면의 모양이 직사각형이 되면서 각기둥이 될 것이다.

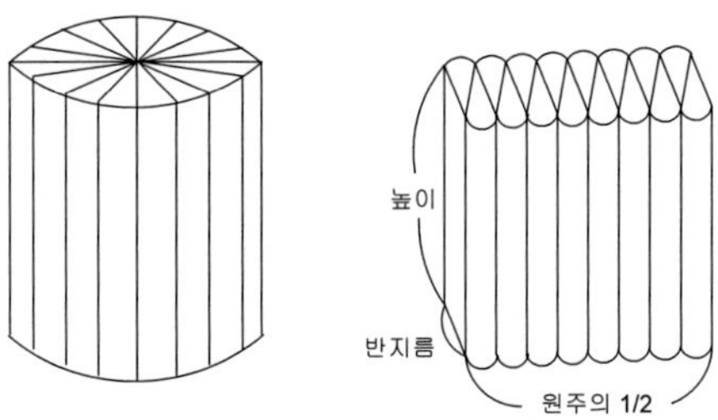

[그림 8.14] 원기둥의 부피

따라서 원기둥은 사각기둥으로 등적 변형되므로 원기둥의 부피는 다음과 같이 구할 수 있다.

원기둥의 부피 = 사각기둥의 부피 = (원주의 1/2) × (반지름) × (높이)
= (반지름 × 3.14) × (반지름) × (높이)
= (원기둥의 밑넓이) × (높이)

원기둥의 부피를 구하는 또 다른 방법은 아래 그림과 같이 원기둥 안에 밑면이 정다각형인 각기둥을 만들고, 이 각기둥에서 밑면의 변의 수를 한없이 늘려 가면 각기둥은 원기둥에 가까워지므로 원기둥의 부피도 각기둥의 부피와 같은 방법으로 구할 수 있다.

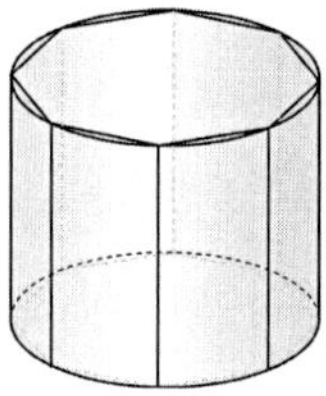

따라서 원기둥의 부피는

'(밑넓이) × (높이)'로 구한다.

위의 내용을 정리하면 다음과 같다.

(기둥의 부피) = (밑넓이) × (높이)

3) 구의 부피

구의 부피는 다음과 같은 실험을 통해 반지름의 길이가 r인 구의 부피는 밑면인 원의 반지름의 길이가 r이고, 높이가 $2r$인 원기둥의 부피의 $\frac{2}{3}$임을 직관적으로 발견하게 한다.

(1) 밑면인 원의 지름의 길이와 높이가 같은 원기둥 모양의 그릇에 물을 가득 채운다.
(2) 지름의 길이가 원기둥 모양의 그릇의 높이와 같은 구를 그릇에 완전히 잠기도록 넣는다.
(3) 원기둥 모양의 그릇에서 구를 꺼낸다.

① 원기둥 모양의 그릇에 남은 물의 높이는 그릇의 높이의 몇 분의 몇인가?
② 구의 부피와 원기둥 모양의 그릇의 부피 사이에는 어떤 관계가 있는가?

위의 실험을 통해 반지름의 길이가 r인 구의 부피는 밑면인 원의 반지름의 길이가 r이고, 높이가 $2r$인 원기둥의 부피의 $\frac{2}{3}$임을 알 수 있다. 따라서 반지름의 길이가 r인 구의 부피 V는 다음과 같다.

$$V=\frac{2}{3}\times(\pi r^2\times 2r)=\frac{4}{3}\pi r^3$$

일반적으로, 구의 부피는 다음과 같이 구한다.

구의 부피

반지름의 길이가 r인 구의 부피 V는

$$V=\frac{4}{3}\pi r^3$$

이러한 구의 부피는 정적분을 통해 구할 수 있다. 즉 반지름의 길이가 r인 구의 부피는 원점을 중심으로 하고, 반지름의 길이가 r인 원 $x^2+y^2=r^2$을 x축의 둘레로 회전시킬 때 생기는 회전체의 부피와 같으므로 부피 V는

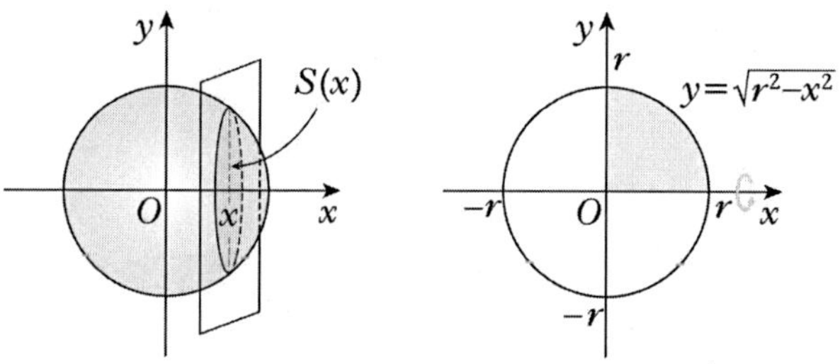

$$V=\int_{-r}^{r}\pi y^2\,dx=\pi\int_{-r}^{r}(r^2-x^2)\,dx$$

$$=2\pi\int_{0}^{r}(r^2-x^2)\,dx=2\pi\left[r^2x-\frac{1}{3}x^3\right]_0^r$$

$$=\frac{4}{3}\pi r^3$$

생각해 볼 문제 8-2

1. 가로와 세로가 각각 5cm, 4cm인 직사각형의 넓이를 (1)삼각형의 넓이 공식과 (2)정적분을 이용해 구하여라.

2. 밑면의 가로, 세로, 그리고 높이가 각각 3cm, 4cm, 5cm인 직육면체의 부피를 (1) 직육면체의 부피 공식과 (2)정적분을 이용해 구하여라.

3. 현재 강의를 듣고 있는 강의실의 넓이는 얼마쯤 되는지 어림하고, 그 과정을 설명해 보아라.

Chapter 09
확률과 통계 지도

불확실한 사회에서 살고 있는 우리는 미래에 대한 예측이나 의사결정을 하기 위하여 판단의 근거가 되는 과학적인 수치를 수집하고 분석하여 이를 근거로 현명한 판단을 해야 한다. 이와 같이 우리는 일상생활에서 이미 통계를 활용하고 있으며, 통계는 우리의 삶과 밀접한 관계를 맺고 있다. 본 장에서는 통계의 발달 과정과 일상생활에서 활용하는 여러 가지 그래프를 알아보고, 확률의 다양한 의미 및 확률분포에 대해 알아본다.

01 학교수학에서 확률과 통계 지도 내용

정보가 많다고 해서 항상 정확한 판단을 할 수 있는 것은 아니다. 우리는 주어진 정보를 목적에 맞도록 분류하여 정확한 판단을 해야 한다. 분류해야 할 자료는 과일과 같이 눈에 보이는 구체적인 것일 수도 있고, 놀이, 좋아하는 것, 색깔, 모양 등 추상적인 것일 수도 있다. 자료를 모으는 것도 중요하지만, 모은 자료를 분류하여 읽기 쉽게 나타내는 것도 중요하다. 다시 말해 우리가 자료를 다루는 과정에는 여러 단계가 있는데, 먼저 우리가 알고자 하는 목적에 맞게 자료를 모으고collecting, 모아진 자료를 분류하고organizing, 분류된 자료를 나타내고representing, 나타낸 자료를 해석하는interpreting 것이 필요하다. 초등학교 수학에서는 이 전체 과정을 체계적으로 다루고 있다.

초등학교에서 통계 지도는 주로 기술통계에 해당되며, 추리 통계는 다루지 않는다. 먼저 사물을 간단한 기준에 따라 분류하는 것에서부터 시작하여 간단한 자료의 크기를 표나 간단한 그래프로 나타내 보게 하며, 여러 가지 자료를 수집, 정리, 분석, 정리하여 막대그래프나 간단한 그래프로 나타내고 자료의 특징을 찾아 설명하게 하는 것을 다룬다. 또한 연속된 변량을 꺾은선 그래프로 나타내고, 이를 이용하여 자료를 정리하고 표현하는 것을 다룬다.

이와 같이 통계 영역의 주 활동이 자료처리라는 점에서 2015개정 교육과정에서는 영역명을 '통계' 대신 '자료'로 변경하였다. 내용면에서 일련의 통계활동인 자료와 수집, 분류, 정리, 해석 활동이 강조된다. 이에 통계 관련 활동에 초점을 맞추어 1~2학년 군에서는 자료 수집과 직접 관련되는 자료의 분류에 대한 내용을 강화하고, 이를 점차 확장, 심화하여 3~4학년군과 5~6학년군 성취기준으로 자료의 수집, 분류, 정리, 해석 활동이 포함된다.

또한 비형식적이고 직관적인 방법으로 평균의 의미를 탐구하여 실생활에서 평균이 이용되는 경우를 알아본다. 그리고 실생활과 관련하여 신문, 인터넷 등에 있는 표나 그래프를 소재로 활용하여 띠그래프, 원그래프의 의미를 알고 자료의 특성을 찾아 설명할 수 있게 한다.

한편, 2009 개정 교육과정 이후 초등학교에서 다루는 확률 영역의 주요 내용은 사건이 일어날 '가능성'이다. 또한 사건이 일어날 가능성을 $0, \frac{1}{4}, \frac{1}{2}, \frac{3}{4}, 1$ 정도로 표현하는 학습을 하게 된다. 이와 같이 초등학교에서는 본격적으로 확률 개념을 다루지 않는다는 점에 근거하여 2015 개정 교육과정에서는 영역명을 '확률'에서 '가능성'으로 변경하였다. 이는 고전적인 수학적 확률의 개념보다 실생활에서 경험하는 확률의 기초 개념인 가능성을 다루려는 의도이다.

02 확률과 통계지도를 위한 교수학적 내용 지식

1. 통계학의 발달 과정

통계는 어떤 집단의 현상구조를 밝히기 위하여 자료를 처리하는 것이다. 통계에서 사용되는 자료는 수량적으로 나타난 것이라야 하며, 이것을 분류·정리하여 그 집단의 어떤 사실의 법칙성을 알아내는 것이다. 즉 통계학이란 주어진 문제에 대하여 합리적인 답을 줄 수 있도록 숫자로 표시되는 정보를 수집하고 정리하며, 이를 해석하고 신뢰성 있는 결론을 이끌어 내는 방법을 연구하는 과학의 한 분야이다. 이런 면에서 우리는 여러 가지 방법으로 통계와 접촉하며 살고 있다.

통계학의 기원은 기원전 이집트나 로마에서 통계조사가 행해졌다는 기록이 있어 그 때부터 통계의 발생을 따지려는 사람도 있다. 이집트의 피라미드, 중국의 만리장성 등을 건설하는 데는 많은 사람, 자재, 식량이 필요했기에 당연히 초보적 통계가 있었던 것으로 생각된다. 실제로 이집트에서는 B.C. 3050년 경, 중국에는 B.C. 2300년경에 통계조사를 했다는 기록이 발견되었다. 또 알렉산더 대왕이나 징기스칸의 대군에 의한 대원정이나 11세기경의 십자군 전쟁에서는 수십만 명의 병사와 말, 무기, 식량의 기록이 필요했기 때문에, '수표'가 만들어졌었다는 것을 알 수 있다.

그러나 통계라는 것은 단순한 수표와는 다르며, 아무렇게나 무의미하게 나열되어 있는 수에서 하나의 경향을 찾아내어 전체로서 어떤 판단을 하는 것이 통계라 할 수 있다. 이런 의미에서의 통계의 탄생은 17세기에 독일과 영국에서 각각 독립적으로 일어난 것으로 알려져 있다.

보통은 17세기경 독일에서 탄생한 국세학파와 영국에서 있었던 정치산술학파가 통계학의 기초를 구축한 것으로 알고 있다. 거의 같은 연대에 프랑스에서는 우연의 수리를 취급하는 확률론의 연구가 수학으로서의 형태를 갖추기 시작하였다고 전해진다.

독일에서는 최대의 종교전쟁인 30년 전쟁1618~1648이 벌여져 프랑스, 스웨덴, 폴란드 등으로 출병하게 되고, 그 결과 국론은 분열되고 도시, 농촌은 모두 황폐화되어 인구가 줄고 생산이 미약하게 되었다. 이렇게 폐허화된 국가를 건설하기 위해 콘링H. Conring, 1606~1681은 토지, 국민, 재정 등 국가시정을 알기 위한 국세조사의 필요성을 설파했는데1660, 이것이 근대 통계학의 시작이라고 할 수 있다. 통계학이라는 'statistics'는 국가라는 state에 그 근원을 두고 있다.

한편, 영국에서는 16세기 이후 런던이 유럽의 해외무역의 중심지로서 여러 외국무역선이 출입했기 때문에, 전염병이 만연하여 많은 시민이 사망하였다. 이 때문에 런던에서는 16세기 말부터 시민의 출생, 사망과 그 원인을 나열한 사망표를 발행했는데, 그랜트J. Graunt, 1620~1674가 불규칙하게 보이는 수표에서 몇 개의 경향이나 규칙성이 있다는 것을 발견하였다. 그는 당시 런던에서는 사망자 수가 출생자 수를 능가하였음에도 불구하고 인구가 줄지 않는 이유가 이주에 기인한다는 것을 확인하였고, 사망자를 연령별로 배열하고 각 연령에서의 사망률도 산출하였다. 이 후 이것은 생명보험 이론의 기초가 되었다.

벨기에의 천문학자 케틀레L. A. J. Quetelet, 1796~1874는 '통계학의 아버지'로 불려지고 있는데, 그는 자연현상에 법칙이 있는 것과 같이, 사회현상에도 법칙이 있다고 보고 그것을 통계적 방법에 의해 찾아내려고 노력했다. 통계조사 기관의 설치, 통계조사 방법의 고안, 통계제도 정비 등 관청통계를 발달시킨 그의 공적은 지대하다.

그 후에 통계학은 시대의 발전에 따라 더욱 발전하였는데, 이는 곧 기술통계에서 추측통계로 발전하였다. 오늘날 수리통계의 기법은 더욱 심화 발전되고, 모든 학문의 연구에서만이 아니라, 전자계산기와 더불어 경제·경영에서 매우 활발히 이용되고 있다.

현대 통계학은 크게 둘로 구분된다. 하나는 기술통계이고 다른 하나는 추측통계이다. 기술통계는 어떤 집단의 현상을 파악하기 위하여 자료를 수집하고 정리하여 표나 그래프를 만들거나, 자료를 요약하여 대푯값이나 변동의 크기 등을 구하는 방법을 다루는 분야이다. 추측통계는 표본집단에서 얻어진 결과를 활용하여 대상 전체 집단모집단의 특성을 추측하는 분야이다.

2. 자료의 정리

통계학이란 주어진 문제에 대하여 합리적인 답을 구할 수 있도록 숫자로 표시되는 정보를 수집하고 정리하며, 이를 해석하고 신뢰성 있는 결론을 이끌어 내는 방법을 연구하는 과학의 한 분야이다. 이 때 모든 추출단위의 특성값들을 모아 놓은 것을 '모집단'이라고 하며, 이 중 통계적 분석을 위하여 실제로 관측한 것들의 모임을 '표본'이라고 한다.

예를 들어 다음 표는 어느 학교 6학년 1반 학생 30명의 키를 조사하여 만든 것이다.

[표 9.1] 1반 학생들의 키 단위(cm)

번호	키	번호	키	번호	키
1	145	11	158	21	150
2	146	12	155	22	146
3	154	13	158	23	157
4	150	14	162	24	160
5	152	15	163	25	155
6	153	16	156	26	162
7	164	17	159	27	166
8	153	18	155	28	161
9	162	19	162	29	162
10	153	20	159	30	168

[표 9.2] 1반 학생들의 키 단위(cm)

키(cm)	학생 수(명)
140이상~150미만	3
145 ~ 150	5
150 ~ 155	8
155 ~ 160	9
160 ~ 165	3
165 ~ 170	2
합계	30

계급 → 140이상~150미만, 145 ~ 150

도수 → 3, 5

계급값 → 150 ~ 155

$$\frac{150+155}{2}=152.5$$

위의 [표 9.1]에서 학생 개개인의 키는 쉽게 알아볼 수 있다. 그러나 키가 145cm이상 150cm미만인 학생의 수를 알아보는 데에는 불편하다. 이와 같은 것을 알아보기 쉽게 자료를 정리해야 한다. [표 9.2]는 키가 가장 작은 학생과 큰 학생의 키를 조사하여 140cm부터 170cm까지의 사이를 5cm간격으로 구분하여 학생 수를 나타낸 것이다. 이와 같이 자료를 정리하여 [표 9-2]를 만들면 [표 9-1]보다 키의 분포 상태를 알아보기가 편리하다.

위의 표에서와 같이 자료를 수량으로 나타낸 것을 변량이라고 한다. 또, 변량을 일정한 간격으로 나눈 구간을 계급, 구간의 너비를 계급의 크기, 계급의 중앙값, 즉 계급의 양 끝값의 합의 $\frac{1}{2}$을 계급값이라 하고, 각 계급에 들어가는 자료의 수를 그 계급의 도수라고 한다. 전체의 자료를 몇 개의 계급으로 나누고 각 계급의 도수를 조사하여 그것의 분포 상태를 나타낸 표를 도수분포표라고 한다. 도수에서 '도度'는 헤아려서 수로 나타낼 수 있다는 뜻이다. 따라서 도수라고 하면 그것은 각 계급에 들어가는 자료가 몇 개인지 헤아려서 구한 수라는 의미이다. 계급의 개수가 너무 많으면 자료의 전반적인 분포상태를 알아보기 어렵고, 계급의 개수가 너무 적으면 자료의 분포에 대한 정보를 잃어버리게 된다. 대개 자료를 5~15개의 계급으로 나누는데 50~200개의 자료를 $\sqrt{n} \pm 3$ 정도로 나누는 것이 보통이다.

도수분포표의 작성

① 표본자료의 최댓값과 최솟값을 찾아 (범위)=(최댓값)−(최솟값)을 구한다.

② 자료의 크기에 따라 5∼20 정도의 계급의 개수를 정하고, 계급의 폭은 (범위)÷(계급의 개수)를 계산하여 자료 값의 최소 단위까지 끊어 올려 정한다.

③ 첫 번째 계급의 시작점은 (최솟값)$-\frac{1}{2}\times$(자료 값의 최소 단위)로 정하여, ②에서 구한 계급의 폭에 따라 그 다음 계급을 정한다.

④ 각 계급의 상대도수(또는 도수)를 구한다.

[표 9.3] 우리 반 학생들의 몸무게

몸무게(kg)	학생 수(명)
30 이상 ∼ 35 미만	5
35 ∼ 40	11
40 ∼ 45	16
45 ∼ 50	12
50 ∼ 55	4
55 ∼ 60	4
합 계	52

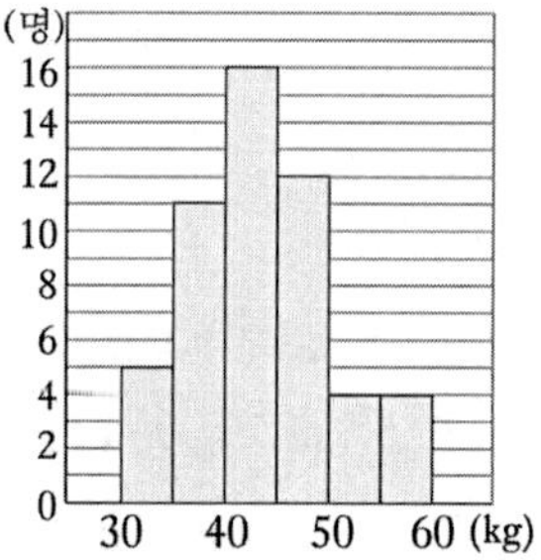

[그림 9.1] 히스토그램

위의 그림은 [표 9.3]의 도수분포표를 다음과 같은 방법으로 그래프로 나타낸 것으로, 이 그래프를 히스토그램이라고 한다.

히스토그램 그리기

① 가로축에 각 계급의 양 끝 값을 써 넣는다.

② 세로축에 각 계급의 도수를 써 넣는다.

③ 각 계급의 크기를 가로로, 도수를 세로로 하는 직사각형을 차례대로 그린다.

계급의 크기는 모두 같으므로 히스토그램에서 직사각형의 넓이는 각 계급의 도수에 정비례한다. 도수분포표나 히스토그램에서는 변량에 대한 계급값이 연속적으로 나타나 있다. 따라서 각각의 변량을 알아보기 쉽지 않으나, 전체적인 분포 상태를 알아보기는 편리하다. 예를 들어 45~50kg 사이에 12명이 속해 있으므로 각 학생의 몸무게에 대한 값을 정확히 알지는 못한다. 그러나 중앙값인 47.5의 값을 갖는 사람이 12명 있는 것으로 간주하면 대체적인 변량의 분포를 알 수 있다.

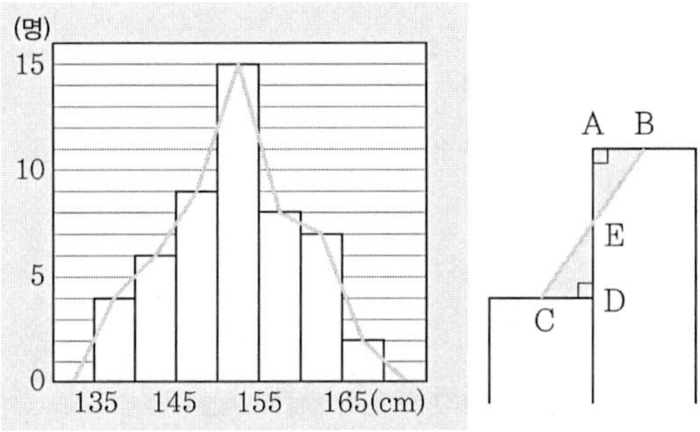

[그림 9.2] 도수분포다각형

위 그림은 히스토그램의 각 직사각형의 윗변의 중점을 차례대로 선분으로 연결하여 그린 것이다. 여기에서 양 끝은 도수가 0인 계급이 있다고 생각하여 그 중점을 연결한 것이다.

이와 같이 만든 다각형 모양의 그래프를 도수분포다각형이라고 한다. 도수분포다각형은 각 구간이 선분으로 이어져 있으므로 선분의 기울기를 통하여 자료의 변화하는 속도를 확인하기 쉽다. 특히 히스토그램을 이용해서는 두 집단의 자료를 나타내기 쉽지 않으나, 도수분포다각형은 여러 집단의 자료를 비교하는데 편리하다.

위의 그림의 △ABE와 △DCE에서 밑변 AB, CD의 길이와 높이 AE, DE의 길이가 각각 같은 직각삼각형이므로 두 삼각형의 넓이는 같다. 따라서 히스토그램을 이용하여 도수분포다각형을 만들 때 새로 생기는 부분과 없어지는 부분의 넓이는 같다. 따라서 히스토그램에서 직사각형의 넓이의 합과 도수분포다각형과 가로축으로 둘러싸인 부분의 넓이는 같다.

한편, 어떤 반의 점수를 조사하여 다음과 같은 자료를 얻었다고 하자.

9	6	14	11	16	17	18	22	23	22
25	18	22	22	21	27	26	28	25	39
33	36	39	32	34	34	45	46	49	41

이 자료를 다음 [그림 9.3]과 같이 10자리의 수를 줄기stem에 나타내고, 일의 자리의 수를 잎leaf에 나타낸 것을 줄기와 잎stem and leaf plot이라고 한다. 줄기와 잎 그림은 막대그래프를 시계 방향으로 90° 회전시킨 것과 같은 모양이다.

줄기	잎
0	6 9
1	1 4 6 7 8
2	1 2 2 2 2 3 5 5 6 7 8 8
3	2 3 4 6 9 9
4	5 6 9 1

[그림 9.3] 줄기와 잎 그래프

위에서 알 수 있듯이 주어진 자료를 목적에 맞게 잘 정리하고 그림으로 나타내면 자료의 성질을 잘 알 수 있다.

생각해 볼 문제 9-1

아래 그래프를 보고, 무엇을 나타내는 그래프일지 자유롭게 상상해서 재미있고 알맞은 이야기를 꾸며보자(단, 자신이 이미 알고 있는 것들을 기억하거나 상상해서 이야기를 꾸며도 좋고, 신문 등의 자료를 이용해도 좋다)

(1)

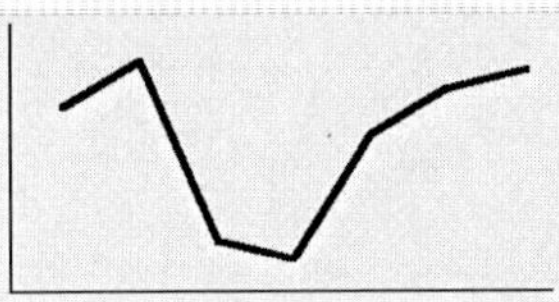

(2)

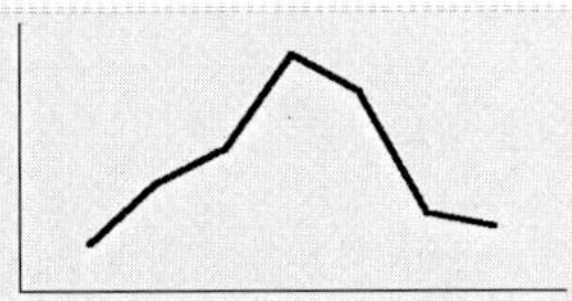

3. 자료의 분석

(1) 중심위치의 측도

중심위치의 측정값은 평균, 중앙값, 최빈값 등이 있다. 이 중 평균과 중앙값이 가장 많이 쓰이고 있다.

1) 평 균

평균은 양적 자료에만 사용되며, 우리가 관측한 자료의 값들을 $x_1, x_2, \cdots, x_n$이라 할 때 다음과 같이 정의된다.

$$\text{평균} = \frac{x_1 + x_2 + \cdots + x_n}{n}$$

그리고 모집단의 평균을 모평균, 표본의 평균을 표본평균이라 부른다.

표본평균: $\overline{x}$ 모평균: μ

모집단과 표본의 구별을 위해서 모집단의 자료수를 N, 표본의 자료수를 n이라 하면, 모평균과 표본평균은 다음과 같다.

모평균과 표본평균

$$\overline{x} = \frac{1}{n}(x_1 + x_2 + \cdots + x_n) = \frac{1}{n}\sum_{i=1}^{n} x_i$$

$$\mu = \frac{1}{N}(c_1 + c_2 + \cdots + c_n) = \frac{1}{N}\sum_{i=1}^{n} x_i$$

① 산술평균

어떤 모집단에서 변수 X에 대한 n개의 표본값이 존재하는 데이터를 추출했다고 하자. 이들 값을 $x_1, x_2, \cdots, x_n$으로 표시한다. 보통 통계학에서의 평균이라 함은 산술평균을 의미하는데 식으로 표시하면 다음과 같다.

$\overline{x} = \frac{1}{n}\Sigma x_i$: 원데이터

$\overline{x} = \frac{1}{n}\Sigma x_i f_i$: 도수분포로 정리된 데이터

교과서에서는 ....

활동 2 소현이네 모둠과 병현이네 모둠이 고리 던지기를 하였습니다. 한 사람이 고리 4개를 던져서 기둥에 건 고리의 수를 나타낸 표입니다. 물음에 답하시오.

소현이네 모둠

이름	소현	성진	정원	건욱	은진
고리의 수	2	3	2	4	3

병현이네 모둠

이름	병현	근지	미란	영우
고리의 수	2	4	4	2

- 두 모둠은 각각 몇 명입니까?
- 소현이네 모둠은 고리를 모두 몇 개 걸었습니까?
- 병현이네 모둠은 고리를 모두 몇 개 걸었습니까?
- 어느 모둠이 더 잘했는지 알아보기 위해 어떻게 비교하면 좋겠습니까?
- 각 모둠의 성적을 대표하는 값을 어떻게 정하면 공정한 경기가 되겠습니까?

자료의 대표값 각 자료의 값을 모두 더하여 자료의 수로 나눈 값을 그 자료를 대표하는 값으로 정하면 편리합니다. 이 값을 평균이라고 합니다.

(평균) = (자료 값의 합) ÷ (자료의 수)

[그림 9.4] 산술평균 지도

② **기하평균**

시계열에서 인구나 물가 변동율과 같은 비율에서 평균증가율을 구하고자 할 때 적용되는 대푯값으로 기하평균 g를 상승평균이라고도 한다, 데이터를 $x_1, x_2, \cdots, x_n$이라고 하면

$$g = (\prod_{i=1}^{n} x_i)^{\frac{1}{n}}$$

로 나타난다.

2) 중앙값

중앙값은 자료를 크기순으로 나열할 때 가운데 놓이는 값이다. 자료의 수를 n이라 놓을 때, n이 홀수이면 $\frac{(n+1)}{2}$번째 자료 값이 중앙값이 된다. n이 짝수일 때는 가운데 위치하는 자료 값은 없으나 $\frac{n}{2}$번째와 $\frac{n}{2+1}$번째 자료 값의 산술평균을 중앙값으로 정의한다.

3) 최빈값

최빈값은 질적 자료나 양적 자료 모두에 사용되며, 간단히 말하면 자료 중 가장 자주 나오는 값을 일컫는다. 양적 자료의 대부분의 경우는 앞의 예와는 달리 많은 종류의 자료 값을 가진다. 이러한 경우, 거의 대부분의 자료 값들은 한 번만 나타나서 위와 같은 방법으로 최빈값을 구하는 것이 곤란하거나 불합리할 때가 많다.

[표 9.4] 월급액

(단위: 만 원)

42	58	55	61	52
66	38	72	95	420

[표 9.4]의 월급 자료를 보면 모든 자료가 한 번씩 나타나서 위의 정의대로 하면 최빈값은 존재하지 않는다. 그러나 이런 경우 자료를 몇 개의

계급으로 나누어서 가장 도수가 높은 계급, 즉 최빈계급의 중간값을 최빈값으로 삼는다.

이제 [표 9.4]의 월급자료를 5개의 계급으로 나누어 정리하면 [표 9.5]와 같다. 이 표의 최빈계급은 50~70이므로 최빈값은 50과 70의 중간값인 60이 된다.

[표 9.5] 월급자료의 분포

월급액	도 수
30~50	2
50~70	5
70~90	1
90~100	1
110~	1

위의 예에서 [표 9.5]와 다른 방법으로 계급을 정하면 다른 최빈값이 나옴을 쉽게 알 수 있다. 따라서 하나의 자료에 여러 개의 최빈값이 나올 수 있어 바람직하지 못하다. 또한 최빈값은 중앙값과 마찬가지로 수리적인 분석이 어렵기 때문에 양적 자료의 경우 널리 사용되지 않고 있다.

(2) 산포도

앞에서 설명한 중심위치의 측정값만으로는 자료의 분포에 대한 충분한 정보를 얻을 수 없다. 강을 건널 때 평균깊이만을 생각하고 강을 건너는 것이 얼마나 위험한가? 강의 평균깊이와 더불어 강의 깊이가 평균을 중심으로 얼마만큼 변하고 있는지를 알아야 할 것이다. 이와 마찬가지로 통계적 분석에도 자료가 평균과 같은 중심위치에서 얼마만큼 떨어져 있느냐를 측정한 측정값이 필요하며, 이를 산포도라고 한다.

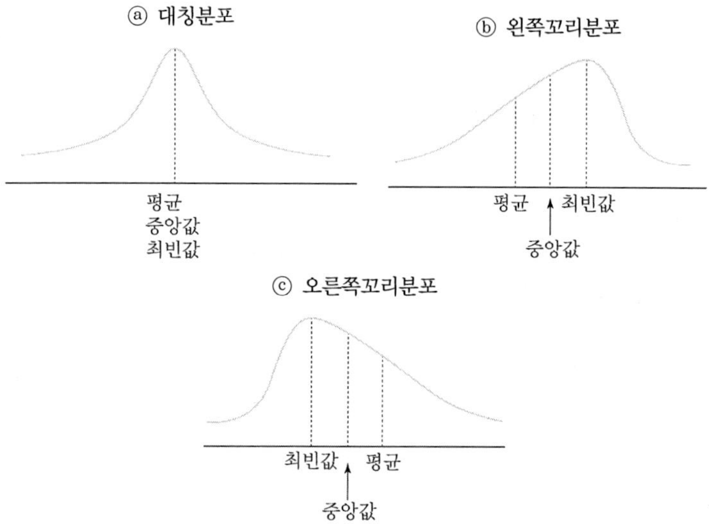

[그림 9.5] 여러 가지 산포도

1) 분산과 표준편차

산포도로서 가장 널리 쓰이는 것이 분산과 표준편차이다. 분산과 표준편차를 정의하기 전에 다음의 자료를 생각해 보자.

$$4 \quad 8 \quad 7 \quad 5 \quad 2 \quad 6 \quad 3$$

위 자료의 평균은 5이며, 각 자료 값과 평균과의 차이, 즉 편차는

$$-1 \quad 3 \quad 2 \quad 0 \quad -3 \quad 1 \quad -2$$

와 같다. 이러한 편차들을 하나의 값으로 나타내는 방법 중 편차들을 모

두 합하는 방법을 생각 할 수 있겠지만, 위 자료의 예에서와 같이 이는 항상 0이 되어 사용할 수 없다. 왜냐하면, 자료 값들을 $x_1, x_2, \cdots, x_n$이라 두었을 때.

$$\sum_{i=1}^{n}(x_i - \overline{x}) = \sum_{i=1}^{n}x_i - n\overline{x} = \sum_{i=1}^{n}x_i - n\cdot\frac{1}{n}\sum_{i=1}^{n}x_i = 0$$

이기 때문이다.

편차의 합 대신에 편차의 제곱의 합을 사용하는 것이 분산과 표준편차이다. 편차의 제곱의 합은 자료수가 증가하면 무한정 커지기 때문에 그것 자체로서는 산포의 측도가 될 수 없다. 따라서 편차의 제곱의 합을 자료수로 나누어서 사용하게 되며, 이를 분산이라 한다. 자료가 모집단일 때의 분산을 모분산이라 부르며, 보통 σ^2이라 표기한다. 반면, 자료가 표본일 때의 분산을 표본분산이라 부르며 통상 s^2으로 표기한다.

모분산과 표본분산

$$\sigma^2 = \frac{1}{n}\sum_{i=1}^{n}(x_i - \mu)^2$$

$$s^2 = \frac{1}{n-1}\sum_{i=1}^{n}(x_i - \overline{x})^2$$

여기서 표본분산을 계산할 때 n 대신에 n-1을 사용하는 데에는 표본의 경우 n보다는 n-1을 사용하는 것이 좋다는 것이 알려졌기 때문이다.

모표준편차와 표본표준편차

$$\sigma = \sqrt{\frac{1}{n}\sum_{i=1}^{n}(x_i - \mu)^2}$$

$$s = \sqrt{\frac{1}{n-1}\sum_{i=1}^{n}(x_i - \overline{x})^2}$$

분산과 표준편차의 간편식

$$s^2 = \frac{1}{n-1}\sum_{i=1}^{n}x_i^2 - (\overline{x})^2$$

$$s = \sqrt{s^2}$$

2) 다른 종류의 산포도

산포도를 나타내는 또 다른 측도로서 변동계수, 범위, 사분위범위 등이 있다. 변동계수는 두 종류의 자료의 산포를 비교함에 있어 두 종류의 자료값의 차이가 클 때 유용하게 쓰이며, 다음과 같이 정의된다.

변동계수

$$v = \frac{s}{\overline{x}}$$

다음 〈자료 1〉은 5명의 신생아의 몸무게이고, 〈자료 2〉는 5명의 성인의 몸무게이다. 자료 값들 간의 변화가 더 심한 자료는 어떤 자료인가?

(단위: kg)

〈자료 1〉					〈자료 2〉				
4.0	3.0	3.5	3.4	3.6	71.0	64.0	67.0	66.0	59.0

위 두 자료의 산포를 비교할 때 분산이나 표준편차를 사용하는 것은 의미가 없다. 왜냐하면, 성인이 되면서 몸무게가 늘어남과 동시에 개인차도 신생아 때보다 자연히 커지게 되고, 이로 인하여 분산이나 표준편차도 따라서 커지게 된다. 변동계수는 몸무게의 증가에 따른 이러한 효과를 없애 준다. 이제 〈자료 1〉과 〈자료 2〉의 변동계수를 구하면 [표 9-6]과 같다. 변동계수를 비교하면 〈자료 1〉의 자료 값이 평균을 중심으로 더 흩어져 있다고 말할 수 있다.

[표 9.6] 신생아와 성인 몸무게의 변동계수

	〈자료 1〉	〈자료 2〉
평　　균	$\overline{x} = 3.5$	$\overline{x} = 65.4$
표준편차	$s = 0.36$	$s = 4.39$
변동계수	$v = 0.36 / 3.5 = 0.103$	$v = 4.39 / 65.4 = 0.067$

범위는 자료를 크기 순서에 따라 늘어놓았을 때 양 극단의 두 자료값의 차이를 나타낸다.

자료의 범위

범위 = 자료의 최댓값 − 자료의 최솟값

범위는 계산하기가 간편하지만, 이상점이 있을 경우 올바른 산포의 측도가 되지 못한다. 또한, 범위는 자료의 두 극단적인 값의 차이만을 나타내기 때문에 두 극단점 이외의 자료들의 산포는 측정할 수 없는 단점을 가지고 있다.

범위의 이러한 단점을 일부 보완한 것이 사분위범위이다. 사분위범위를 정의하기 전에 먼저 사분위수에 대하여 설명해 보자. 사분위수는 크기 순서에 따라 늘어놓은 자료를 4등분하는 수이며, 그 중 첫째를 제1사분위수, 셋째를 제3사분위수라 부른다. 앞에서 다룬 중앙값은 두 번째 사분위수에 해당된다. 제1사분위수를 Q_1, 제3사분위수를 Q_3로 보통 표기한다.

> **사분위범위**
>
> 사분위범위 = 제3사분위수 − 제1사분위수 = $Q_3 - Q_1$

사분위수범위는 영문의 첫 글자를 따서 IQR로 보통 표기된다. 사분위범위는 자료에 이상점이 존재할 때 분산이나 표준편자보다는 그 이상점의 영향을 덜 받으나, 중앙값의 경우와 마찬가지로 모집단의 특성에 대한 추론이 어렵기 때문에 널리 사용되지 않고 있다.

(3) 상대적 위치의 측도

1) 백분위수

백분위수는 사분위수의 개념을 더욱 확대하여 크기 순서에 따라 나열한 자료 값들을 100등분하는 수의 값을 일컫는다. 즉, 제P백분위수는 자료 값 중 P%가 그 값보다 작거나 같게 되는 값이다. 제1사분위수, 중앙값, 제3사분위수는 각각 제25, 제50, 제75백분위수에 해당된다. 백분위수는 자료의 크기가 대략 30보다 큰 경우에 사용된다.

백분위수

제P백분위수는 자료 값 중 P%가 그 값보다 작거나 같고 (100–P)% 가 그 값보다 크거나 같게 하는 값이다.

2) z점수

z점수는 어떤 특정한 자료 값이 평균으로부터 표준편차의 몇 배만큼 떨어져 있는가를 측정한다. z점수는 다음과 같이 정의된다.

자료 값 x의 z점수

(a) 자료가 모집단일 경우: $z=\dfrac{x-\mu}{\sigma}$

(b) 자료가 표본일 경우: $z=\dfrac{x-\overline{x}}{s}$

z점수는 자료의 분포와는 상관없이 다음과 같은 의미를 가지고 있다.

체비세프의 법칙

자료 중 적어도 $(1-\dfrac{1}{k^2})\times 100\%$가 z점수의 절댓값이 k보다 작다.

예를 들어, $k=2$인 경우를 생각하면 적어도 75%가 z점수의 절댓값이 2보다 적음을 알 수 있다. 즉, 평균으로부터 표준편차의 2배 이내에 위치한 자료는 적어도 전체 자료의 75%에 해당함을 알 수 있다.

(4) 집단화된 자료

주어진 자료의 형태가 개개의 자료 값이 아니고 집단화된 상태일 때 앞에서 다룬 여러 가지 중심위치나 산포의 측도를 어떻게 구할까?

[표 9.7] 당해년도 당기순이익

계급구간	계급값	도수
7.5~12.5	10	7
12.5~17.5	15	2
17.5~22.5	20	8
22.5~27.5	25	4
27.5~32.5	30	2
32.5~37.5	35	4
37.5~42.5	40	2
	총계	29

임의로 추출한 29개의 주식에 대하여 주가의 한 주식당 당해년도 당기순이익의 비율에 관한 자료이다. 위의 표에서 계급값은 각 계급구간의 중간점을 뜻한다. 먼저 [표 9.7]의 자료로부터 평균, 분산 그리고 표준편차를 구해 보자.

각 자료 개개의 값을 모르므로 각 계급구간의 모든 자료들은 그 계급구간의 계급값을 가진다고 하자. 즉 [표 9.7]에서 10이라는 자료 값을 가진 자료는 7개, 15라는 자료 값을 가진 자료는 2개, … 등 있다고 생각하면, 평균은

$$\bar{x} = \frac{10 \times 7 + 15 \times 2 + \cdots + 40 \times 2}{29} = 22.07$$

이다. 또한 분산은

$$s^2 = \frac{(10-22.07)^2 \times 7 + (15-22.07)^2 \times 2 + \cdots + (40-22.07)^2 \times 2}{}$$

$$= 93.78$$

이고, 표준편차는 $s = \sqrt{s^2} = \sqrt{93.78} = 9.68$

이다. 만약 집단화된 자료가 [표 9.7]과 같이 표본이 아닌 모집단일 경우 (자료의 수)-1 대신에 자료의 수로 나누어서 분산과 표준편차를 계산한다. 일반적으로 집단화된 자료로부터 평균, 분산 그리고 표준편차를 계산하는 방법은 다음과 같다.

집단화된 자료의 평균, 분산, 표준편차

(a) 표본일 때 : $\overline{x} = \dfrac{\sum_{i=1}^{k} m_i f_i}{n}$

$$s^2 = \frac{\sum_{i=1}^{n} (m_i - \overline{x})^2 f_i}{n-1}, \quad s = \sqrt{s^2}$$

(b) 모집단일 때: $\mu = \dfrac{\sum_{i=1}^{k} (m_i - \mu)^2 f_i}{N}, \ \sigma = \sqrt{\sigma^2}$

(여기서 k는 계급의 수, $m_1, \cdots, m_k$는 각 계급의 계급값, f_i는 i번째 계급의 도수이며 n은 전체 자료의 수로서 $n = \sum_{i=1}^{k} f_i$이다.)

이제 집단화된 자료의 중앙값과 사분위범위를 구하는 방법을 알아보자. 집단화된 자료의 중앙값과 사분위범위를 구할 때 각 계급의 누적도수를 이용하면 편리하다. i번째 계급의 누적도수는 첫 번째부터 i번째까지의 모든 계급의 도수를 합한 것이다.

[표 9. 8]은 [표 9. 7]의 누적도수를 표시한 것이다. 먼저 중앙값을 구해 보자. 전체 자료의 수가 29이므로 중앙값은 자료를 크기 순서대로 늘어놓았을 때 15번째 자료값이 된다. 3번째 계급의 누적도수가 17이므로 15번째 자료값은 3번째 계급인 17.5~22.5사이에 속함을 알 수 있다. 계급구간 17.5~22.5는 10번째부터 17번째까지의 8개의 자료 값을 포함하고 있고 15번째 자료 값은 이 중 6번째에 해당한다. 이제 이 계급구간
에 속한 8개의 자료들이 일정한 간격으로 분포되어 있다고 생각하면, 6번째 자료 값은 계급의 시작점인 17.5로부터 $(22.5\text{-}17.5)\times\frac{6}{8}$만큼 떨어져 있다고 생각할 수 있다. 따라서 중앙값은

$$17.5+(22.5-17.5)\times\frac{6}{8}=21.25$$

이다.

[표 9.8] 당해년도 당기순이익

계급구간	도수	누적도수
7.5~12.5	7	7
12.5~17.5	2	9
17.5~22.5	8	17
22.5~27.5	4	21
27.5~32.5	2	23
32.5~37.5	4	27
37.5~42.5	2	29
총계	29	

이제 사분위범위를 구하기 위하여 제1사분위수 Q_1과 제3사분위수 Q_3를 구해 보자. 자료의 수가 29이므로 제1사분위수는 처음 15개 자료의 중앙값인 8번째 자료 값이며, 제3사분위수는 나머지15개 자료의 중앙값인 8번째 자료 값이며, 제3사분위수는 나머지 15개 자료의 중앙값인 22번째 자료 값이 된다. 위에서 중앙값을 계산할 때와 같은 방법을 사용하면

$$Q_1 = 12.5 + (17.5 - 12.5) \times \frac{1}{2} = 15.0$$
$$Q_3 = 27.5 + (32.5 - 27.5) \times \frac{1}{2} = 30.0$$

이 된다. 따라서 사분위범위는 $Q_3 - Q_1 = 15$이다.

다음은 집단화된 자료에서 i번째 자료 값을 구하는 방법을 일반적으로 나타낸 것이다.

집단화된 자료로부터 구한 중심위치의 측도나 산포도 등은 개개의 자료 값을 사용하지 않았기 때문에 정확한 값이 아니다. 따라서 자료들이 개개의 값으로 주어졌을 때는 원래 정의대로 정확하게 계산하는 것이 옳다.

> 집단화된 자료의 i번째 자료 값
>
> $$L + h \times \frac{(i-a)}{f}$$

여기서 f는 i번째 자료 값이 속하는 계급의 도수, h는 그 계급의 간격, L은 그 계급의 시작점, 그리고 a는 앞 계급구간까지의 누적도수이다.

생각해 볼 문제 9-2

다음 도수분포는 어느 고등학교 A반 학생 50명의 키를 측정한 결과이다. 이 반 학생의 키의 평균을 구하여라.

키	140-150	150-16-0	160-170	170-180	계
수	10	25	12	3	50

(4) 통계의 지도 과정

1) 목적확인

통계를 실시함에 있어서는 그 목적이 분명해야 한다. 즉, '무엇 때문에 이와 같은 통계를 실시하는가'가 분명해야 한다.

2) 자료수집

자료를 수집할 때 고려해야 할 사항으로서는 '자료는 목적에 비추어 알맞은 자료인가'라는 타당성의 문제와 '조사방법이 정확하게 실행되었는가'라는 신뢰성의 문제가 있다.

3) 분류 정리

어떤 집단에 대하여 조사한 결과 그대로는 전체의 구성이나 특징을 파악하기가 어렵다. 따라서 집단의 성격을 장소, 시간, 상황, 질, 양, 모양 등의 관점에 따라 같은 점과 다른 점으로 분할할 필요가 있다. 이렇게 분할하는 것을 분류라 하고, 분류된 자료를 표나 그래프로 나타내 보거나 평균 등을 산출하여 보다 알기 쉽게 만드는 것을 정리라고 한다. 그러나 분류와 정리는 통계처리 과정에서 엄격하게 구별되는 것은 아니다.

분류에는 직업, 성별, 각종 현상 등과 같은 질적인 것과 연령, 키, 몸무게 등과 같은 양적인 것이 있다. 질적인 분류에서 얻은 통계를 속성통계라 하고, 양적 구조를 나타내는 통계를 변량통계 또는 변수통계라고 한다.

4) 해석

표나 그래프가 만들어지고 평균과 같은 대푯값이 산출되었다면, 이것을 분석해 봄으로써 자료를 객관적으로 해석하도록 해야 한다.

5) 판단

앞의 해석을 바탕으로 자료에 없는 구간에 대한 사상이나 그 범위 밖의 사상 또는 앞으로 일어난 것을 예상하고 판단하도록 한다. 그렇게 함으로써 통계집단의 특성을 제대로 개관할 수 있게 된다.

(5) 확률의 개념

확률을 이해하기 위하여 먼저 표본 공간과 근원사건에 대하여 알아볼 필요가 있다. 표본공간이란 같은 조건 아래 여러 번 반복할 수 있는 어떤 시행에서 일어날 가능성이 있는 모든 결과를 원소로 하는 집합을 말한다. 예를 들어, 주사위를 1회 던졌을 때 나오는 눈의 수는 6 가지이다. 예를 들면 주사위를 1회 던졌을 때 전체집합 $U=\{1, 2, 3, 4, 5, 6\}$이 표본공간이다.

전체집합 U의 임의의 부분집합을 사건이라고 한다. 특히 하나의 원소로 이루어진 집합을 근원사건이라고 한다. 이를테면, 홀수의 눈이 나오는 사건은 $O=\{1, 3, 5\}$이며, 집합 $\{1\}$, $\{3\}$, $\{5\}$는 근원사건이다. 확률은 수학적 확률Laplace, 통계적 확률Von Mises, 공리적 확률Kolmogorov 그리고 주관적 관점 등으로 분류된다.

1) 수학적 확률(고전적 관점, 선험적 확률)

라플라스M. P. S. Laplace는 근원사건이 N개인 표본공간에서 각 근원사건이 일어날 가능성이 모두 같은 정도일 경우, m개의 근원사건으로 구성된 사건 A가 일어날 확률 $P(A)$를

$$P(A)=\frac{m}{N}$$

으로 정의하였다.

이 정의에 따르면, 주사위를 던져서 6이 나올 확률은 일어날 가능성이 같다고 가정할 때 면이 6개이므로 $\frac{1}{6}$이라고 할 수 있다. $\frac{1}{6}$은 주사위를 던지기 이전에 구할 수 있는 값이며, 어떤 시도를 실제로 해보기 전에 확률 계산을 허용한다는 점에서 '선험적 확률'이라고도 한다. 이 정의는 '각 근원사건이 일어날 가능성이 같은 정도'라는 개념을 바탕으로 하고 있으므로 근원사건이 유한개이고, 각 경우가 동등하게 가능한 경우로 분석될 수 있는 공간에 대해서만 적용할 수 있다.

교과서에서는 ....

생각열기 소현이네 반에서는 월요일에 그 주에 생일이 있는 친구들을 모아 생일잔치를 합니다. 다음 4주일 동안 생일잔치를 할 가능성을 어떻게 나타낼 수 있는지 알아봅시다.

활동 1 다음 4주일 동안 생일이 있는 학생은 5명입니다. 학생들이 다음 4주일 동안 생일잔치를 할 가능성을 다음과 같이 이야기했습니다. 확실하면 1, 불가능하면 0이라고 가능성의 정도를 평가하여 수직선에 각 의견의 위치를 나타내어 보시오.

㉠ 건호: 생일잔치가 전혀 없을 것 같습니다.
㉡ 나연: 4주 중 한 주는 생일잔치를 할 것 같습니다.
㉢ 동우: 4주 중 두 주는 생일잔치를 할 것 같습니다.
㉣ 소현: 4주 중 세 주는 생일잔치를 할 것 같습니다.
㉤ 민주: 매주 생일잔치를 할 것 같습니다.

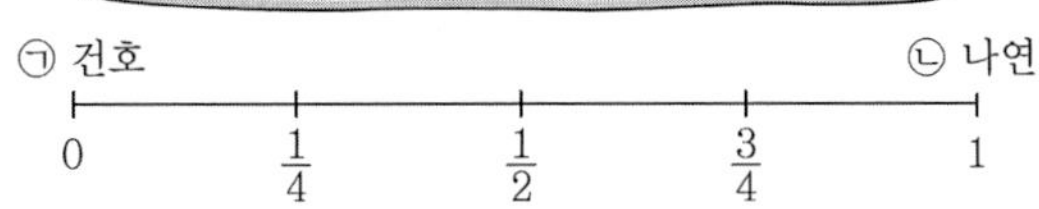

[그림 9.6] 사건이 일어날 가능성(수학적 확률) 지도

2) 통계적 확률(빈도적 관점, 도수적 관점)

통계적 확률은 상대도수라는 통계적 개념에 근거한 것으로, 어떤 사건에 대한 통계적 확률이란 시행횟수에 대한 그 사건의 상대도수의 극한값을 뜻한다.

예를 들어, 찌그러진 동전의 앞면이 나올 확률은 미리 알 수가 없으며, 실제로 많이 던져 보여야 한다. 이 동전을 1만 번 정도 던졌을 때 앞면이 7560번 나왔다면 앞면이 나올 경험적 확률은 0.756이 된다. 이 정의에 의한 확률은 경험에 의하여 확률 값을 얻게 되므로, '경험적 확률'이라고 불리기도 한다.

통계적 확률은 수학적 확률이 가지고 있는 제한점을 극복하게 된다. 즉, 수학적 확률은 동등하게 가능성이 분절되지 않은 공간과 가능성의 경우가 무한인 경우에 확률값을 결정하지 못하는 반면에, 통계적 확률은 상대도수의 극한값이 존재한다면 확률값을 구할 수 있다.

예를 들어, 수학적 확률로 볼 때 동전의 면은 2개이고 그 두 면이 동등한 가능성을 가지고 있다는 것에 주목하여, 앞면이 나올 확률은 $\frac{1}{2}$이라고 생각하였다. 반면에 통계적 확률로는 동전을 무한히 반복하여 던지기 전에는 확률값을 구할 수 없으며, 무한히 반복하여 던진 결과에 따라 결론을 내려야 한다.

3) 공리적 확률

콜모고로프A. Kolmogorov는 표본공간 S의 임의의 사건 E에 대하여 다음 세 조건을 만족하는 실수값를 대응시킬 수 있을 때, $P(E)$를 사건 E의 공리적 확률이라고 정의하였다.

① 임의의 사건 $E \subset S$에 대하여 $0 \leq P(E) \leq 1$

② $P(S) = 1$

③ $E_1,\ E_2,\ E_3,\ \cdots,\ E_i$가 서로 배반사건이면

$P(E_1 \cup E_2 \cup E_3) = P(E_1) + P(E_2) + P(E_3) + \cdots + P(E_i)$

4) 주관적 관점

확률에 관한 주관적 관점에 따르면, 확률은 상황에 대한 인간의 주관적 평가이다. 이 관점은 확률을 불확실한 사건이나 주장에 대한 인간의 확신성의 정도로 간주한다. 주관적 관점의 기본 가정은 인간이 여러 결정들

사이에서 암묵적으로 더 좋아하는 그들 자신의 확률을 가진다는 것이다.

주관적 확률값은 점차 수준이 향상되면서 믿을 만한 하나의 값을 얻게 된다. 이러한 주관적 입장에서 확률을 해석한다면 다양한 상황에서 확률 개념을 사용할 수 있다는 장점이 있다. 하지만 주관적 관점에 의하여 확률값을 구하는 경우, 객관성을 보장받지 못한다. 주어진 정보가 어떤 것인가에 따라 확률값은 달라지며, 경험적인 정보자체도 그 타당성을 검증받아야 하기 때문이다.

확률은 적용되는 상황에 따라 다르게 해석된다. 수학적인 상황에서는 고전적 관점, 연구 방법적인 상황에서는 빈도적 관점, 일상 생활에서는 주관적 관점으로 해석된다. 그러나 어느 하나의 관점만으로 확률 현상의 의미를 규정할 수 없으며, 현상의 특징에 따라 각각의 관점을 도입해야 한다. 확률적인 현상은 하나의 관점만으로 다룰 수 없으며 여러 관점이 통합되어야 비로소 올바르게 논의될 수 있다. 그러므로 학생에게 다양한 확률 특성을 이해할 기회를 주는 것은 중요하고, 확률의 고전적 관점, 경험적·빈도적 관점, 주관적 관점이 고루 반영된 확률 교육이 필요하며, 따라서 확률은 다양한 관점에서 접근해야 제대로 이해될 수 있다.

(6) 확률의 역사

고대 이래로 우연의 문제를 다루어 온 것은 의심의 여지가 없으나, 15세기까지는 확률에 대한 수학적인 취급이 시작되지 않았다. 우연의 게임에 대한 최초의 인쇄물 중 하나는 1494년에 간행된 파촐리의 '*Summa de Arithmetica*'라는 책이다. 그는 게임이 중단되었을 때, 상금을 공정하게 분배하는—오늘날 '분배 문제'라고 하는—방법에 대해 적고 있다.

확률의 역사는 곧 도박의 역사로 르네상스 시대부터 시작되었다. 당시

지중해 연안의 도시에는 일확천금을 꿈꾸는 상인들이 많이 모여들었는데 이들은 날씨가 나빠 출항하지 못할 때 심심함을 달래기 위하여 도박을 하곤 했다. 이때 사람들이 그 승률의 대소를 미리 알기 위해 수학자와 함께 연구하기 시작하면서 확률의 사상은 싹텄다.

16세기에는 카르다노가 도박꾼을 위한 책을 썼는데, 이 책에서 한 개의 주사위를 사용하는 문제를 푸는 어떤 법칙에 대한 표를 제시하고 있다. 우연의 법칙을 수학화하려고 했던 이러한 초기의 시도에도 불구하고 수학으로서의 확률론의 탄생은 루이 14세의 조신이었던 드 메레가 주사위 문제와 분배 문제를 파스칼에게 제기했던 1654년으로 생각되고 있다. 파스칼은 이 문제를 페르마에게 전했고, 두 사람은 곧 그 문제를 해결했다. 두 사람의 연구가 확률의 수학적 이론을 세우는 데 있어서 중요한 고비가 되었던 것으로 간주되고 있다.

역사적으로 도박을 통해 확률, 통계 이론을 체계화하기 시작한 것은 17세기부터이다. 파스칼은 도박사 친구인 드 메레가 문의한 주사위 문제를 푸는 과정에서 '파스칼의 삼각형'으로 유명한 이항 전개 계수를 발견했다. 수학자 페르마와 서신교환을 통해 이를 정리했다. 수학자 폰 노이만과 물리학자 페르마는 확률과 통계이론에 쓰이는 반복실험시뮬레이션을 이용해 원자폭탄의 중성자 충돌 확률을 계산해 냈다. 원자폭탄 개발로 이어진 이 시뮬레이션은 도박의 도시의 이름을 딴 '몬테카를로 방법'으로 명명했다.

룰렛게임에는 뾰족한 필승 전략이 없다는 사실을 증명한 프랑스 포앙카레는 지구궤도의 안정성에 대한 연구를 개척했다. 확률적으로 고객에게 가장 유리한 도박게임은 블랙잭, 다음이 크랩이며 바카라나 룰렛은 절대 이길 수 없는 게임이라는 사실도 수학적으로 증명되어 있다. 우리나라 사람들이 즐기는 고스톱은 패를 뒤집어 치는 과정이 있어 카운팅이 카드보다 복잡하다. 그러나 아무리 고객들이 유리한 도박이라 해도 카지노는 언제나 고객보다 돈을 많이 딴다. 정확한 카운팅과 흔들리지 않는 심리전이 쉽지 않기 때문이다.

◆ 첫 번째 문제

프랑스의 유명한 도박사 드 메레는 주사위 도박에 대하여 항상 수학적으로 생각해서 상당히 좋은 성적을 올렸다. 당시 도박사들 간의 상식으로는 '1개의 주사위를 n 번 던져서 적어도 6의 눈이 한 번 나오면 이기는 것으로 한다는 승부에서는 $n=4$로 하면 던지는 사람이 유리하다.'는 것이 알려져 있었다. 드 메레는 이것을 주사위 2개를 동시에 던지는 문제로 확장해서 한 개를 던지는 경우에는, 위의 사실에서 4번 던지면 적어도 한 번은 6의 눈이 나올 확률이 $\frac{1}{2}$보다 크다는 것을 알았다. 따라서 2개의 주사위를 던질 때는 눈이 나타나는 방법이 1개 때의 6배이므로 $n=4\times6=24$ 가 되면 던지는 사람이 유리하다고 생각하였다. 그런데 실제로 해 보았더니 24회로는 손해본다는 것을 알았다. 그래서 드 메레는 '수학이란 참 알 수 없는 것이로군!' 이라며 당시의 수학자 파스칼에게 하소연하였다. 이것은 곧 '드 메레의 수수께끼'라고 일컬어지는 유명한 문제이다.

2개의 주사위를 n 회 던져서 적어도 한 번은 두 개 다 6의 눈이 나올 확률은 $1-\left(\frac{35}{36}\right)^n$ 이다. 여기서 $\left(\frac{35}{36}\right)^n$은 한 번도 동시에 6의 눈이 나오지 않을 확률을 나타낸다. 따라서 $1-\left(\frac{35}{36}\right)^n>\frac{1}{2}$ 이면 던지는 사람이 유리하다. 이 부등식을 풀기 위해 양변의 로그를 잡으면 $n(\log35-\log36)<-\log2$.

$$\therefore\ n > \frac{\log 2}{\log 36 - \log 35} \fallingdotseq 24.6$$

으로 되므로, $n \geqq 25$ 가 되지 않으면 안 된다. 따라서 $n = 24$ 로는 손해 볼 수밖에 없다.

◆ 두 번째 문제

친애하는 파스칼!

"나는 다음과 같은 심각한 문제에 봉착했네. 실력이 비슷한 갑과 을 두 사람이 32 피스톨화폐단위씩을 걸고 내기를 했다네. 한 번 이기면 1점을 얻는 것으로 하고, 먼저 3점을 얻는 사람이 64피스톨을 모두 가지기로 했다네. 이 내기에서 갑이 먼저 2점을, 을이 1점을 땄는데, 그만 한 사람이 몸이 아파 시합을 더 이상 할 수 없게 되었다네. 이럴 경우 게임을 무효로

하자니 먼저 2점을 딴 갑이 억울해 하고, 갑이 먼저 2점을 땄으니 갑이 이긴 걸로 하자니 을의 앞 일은 모르는 것인데 어떻게 판정을 내려야 할지 혼란스럽게 되었네. 도대체 64피스톨을 어떻게 분배하는 것이 좋겠나? 파스칼 자네라면 충분히 풀 수 있을 거라 믿네."

이 편지는 17세기 유명한 도박사 드메레가 파스칼에게 질문한 내용이다. 파스칼은 고심끝에 문제를 다음과 같이 해결했다.

드 메레 보게!

만약 시합을 중단하지 않고 계속할 경우 갑이 이긴다면 갑은 3번을 이기는 것이므로 갑은 64피스톨을 다 가져야 한다네. 만약 을이 이긴다면 갑이 2번, 을이 2번 이긴 것이 되므로 둘이 32 피스톨씩 나누면 된다네 결과적으

로 갑은 이기든 지든 32피스톨을 가져야 한다네. 그 다음시합에서는 이길 확률이 반반이므로 남은 32피스톨을 16피스톨씩 나누면 된다네.

따라서 갑은 32+16=48 피스톨은 16피스톨을 가지면 문제는 합리적으로 해결된다네.

이 대답을 확률적 사고로 고쳐 표현해 보면 다음과 같다. 먼저 A가 이 게임에서 이길 확률을 구해 보자. A가 다음 번 게임에서 이길 확률도 질 확률도 0.5인데, 만약 다음 번 게임에서 A가 이기면 A는 B보다 먼저 3점을 따는 것이 되어 이 게임은 A의 승리가 된다. 만약, 다음 번 게임에서 A가 지면 그 시점에서는 A도 2점, B도 2점을 얻은 것이 되어 게임은 끝나지 않는다. 이 경우 A가 이 게임에서 이기려면 그 다음 게임에서 A가 이겨야 하는데 일어날 확률은 $0.5 \times 0.5 = 0.25$이다. 결국 A가 이 게임에서 이길 확률은 $0.5+0.25=0.75$이고, B가 이길 확률은 0.25이다. 따라서 내기 돈 64피스톨은 A : $64 \times 0.75=48$, B$=64 \times 0.25=16$으로 분배하는 것이 가장 합리적이다.

파스칼과 드 메레의 편지 내용은 확률의 개념을 탄생시킨 계기가 되었으며, 이를 바탕으로 스위스의 수학자 베르누이, 프랑스의 드 무아르브, 라플라스 등에 의해 체계화되었다.

생각해 볼 문제 9-3

하은이와 수지, 은섭 세 사람이 아래와 같이 3등분된 회전판을 이용하여 시합을 하려고 한다. 세 사람씩 시합을 하는데 각각 자기의 원판에 화살을 쏘아 맞힌 숫자가 큰 사람이 이긴다고 한다. 누가 승리할 가능성이 더 높을지 설명하여라.

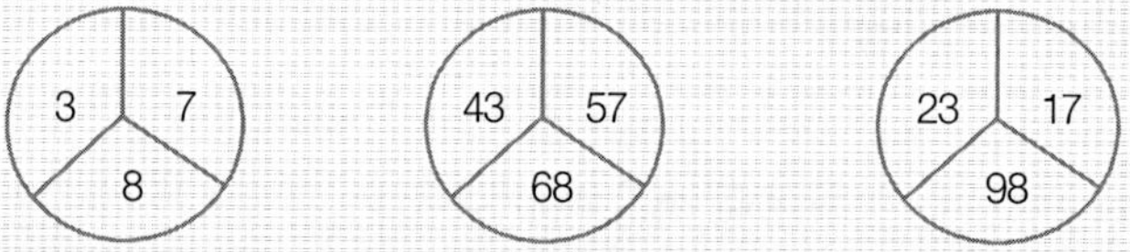

하은이의 원판 수지의 원판 은섭이의 원판

7. 조건부확률과 독립사건

공집합이 아닌 사건 B가 일어났다는 조건 하에 사건 A가 일어날 확률을 조건부확률이라 한다. 이것을 $P(A \mid B)$로 나타내고, $P(B)$에 대한 $P(A \cap B)$의 비로 정의한다.

즉, $P(A \mid B) = \dfrac{P(A \cap B)}{P(B)}$이다.

> **조건부확률**
>
> 공사건이 아닌 사건 B가 일어났다는 조건 하에 사건 A가 일어날 확률
>
> $$P(A \mid B) = \frac{P(A \cap B)}{P(B)} \quad (\text{단, } P(B) > 0)$$

예 1

항아리에 모양과 크기가 같은 빨간 공 3개와 흰 공 4개를 들어 있다.

비복원추출법으로 2개의 공을 꺼낼 때 두 개 모두 빨간 공일 확률을 구하면?

첫 번째 꺼낸 공이 빨간 공일 확률을 A, 두 번째 꺼낸 공이 빨간 공일 확률을 B라 하면 $P(A)=\frac{3}{7}$, $P(B \mid A)=\frac{2}{6}$ 이므로 구하고자 하는 확률은 $P(A\cap B)=P(A)P(B \mid A)=\frac{3}{7}\times\frac{2}{6}=\frac{1}{7}$ 이다.

사건 B가 일어났다는 가정이 사건 A가 일어날 확률에 전혀 영향을 미치지 않으면, 즉 $P(A|B)=P(A)$이면 사건 A와 사건 B는 서로 독립이라고 한다. 그리고 $P(A|B)\neq P(A)$일 때 사건 A와 사건 B는 서로 종속이라고 한다.

조건부확률의 정의에 의하여

$$P(A \mid B)=\frac{P(A\cap B)}{P(B)}$$

이므로 두 사건 A와 B가 독립일 조건은

$$P(A\cap B)=P(A)P(B)$$

라고 할 수 있다.

사건의 독립

$P(A\cap B)=P(A)P(B)$이면, 사건 A와 사건 B는 서로 독립이다.

예 2

항아리에 모양과 크기가 같은 빨간 공 3개와 흰 공 4개를 들어 있다.

비복원추출법으로 2개의 공을 꺼낼 때 첫 번째 꺼낸 공이 빨간 공일 확률을 A, 두 번째 꺼낸 공이 빨간 공일 확률을 B라 하면 사건 A와 사건 B는 서로 종속임을 알 수 있다. 왜냐하면,

$$P(A) = \frac{3}{7}$$

$$\begin{aligned} P(B) &= P(A)P(B \mid A) + P(A^C)P(B \mid A^C) \\ &= \frac{3}{7} \times \frac{2}{6} + \frac{4}{7} \times \frac{3}{6} \\ &= \frac{3}{7} \end{aligned}$$

이므로 $P(A \cap B) = \frac{1}{7} \neq \frac{9}{49} = P(A)P(B)$

이다. 그러므로 A와 B는 종속이다.

사건 B_1, B_2, B_3, $\cdots$, B_n이 S의 분할일 때 임의의 사건 A는 다음과 같이 나타낼 수 있다.

$$A = \cup_{i=1}^{n} (A \cap B_i)$$

이제 $P(B_i) > 0$인 사건 B_1, B_2, B_3, $\cdots$, B_n이 S의 분할일 때 사건 A에 대하여 다음을 유도할 수 있다.

$$\begin{aligned} P(A) &= P(A \cap S) \\ &= P(A \cap (\cup_{i=1}^{n} B_i)) \\ &= P(\cup_{i=1}^{n} (A \cap B_i)) \end{aligned}$$

$$= \sum_{i=1}^{n} P(A \cap B_i)$$

$$= \sum_{i=1}^{n} P(B_i)P(A \mid B_i) \qquad \text{(전확률 공식)}$$

$$P(B_j \mid A) = \frac{P(B_j \cap A)}{P(A)}$$

$$= \frac{P(B_j)P(A \mid B_j)}{\sum_{i=1}^{n} P(B_i)P(A \mid B_i)}, \; j = 1, 2, 3, \cdots, n$$

(베이즈 정리)

생각해 볼 문제 9-4

1. 어느 대학 수학과 학생 중 1, 2, 3, 4학년이 각각 전체의 30%, 30%, 20%, 20%를 차지한다고 한다. 1학년 학생 중 80%, 2학년 학생 중 50%, 3학년 학생 중 30%, 4학년 학생 중 10%가 수학사 과목을 수강한다고 한다. 수학과 학생 중 1명을 임의로 뽑을 때 그 학생이 수학사 과목을 수강할 확률을 구하여라. 또 수학과 학생 중 수학사 과목을 수강하는 학생을 임의로 1명을 뽑을 때 그 학생이 1학년 학생일 확률을 구하여라.

2. 지영, 건호, 성호, 태영, 서영, 하연 6명이 6장의 제비를 뽑는데 이 중 한 장만 놀이공원 이용권을 주는 당첨제비가 있다. 먼저 제비를 뽑는 것이 유리할까? 아니면 나중에 뽑는 것이 더 유리할까? 지영, 건호, 성호 3명이 순서로 뽑을 때 각각의 당첨 확률을 구하여라.

8. 확률변수와 확률분포

두 개의 동전을 동시에 던지는 실험에서 앞면이 나오는 경우를 H, 뒷면이 나오는 경우를 T라고 하면 나타날 수 있는 모든 경우는 $S=\{HH, HT, TH, TT\}$이다. 이 때 $X(HH)=2$, $X(HT)=1$, $X(TH)=1$, $X(TT)=0$으로 대응시키는 함수 X는 두 개의 동전을 동시에 던졌을 때 앞면의 개수를 나타낸다. 이와 같이 표본공간 S를 정의역으로 하는 실수값 함수를 확률변수라고 한다. 특히 확률변수 X가 이산량을 취할 때 이산확률변수, 연속적인 양을 취할 때 연속확률변수라고 한다.

표본공간 S에서 정의된 확률변수 X와 임의의 실수 a, b에 대하여 $p(a \leq X \leq b)$와 같은 확률을 계산할 수 있다. 일반적으로 실수의 부분집합 A에 대하여 확률값 $P(X \in A)$을 대응시킬 때 이러한 대응관계를 확률변수 X의 확률분포라고 한다.

예 3

두 개의 동전을 동시에 던지는 실험에서 확률변수 X가 앞면의 개수라 할 때

확률분포는 $S=\{HH, HT, TH, TT\}$이므로 $P(X=0)=\frac{1}{4}$,
$P(X=1)=\frac{2}{4}$, $P(X=2)=\frac{1}{4}$이고,
$P(X \leq 1)=\frac{3}{4}$이다.

앞의 예 3 에서 $f(x)$를 다음과 같이 정의하면

$$f(x)=f(x)=\begin{cases} P(X=0)=\frac{1}{4}, & x=0 \\ P(X=1)=\frac{2}{4}, & x=1 \\ P(X=2)=\frac{1}{4}, & x=2 \\ 0 & \text{기타} \end{cases}$$

$$\begin{aligned} P(X \leq 1) &= \sum_{0 \leq x \leq 1} f(x) \\ &= f(0)+f(1). \\ &= \frac{1}{4}+\frac{2}{4} \\ &= \frac{3}{4} \end{aligned}$$

임을 알 수 있다.

X가 취하는 x값과 X가 x를 취할 확률인 $P(X=x)$를 표로 나타내면 다음과 같다.

x	0	1	2
$P(X=x)$	$\frac{1}{4}$	$\frac{2}{4}$	$\frac{1}{4}$

위의 표와 같이 이산확률변수 X에 대해 X가 취할 수 있는 x값과 X가 x를 취할 확률 $P(X=x)$를 함께 나타낸 표를 X의 확률분포표라고 한다.

이산확률변수에 대하여 아래와 같이 $f(x)$를 정의할 때

$$f(x) = \begin{cases} P(X = x_i), & x = x_i\ (i = 1, 2, 3, \cdots) \\ 0 & \text{기타} \end{cases}$$

$f(x)$를 X의 확률질량함수라고 한다. 확률질량함수 $f(x)$에 대하여 다음이 성립한다.

확률질량함수의 성질

(1) 모든 x에 대하여 $f(x) \geq 0$

(2) $\sum_{i=1}^{\infty} f(x_i) = 1$

(3) $P(a \leq X \leq b) = \sum_{a \leq X \leq b} f(x_i)$

연속확률변수인 경우 음이 아닌 함수 $f(x)$에 대하여

$$P(a \leq X \leq b) = \int_a^b f(x)dx$$

일 때 $f(x)$를 확률변수 X의 확률밀도함수라고 한다. 확률밀도함수 $f(x)$에 대하여 다음이 성립한다.

확률밀도함수의 성질

(1) $f(x) \geq 0$

(2) $\int_{-\infty}^{\infty} f(x_i)dx = 1$

(3) $P(a \leq X \leq b) = \int_a^b f(x)dx$

예 4

확률변수 X의 확률밀도함수가 아래와 같다고 하자.

$$f(x)=\begin{cases} k(1-x^2) & -1<x<1 \\ 0 & \text{기타} \end{cases}$$

이 때 k의 값은 확률밀도함수의 성질에 의하여

$$\begin{aligned} \int_{-\infty}^{\infty} f(x_i)dx &= \int_{-\infty}^{-1} 0dx + \int_{-1}^{1} k(1-x^2)dx + \int_{1}^{\infty} 0dx \\ &= \int_{-1}^{1} k(1-x^2)dx = \frac{4}{3}k = 1 \quad \therefore\ k=\frac{3}{4} \end{aligned}$$

이고,

$$\begin{aligned} P(-2 \le x \le \frac{1}{3}) &= \int_{-2}^{\frac{1}{3}} f(x_i)dx \\ &= \int_{-2}^{-1} 0dx + \frac{3}{4}\int_{-1}^{\frac{1}{3}} (1-x^2)dx \\ &= \frac{20}{27} \end{aligned}$$

이다.

이제 확률질량함수와 확률밀도함수를 이용하여 분포함수 $F(x)$를 정의해 보자.

$$\begin{aligned} F(x) &= P(X \le x) \\ &= \begin{cases} \sum_{t \le x} f(t), & X\text{가 이산인 경우} \\ \int_{-\infty}^{x} f(t)dt, & X\text{가 연속인 경우} \end{cases} \end{aligned}$$

역으로 분포함수 $F(x)$를 이용하여 확률밀도함수 $f(x)$를 구할 수 있다.

$$f(x)=\begin{cases} P(X=x)=F(x)-F(x-1), & X\text{가 이산인 경우} \\ F'(x), \ X\text{가 연속인 경우} \end{cases}$$

예 5

연속확률변수 X의 확률밀도함수는 다음과 같다.

$$f(x)=\begin{cases} \frac{3}{4}(1-x^2), & -1<x<1 \\ 0, & \text{기타} \end{cases}$$

(1) 분포함수를 구하면

$-1 \le x \le 1$인 경우에 대하여

$$\begin{aligned} F(x) &= \int_{-\infty}^{x} f(t)dt \\ &= \int_{-\infty}^{-1} 0\, dt + \int_{-1}^{x} \frac{3}{4}(1-t^2)dt \\ &= \frac{1}{2}+\frac{3}{4}x-\frac{1}{4}x^3 \end{aligned}$$

그러므로

$$F(x)=\begin{cases} 0 & x<1 \\ \frac{1}{2}+\frac{3}{4}x-\frac{1}{4}x^3, & -1 \le x<1 \\ 1 & x \ge 1. \end{cases}$$

(2) $P(-\frac{1}{2} \le X \le \frac{1}{2})$을 구하면

$$P(-\frac{1}{2} \le X \le \frac{1}{2}) = F(\frac{1}{2}) - F(-\frac{1}{2}) = \frac{11}{16}$$

이 된다.

생각해 볼 문제 9-5

1. 이산확률변수 X의 확률질량함수가 다음과 같을 때 분포함수를 구하여라.

$$f(x) = \begin{cases} \frac{1}{4}, & x = 0 \\ \frac{2}{4}, & x = 1 \\ \frac{1}{4}, & x = 2 \end{cases}$$

2. 흰 바둑돌 3개와 검은 바둑돌 3개가 들어 있는 주머니에서 보지 않고 바둑돌 2개를 꺼낼 때, 꺼낸 바둑돌이 같은 색깔이면 철수가 이기고 다른 색깔이면 영희가 이기는 게임을 한다.
   누가 이길 가능성이 더 높은지 설명하고, 만약 공정하지 않다면 공정한 게임으로 만들려면 조건을 어떻게 변형해야 하는지 게임을 변형해 보아라.
3. 짝과 함께하는 확률놀이를 해보자.
   ① 사탕 1개와 컵 3개를 탁자 위에 놓는다.
   ② 컵 세 개 중 하나의 컵에 사탕을 숨기는 동안 친구는 얼굴을 돌리고 있게 한다.
   ③ 이제, 친구에게 어떤 컵에 사탕이 숨겨져 있는지 맞춰보게 한다.
   ④ 친구가 사탕이 있는 컵을 선택한다면, 다른 두 개의 컵 중에서 하나를 제거한다.(나머지 컵 2개는 빈 컵이므로, 어떤 컵을 빼도 상관없다.) 하지만, 친구가 비어있는 컵을 선택한다면, 또 다른 빈 컵을 제거한다.

⑤ 그럼, 컵이 2개가 남아 있지? 친구에게 생각을 바꿀 기회를 한번 더 준다. 처음에 선택한 컵을 계속 유지할지, 남아 있는 다른 컵으로 선택을 바꿀지 기회를 준다.
⑥ 최종 결정이 되면, 어디에 사탕이 숨겨져 있는지 확인한다. 친구가 맞췄으면 사탕을 주고, 틀리면 여러분이 사탕을 가져간다.
⑦ 나머지 사탕 14개도 위와 같은 방법으로 게임한다.

위와 같은 게임에서 처음의 선택을 유지하는 것과 바꿔는 것 중에서 어떻게 하는 것이 이길 확률이 높을까? 그 이유를 설명하여라.

9. 기댓값

주사위를 한 번 던져서 나오는 눈이 짝수이면 100원, 홀수이면 200원을 받는 게임을 생각해 보자. 한 번의 게임에서 받을 수 있는 돈의 액수를 X라 하면,

$$P(X=100)=\frac{1}{2},\ P(X=200)=\frac{1}{2}$$

이다.

그러므로 X가 취할 수 있는 값은 x와 X가 x를 취할 확률의 곱을 더하면

$$\sum_x xP(X=x)=100\times\frac{1}{2}+200\times\frac{1}{2}=150$$

이다.

이처럼 X가 취하는 값 x와 X가 x를 취할 확률을 곱하여 더한 값을 X의 평균 또는 기댓값이라고 한다. 여기서 기댓값이라고 하는 것을 비록 위의 게임을 한 번만 할 경우에는 100원이나 200원 중에서 어느 하나만큼 받을 수 있지만, 이 게임을 여러 번 할 경우 매 게임당 평균 150원 정도를 기대할 수 있다는 것이다.

일반적으로 확률 밀도 함수가 $f(x)$인 이산확률변수 X의 기댓값은 X가 취할 수 있는 S값 x와 $(X=x)$일 확률 변수 $P(X=x)=f(x)$의 곱의 합 즉,

$$\sum_x xf(x)$$

로 정의되며 확률변수 X의 평균이라고도 한다. 확률밀도 함수가 $f(x)$인 연속확률변수 X에 대한 기댓값은

$$\int_{-\infty}^{+\infty} xf(x)dx$$

로 정의된다.

우리는 모집단의 모형을 임의의 적절한 확률변수로 정의할 수 있는데 우리의 관심은 이러한 모집단을 나타내는 확률변수 X의 특성이다. 대표적인 것으로 모평균과 모분산을 들 수 있는데 이는 아래와 같이 정의된다.

확률변수 X의 평균과 분산

$$E(X)=\begin{cases}\sum_x xf(x), & X\text{가 이산인 경우}\\ \int_{-\infty}^{+\infty} xf(x)dx, & X\text{가 연속인 경우,}\end{cases}$$

$$Var(X)=\sum_{x}(x-E(X))^2 f(x),\ X\text{가 이산인 경우}$$

$$Var(X)=\int_{-\infty}^{+\infty}(x-E(X))^2 f(x),\ X\text{가 연속인 경우}$$

예 6

확률변수 X의 확률질량함수는 다음과 같을 때

$$f(x)=\begin{cases}\frac{1}{4}, & x=0\\ \frac{2}{4}, & x=1\\ \frac{1}{4}, & x=2\end{cases}$$

X의 평균과 분산을 구하면

$$E(X)=\sum_{x=0}^{2}xf(x)=0\times\frac{1}{4}+1\times\frac{2}{4}+2\times\frac{1}{4}=1$$

$$E(X^2)=\sum_{x=0}^{2}x^2f(x)=0\times\frac{1}{4}+1\times\frac{2}{4}+4\times\frac{1}{4}=1.5$$

그러므로 $E(X)=1$, $Var=E(X^2)-E(X)^2=0.5$

생각해 볼 문제 9-6

연속확률변수 X의 확률밀도 함수는 다음과 같다.

$$f(x)=\begin{cases}\frac{3}{4}(1-x^2), & -1<x<1\\ 0, & \text{기타}\end{cases}$$

X의 평균과 분산을 구하여라.

10. 이산확률분포와 연속확률분포

시행 결과 성공과 실패의 두 가지 결과만을 갖고 서로 독립이고 동일한 성공 확률을 가진 시행을 '베르누이 시행'이라고 하고, 성공(s)일 때 1, 실패(f)일 때 0으로 대응시키는 확률변수 X를 '베르누이 확률변수'라고 한다.

베르누이 분포의 성질

(1) $E(X)=p$

(2) $Var(X)=p(1-p)$

또한 성공확률이 p인 베르누이 시행을 n회 독립적으로 시행할 경우 총 성공횟수를 X라 할 때 확률변수 X의 분포를 n과 p를 모수로 갖는 이항분포라 하며 $B(n, p)$로 나타낸다.

이항분포의 성질

(1) $P(X=x) = {}_nC_x p^x (1-p)^{n-x}, x=0, 1, 2, \cdots, n$

(2) $E(X) = np, Var(X) = np(1-p)$

이항분포에 대한 여러 가지 경우의 확률은 이항확률밀도함수를 이용해도 되지만, 누적이항확률표를 이용하면 매우 간편하게 확률을 계산할 수 있다. 예를 들면 성공횟수를 X라 하면, X는 $B(200, \frac{1}{2})$을 따른다. $B(200, \frac{1}{2})$에 대한 이항누적확률을 이용하면

$$P(X=10) = P(X \le 10) - P(X \le 9) = 0.588 - 0.412 = 0.176$$
$$P(X \ge 17) = 1 - P(X \le 16) = 1 - 0.999 = 0.001$$

이 된다.

통계학에서 가장 많이 쓰이는 분포가 정규분포이다. 이는 Gauss분포라고도 하며, 분포의 모양이 종을 엎어 놓은 모양이라고 하여 종형분포라고도 한다. 정규분포는 평균과 분산에 의해 모양이 결정되며 평균이 u이고 분산이 σ^2인 정규분포를 $N(u, \sigma^2)$으로 나타낸다. 정규분포는 평균과 분산에 따라 모양이나 형태가 달라지지만 평균을 중심으로 좌우 대칭인 모양을 갖는다.

평균이 일정하며 분산이 다른 경우에 대한 그래프가 [그림 9.7]이며, 분산이 작을수록 분포가 평균을 중심으로 모여 있음을 알 수 있다.

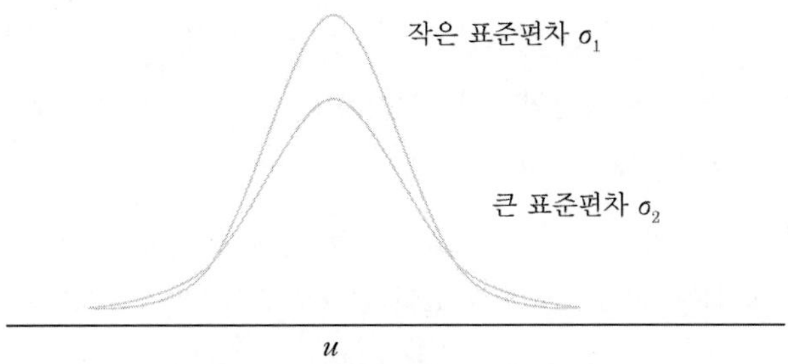

[그림 9.7] 평균이 같고, 분산이 다른 경우 $(u_1 = u_2 = u,\ \sigma_1^2 < \sigma_2^2)$

분산이 같고 평균이 다를 경우에 대한 그래프가 [그림 9.8]이며 분포의 모양은 같지만 평균에 따라 중심위치가 이동함을 알 수 있다.

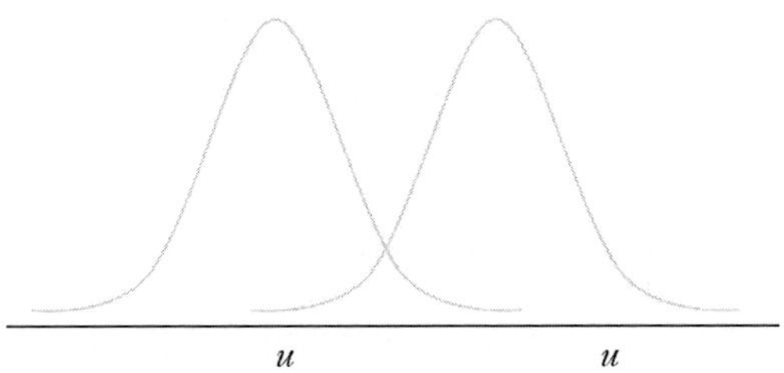

[그림 9.8] 분산이 같고, 평균이 다른 경우 $(u_1 < u_2 = u,\ \sigma_1^2 = \sigma_2^2)$

정규분포의 성질

(1) $f(x, u, \sigma^2) = \dfrac{1}{\sqrt{2\pi}\,\sigma} e^{-\frac{(x-u)^2}{2\sigma^2}} \quad (-\infty < x < \infty)$

(2) $E(X) = u,\ Var(X) = \sigma^2$

(3) $X \sim N(u, \sigma^2)$ 이면 $Y = aX + b \sim N(au + b, a^2\sigma^2)$ 이다.

(4) $X_1 \pm N(u_{1,} \sigma_1^2),\ X_2 \pm N(u_{2,} \sigma_2^2)$ 이고 서로 독립이면

$X_1 \pm X_2 \sim N(u_1 \pm u_{2,} \sigma_1^2 + \sigma_2^2)$ (복호동순)

평균이 u이고 분산 σ^2인 임의의 확률변수 X에서 새롭게 정의되는 확률변수 $\dfrac{X-u}{\sigma}$는 평균이 0이고 분산이 1이 된다. 이와 같이 정의된 확률변수를 표준화된 확률변수라고 한다.

정규분포에서 평균이 0이고 분산이 1인 분포를 표준정규분포라고 부르며 Z로 나타낸다. 표준정규분포의 확률밀도함수는 다음과 같이 주어진다.

$$Z \sim f(z) = \frac{1}{\sqrt{2\pi}} e^{-\frac{z^2}{2}} \quad (-\infty < z < \infty)$$

표준정규분포를 따르는 확률변수 Z의 누적확률

$$P(Z < x) = \int_{-\infty}^{x} \frac{1}{\sqrt{2\pi}} e^{\frac{-z^2}{2}} dz$$

정규분포의 성질(3)에 의하여 확률변수 X가 $N(u,\ \sigma^2)$를 따를 때, $Z = \dfrac{X-u}{\sigma}$으로 정의하면 Z는 표준정규분포를 따른다.

이를 이용하면 $N(u,\ \sigma^2)$를 따르는 확률변수 X에 대한 확률을 다음과 같이 계산할 수 있다.

$$\begin{aligned} P(a < X \le b) &= P\left(\frac{a-u}{\sigma} < \frac{X-u}{\sigma} \le \frac{b-u}{\sigma}\right) \\ &= P\left(\frac{a-u}{\sigma} < Z \le \frac{b-u}{\sigma}\right) \end{aligned}$$

예 7

정규분포표를 이용하여 $Z_{0.05}$와 $Z_{0.025}$를 구하면

$$P(Z \leq 1.645) = 0.95, \quad P(Z \leq 1.96) = 0.975$$

이므로

$$P(Z \geq 1.645) = 0.05, \quad P(Z \geq 1.96) = 0.025$$

이다. 그러므로

$$Z_{0.05} = 1.645, \qquad Z_{0.025} = 1.96$$

생각해 볼 문제 9-10

40명이 수강하는 어느 교과과목 성적의 평균이 80점이고 분산이 16점인 정규분포를 따른다고 한다. 이 중 90점 이상인 경우 A학점을 부여한다면 A학점을 받을 확률은 얼마인가?

Chapter 10

방정식 지도

인간이 해결하고자 하는 문제 상황을 미지수와 기호로 나타낸 것이 방정식이다. 방정식에는 일차방정식, 이차방정식, 삼차방정식 등 다항방정식과 분수방정식과 무리방정식이 있다. 우리는 일상 언어로 표현된 문장제를 숫자와 문자, 기호 등을 이용하여 간결한 방정식으로 표현한다. 이와 같은 문제해결 방법은 대수학 역사에서 중심 과제가 되어 왔다. 이 장에서는 학교수학에서 다루는 방정식의 내용, 방정식 지도 방법 그리고 문자와 식에 대하여 알아본다.

01 학교수학에서 방정식 지도 내용

초등학교에서 방정식 관련 내용은 미지값이 포함된 문제 해결과 관련이 있다. 저학년에서부터 문제를 해결하는 방법을 익히고, 문제해결 방법을 적용하여 문제를 해결하는 능력을 기르도록 하고 있다. 이것은 구체적인 문제해결의 방법에 대한 학습과 이를 바탕으로 문자를 이용한 문제해결을 통하여 정보화 사회에 대처할 수 있는 학생들의 문제해결력을 기르도록 하는데 그 목적이 있다. 이런 면에서 문제해결은 학교수학에서 중요한 위치를 차지하고 있으며, 최근에는 수학 학습 자체를 문제해결이라고 생각하는 경향도 있다. 특히 문제해결에서는 문제와 관련하여, 문제problem, 연습문제exercise, 질문question과 같은 용어가 자주 거론되는데, 문제는 전형적인 학교 수학에서 강조되어 온 연습 문제와 구별되며, 주어진 과제를 해결하기 위하여 학습한 내용을 종합하고 분석하는 주의 깊은 사고와 문제해결 전략이 요구되는 과제를 의미한다(이대현과 최승현, 2006).

방정식 지도를 포함한 문제해결 영역의 지도 계열을 살펴보면, 먼저 □가 사용된 덧셈식이나 뺄셈식에서 □의 의미를 이해하는 활동을 하며, 어떤 수를 □로 나타내고, 이를 포함하는 간단한 덧셈, 뺄셈, 곱셈의 등식에서 어떤 수의 값을 구해보는 활동과 문장으로 된 문제를 식으로 나타내 보는 내용을 다룬다. 문제풀이 방법에서는 표 만들기, 예상과 확인, 단순화하기, 논리적 추론 등의 여러 가지 방법으로 문제 해결하기를 학습한다. 그리고 문제 풀이 방법을 익힌 후에는 하나의 문제를 여러 가지 방법으로 해결하고, 그 방법을 비교해 봄으로써 문제해결 과정의 타당성을 검토하는 내용을 취급한다. 마지막으로 미지수를 x로 나타내 보고, 등식의 성질을 이해하고, 이를 이용하여 간단한 방정식을 풀어 보는 내용을 취급한다.

한편 초등학교 고학년 교과서 문제 해결 방법 찾기 단원에는 중학교에서 취급하고 있는 일원일차연립방정식과 유사한 구조를 지닌 문제들이 포함되어 있다.

02 방정식 지도를 위한 교수학적 내용 지식

1. 문자와 식

(1) 문자의 의미

대수의 역사는 3000여년 전에 세계 최초의 수학자로 일컬어지는 이집트의 Ahmes약 B.C. 1680~B.C.1620가 파피루스에 남긴 일원일차연립방정식의 풀이에서 시작되었다. 오랜 기간의 대수의 역사에서 기호와 문자의 사용은 중요한 역할을 하였다. 여기에서는 대수 발달의 역사를 기호와 문자의 사용을 중심으로 언어적 대수, 생략적 대수, 기호적 대수로 나누어 살펴본다.

1) 언어적 대수(rhetorical algebra)

언어적 대수의 시대는 Diophantus약 246~약 330 이전 시대에 속한다. 이 시기에는 일상적인 언어 표현을 사용하여 문제를 해결하였고, 미지수를 표현하기 위해서 특정 부호나 기호를 사용하지 않은 것이 특징이다. 또한 풀이의 전체적인 과정이 일상 언어로만 표현되었다.

2) 생략적 대수(syncopated algebra)

생략적 대수의 시대는 Diophantus 시대에서부터 16세기 말까지 해당된다. 이 시기에는 자주 반복되어 사용되는 개념이나 계산을 축약된 용어나 머리글자와 같은 생략 기호를 사용하여 나타내었다. 예를 들어 르네상스 시대에는 +(plus)를 p로 −(minus)를 m으로 나타내기도 하였다. 미지수를 표현하기 위해 문자를 사용하기 시작한 것도 이 시기의 특징이다. 이 시기에서 방정식은 수로 된 계수만을 가지고 있었고, 해는 수치로 된 값으로만 표현되었으며, 문자를 사용한 일반적인 풀이 방법은 나타나지 않았다.

3) 기호적 대수(symbolic algebra)

기호적 대수의 시대는 프랑스의 수학자 Viéte1540~1603에 의한 대수 발전의 시기로 기호 대수 시기가 시작되면서 문자는 미지의 양뿐만 아니라, 주어진 양까지도 나타내는 데 사용하게 되었다. 이 시대에 대수는 일반해를 나타내는 도구로, 수치관계를 나타내는 규칙을 입증하는 도구로서 사용되었다.

Viéte가 문자를 사용하여 미지수뿐만 아니라, 임의의 상수까지도 나타냄으로써 수학의 문제를 일반적이고 형식적인 방법으로 취급하는 결정적인 계기가 되었다. 그리고 해법을 공식화하고 그 원리와 방법의 타당성을 연역적 추론에 의해 처리할 수 있게 되었다. 기호적 대수 단계에서 일반해를 나타내는 것, 법칙을 증명하는 도구로써 대수를 사용하는 것이 가능해졌다.

오랜 시간에 걸친 대수의 역사 가운데 기호적 대수 시대는 겨우 300년을 점하고 있지만, 그 기간 동안 대수학은 크나 큰 발전을 이룩하게 되었다(우정호, 1998). 학교 수학에서 문자를 다양하게 이용하게 되는데, 수학에서 이용하는 문자에는 다음과 같은 의미가 있다.

① 특정한 수의 이름

π, e와 같이 특정한 수의 이름을 나타낸다. 즉 π는 원의 둘레와 지름 사이의 비($\pi=3.14\cdots$)를 나타내며, e는 자연로그의 밑($e=2.718281\cdots$)을 나타내기 위해 사용한다.

② 특정 미지수

방정식 $2x+1=x+3$에서 $x=2$인 것과 같이 문자는 특정한 미지수를 나타낸다. 학교수학에서 방정식과 부등식에 이용되는 문자는 특정한 미지수의 의미로 이용되고 있다.

③ 일반적인 미지수

문자는 일반적인 값을 나타내는 기호로 이용된다. 예를 들어 자연수의 집합에서 성립하는 교환법칙을 $a+b=b+a$와 같이 나타낼 때 a, b는 임의의 자연수를 나타낸다.

④ 변수

함수 $y=x+2$와 같이 문자의 값의 변화를 나타내는데 이용된다. 이 경우에 x의 값에 따라 y의 값이 변하게 됨을 알 수 있다.

⑤ 형식적 조작의 대상

문자는 어떤 성질을 만족하는 임의의 대상을 나타내는 기호로 간주된다. 특히 대수에서 다루는 군, 환, 체와 같은 추상적인 구조에서 나타나는 문자는 임의의 대상으로 생각된다. 학교수학에서는 전개나 인수분해와 같이 형식적인 조작의 대상으로 다루는 것을 들 수 있다.

(2) 식의 의미

식이란 대상기호, 술어기호, 논리기호, 보조기호 등에서 몇 가지를 선택하여 일정한 수학적 규칙에 따라 조합하고 배열한 것을 의미한다. 식을 표현하는데 이용되는 기호에는 다음과 같은 것이 있다.

대상기호
- **상수기호** : $1,\ 3,\ 5,\ \frac{2}{3},\ \pi,\ \cdots$
- **변수기호** : $a,\ b,\ A,\ B,\ x,\ y,\ \cdots$
- **특정기호** : $\overline{a},\ i,\ \cdots$

술어기호
- **연산기호** : $+,\ \times,\ \cup,\ \cap,\ \cdots$
- **함수기호** : $f,\ g,\ F,\ G,\ \cdots$
- **관계기호** : $=,\ \equiv,\ \fallingdotseq,\ \cdots$

논리기호 : $\wedge,\ \vee,\ \rightarrow,\ \Rightarrow,\ \Leftrightarrow,\ \forall,\ \exists,\ \cdots$

보조기호 : ( ), { }, [ ], ⋯

그리고 식을 구성하는 규칙은 다음과 같다.

① 대상기호는 그 자체만으로 식단항식이 된다.

예 2, 5, 0.3, x 등

② 두 식을 연산기호나 관계기호로 연결한 것도 식다항식, 명제, 등식, 부등식 등이다.

예 $2+x,\ 5+3=8,\ x+3=7,\ x+4>3$

관계기호가 없는 식은 다음과 같은 역할을 가진다.

① 어떤 대상에 대하여 어떤 차례로 어떤 조작을 하는가를 나타낸다.
② 어떤 대상에 조작을 한 결과를 나타낸다.
③ 대상사이의 수학적 구조를 나타낸다.

또한 관계기호가 있는 식은 다음과 같은 역할을 가진다.

① 수량 사이의 조작이나 조작의 차례, 또는 그 결과 사이의 양적 관계를 간결하게 나타낸다.
② 어떤 수량에 어떤 조작을 시행하는 과정이나 결과가 어떻게 되는지를 나타낸다.
③ 수량사이의 형식적 처리가 가능하다.
④ 여러 가지 수량사이의 관계를 하나의 수학적 대상으로 하여 그 성질을 탐구하고 이를 이용할 수 있다.

일반적으로 수학에서 이용되는 기호의 발생의 역사는 다음과 같다(박세희, 1995).

① 플러스(+)와 마이너스(-) : +, − 기호는 독일의 비드만Widmann이 1489년에 발표한 산술 책에 나타나 있다. 처음에 과부족過不足의 뜻으로 쓰였으나, 차차 덧셈과 뺄셈을 뜻하는 기호로 쓰이게 되었다. 플러스라는 말은 이 책에 나타나지 않으나, 마이너스라는 말은 사용되고 있다. +라는 기호는 and에 해당하는 라틴어의 et를 빨리 썼을 때 나타나는 꼴에서 나왔다고 한다. 그러나

−는 어떻게 유래하였는지 알려져 있지 않다.

② 근호(√‾) : 비엔나대학 교수 쉬라이버가 1521년에 출판한 책 속에 위의 +와 −를 덧셈과 뺄셈의 뜻으로 사용하였다. 그의 제자 루돌프도 1525년에 발간된 대수학의 저서 속에서 마찬가지로 사용하였다. 루돌프는 그 책 속에서 근호 √‾를 쓰고 있다.

③ 등호(=) : 영어로 쓰인 최초의 대수학 책이라는 레코드Recorde, 1510~58의 '지혜의 숫돌'에 처음 나타난다.

④ 나눗셈 기호(÷) : 스위스인 라안Rahn이 1659년에 취리히에서 출판한 대수학 책에서 처음 썼다.

⑤ 소수 기호 : 처음으로 소수 기호를 도입한 것은 스테빈Stevin, 1548~1620이다. 십진법의 체계는 이로써 완성된 셈이다.

⑥ 부등호(>, <) : 부등호는 영국의 수학자 해리옷Harriot, 1560~1621이 죽은 지 10년 후에 출판된 저서에 나타난다. 또, ≧와 ≦라는 부등호는 그로부터 1세기 후에 부게Bouguer에 의하여 처음 쓰였다.

⑦ 곱셈 기호(×) : 영국의 수학자 오트렛Oughtred, 1594~1660의 책 '수학의 열쇠1631'에 나타나 있다.

수학이야기

북한에서는 수학 용어를 우리말로 풀어서 사용하는데 다음과 같은 예가 있다.

사칙연산 : 넉셈	**등호** : 같기표	**부등호** : 안같기표
지수 : 제곱어깨수	**합동** : 꼭맞기	**직선** : 곧은선
예각 : 뽀족각	**둔각** : 무딘각	**정다각형** : 바른다각형

(3) 방정식

정수만으로 된 수학적 문장을 닫힌 문장closed sentence, 변수를 포함하는 수학적 문장을 열린 문장open sentence이라고 한다. 닫힌 문장은 참, 거짓이 확정되는 명제이고, 열린 문장은 변수가 취하는 값에 따라 그 참, 거짓이 정해지는 명제함수이다.

일반적으로 등식으로 나타난 열린 문장을 방정식이라고 한다. 방정식 중에는 이차, 삼차, 사차방정식 등과 같은 다항방정식과 분수방정식, 무리 방정식 등이 있다. 문제해결에서 미지의 양을 알기 위하여 이를 기지의 양과 같이 생각하여 □나 x 등의 대수사를 써서 방정식으로 나타낸다는 것은 순 사고에 의한 대수적 사고가 가능하다는 의미에서 중요하다.

방정식의 풀이는 처음에는 수치대입법이나 역연산법에 의하지만, 점차 등식의 성질을 이용하여 대수적인 풀이 방법으로 발전하게 된다. 일반적으로 방정식의 지도에서는 다음에 유의하도록 해야 한다.

① 미지수의 의미나 식이 갖는 규약 등이 바르게 이해되어야 한다. 미지수는 식에서 자기가 정한 일정한 미지의 량을 문자로 나타내는 과정을 통해서 이해되고, 식의 변형은 산술적 해결의 각 단계에서 대상을 보는 관점의 의미를 밝힘으로써 알게 된다. 그리고 식이 갖는 규약을 바르게 이해하고 이용할 수 있게 해야 한다.

② 등식으로 나타는 수량 사이의 상대관계가 바르게 이해되도록 해야 한다. 수량관계의 파악에는 두 양 사이의 상등관계나 부등관계를 발견하는 일이 기본이 된다. 등호로 나타난 관계는 방정식의 경우 양쪽의 수량이 같다는 관계, 즉 같은 대상의 다른 표현으로 이해되어야 한다. 이것은 방정식이나 문제해결을 대수적으로 해결하기 이

전의 단계로 중요한 것이다.

③ 논리적 사고에 의한 방정식 풀이의 충분한 경험을 가지게 한다. 열린 문장의 해는 시행착오적인 수치대입법을 쓰지만, 식이 점차로 복잡해지면 역연산법에 의해서 풀이하게 된다. 이는 논리적 사고결과가 역연산법을 낳게 한 것이고, 이 생각이 발전되어 형식화된 것이 대수적 해법이라고 할 수 있다. 따라서 방정식의 초기 지도에 있어서는 역연산법에 의한 충분한 풀이경험 및 사고경험을 가지게 하는 것이 필요하다.

④ 등식이 갖는 성질을 이해하고 이를 방정식의 변형에 이용할 수 있게 한다. 등식의 이해를 보다 깊게 하기 위해서는 등식이 갖는 기본적 성질을 구체적인 수량관계와 관련시켜 이해되게 하는 것이 필요하고, 또 역연산법에 의한 풀이를 통해서 확인되게 하는 것이 바람직하다.

⑤ 기능적인 면만을 강조하여 기계적 이항이나 조작이 되지 않게 해야 한다. 방정식의 대수적 해법의 이해는 산술적 해법의 경험과 등식의 성질의 이해로부터 스스로 납득되도록 해야 한다. 대수적 해법에서의 이항조작 등은 능률적인 방정식에 관한 해법의 개발 과정에서 학생 스스로가 발견하도록 이끄는 것이 바람직하다.

(4) 방정식의 해법

일차방정식 $ax+b=0(a\neq 0)$의 해는 $x=-\dfrac{b}{a}$임과 이차방정식 $ax^2+bx+c=0(a\neq 0)$의 해는 $x=\dfrac{-b\pm\sqrt{b^2-4ac}}{2a}$임을 잘 알고 있

다. 일차방정식은 오래 전부터 잘 알려져 있었고, 이차방정식은 이집트나 메소포타미아의 기록에 단편적으로 나타나 있다.

이차방정식을 본격적으로 다룬 사람은 헤론Heron이다. 그는 '한 정사각형이 있다. 그 면적과 둘레의 합은 896이다. 그 한 변의 길이는 얼마인가?'라는 문제를 풀었다. 디오판토스Diophantos의 정수론 책에도 '두 수의 합은 10이고, 그 제곱의 차는 40이다. 두 수는 각각 얼마인가?'와 같은 특수한 이차방정식이 다루어져 있다.

수학이야기

17마리의 소를 가지고 있는 부자가 세 아들에게 다음과 같이 나누어 주려고 한다. 큰 아들에게는 전체의 $\frac{1}{2}$을, 둘째 아들에게는 전체의 $\frac{1}{3}$을, 둘째 아들에게는 전체의 $\frac{1}{9}$을 갖도록 한다. 소를 죽이지 않고 어떻게 나눌 수 있을까? 여러 가지 방법으로 해를 구해보아라.

양수, 0, 음수 개념을 확립하여 이차방정식에 두 근이 있음을 명확히 인식한 것은 인도인이었다. 이차방정식을 오늘날과 같은 방법으로 풀고, 그것이 두 근을 가짐을 명백히 인정한 것은 바스카라Bhaskara, 1114~1185였다. 그는 다음과 같이 기록하고 있다. "양수의 제곱도 음수의 제곱도 양수이다. 따라서 양수의 제곱근은 두 개 있고, 그 하나는 양수, 다른 하나는 음수이다. 그러나 음수의 제곱근은 존재하지 않는다. 왜냐하면, 음수는 절대로 어떤 수의 제곱이 될 수는 없기 때문이다." 위의 이차 방정식의 근의 공식을 보면 근의 존재하는 범위는 실수 전체의 집합만으로는 불충분하고 복소수 전체의 집합으로까지 확대하여야 한다는 것을 알 수 있고, 또 이때의 근은 방정식의 계수로부터 사칙연산과 실수의 거듭제곱근을 취하는 조작만으로 얻어졌다는 것을 알 수 있다(박세희 1995).

아라비아 숫자가 유럽에 들어온 것은 14세기이며, 그와 함께 이차방정식의 해법이 전해져 왔다. 그러나 삼차방정식은 특수한 경우를 제외하고는 풀 수 없었으므로, 당시의 수학자들은 일반적인 방법 또는 근의 공식을 얻으려는 노력을 시도하였다.

수학이야기

삼차방정식의 일반적 해법은 카르다노로 알려져 있는데, 원래 발견자는 이탈리아의 수학자인 타르탈리아라고 한다. 타르탈리아는 독학으로 수학을 터득, 베로나 대학·브레시아 대학·베네치아 대학의 교수가 되었고, 3차방정식 $x^3+px=q$의 해법을 발견하였다. 그런데 이 해법을 공표하지 않는다는 조건 하에 카르다노에게 가르쳐 주었는데, 카르다노가 약속을 저버리고 1545년에 출판한 자신의 저서 『놀라운 기술, 대수학의 규칙에 대해서』에 공표했다. 현대 수학에서 '카르다노의 공식'이라고 부르는 이 공식은 사실상 타르탈리아의 것으로 알려지고 있다.

삼차방정식의 일반적인 해법을 발견한 사람은 이태리의 Hieronimo Cardano1501~1576이다. 그리고 사차방정식의 해의 공식은 Ludovico Ferrari1522~1565에 의해서 만들어졌다. Ferrari는 Cardano의 제자였다고 한다.

2. 초등수학에서 방정식 관련 내용

[표 10.1] 초등학교와 중학교 교과서의 일원일차방정식 형태의 문장제

초등학교 교과서에 제시된 문제	중학교 교과서에 제시된 문제
• 어떤 직사각형의 가로의 길이가 12cm이고, 넓이가 108cm^{2}일 때 세로의 길이는 얼마인가?	• 높이가 7cm이고 넓이가 56cm^{2}인 사다리꼴에서 아랫변은 윗변보다 4cm 길다고 한다. 이 사다리꼴의 아랫변과 윗변의 길이를 각각 구하여라.
• 어떤 밭의 1/2에 채소를 심었다. 채소를 심은 밭의 1/3에는 무를 심었다. 무를 심은 밭의 넓이가 12cm^{2}일 때, 채소밭의 넓이는 얼마인가?	• 어떤 동물원에는 사슴의 수가 기린의 수의 2배보다 15마리가 많다. 사슴의 수가 21마리일 때, 기린의 수를 구해라.

[표 10.1]에 제시된 초등학교 첫 번째 문제에 대한 전형적인 해법은 우선 '$\square\times12=108$'과 같은 식을 세운 후, 이항의 원리에 대한 어떠한 정당화도 없이 '거꾸로 풀기'라는 전략을 사용해 '$\square=108\div12$'와 같이 식을 세워 세로의 길이를 구한다. 또 다른 예로 '어떤 줄넘기의 1/2이 15cm일 때 그 줄넘기의 길이는 얼마인가?', '어떤 밭의 1/2에 채소를 심었다. 채소를 심은 밭의 1/3에는 무를 심었다. 무를 심은 밭의 넓이가 12cm^{2}일 때, 채소밭의 넓이는 얼마인가?' 등의 많은 문제에서 동일한 '거꾸로 풀기'라는 전략이 사용되고 있다.

초등학교 교과서에 제시된 일원일차방정식의 명시적 지도는 간단한 형태의 일차방정식만을 다루고 있다. 저학년에서는 미지수가 포함된 덧셈, 뺄셈 문장제를 읽고 미지수를 □로 나타내고, 미지수를 구하는 학습을 한다. 그리고 고학년에서는 미지수를 x로 나타내 보고, 등식의 성질을 이해하고, 이를 이용하여 간단한 방정식을 풀어 보는 내용을 다룬다.

초등학교 고학년 교과서에는 문제 해결 방법 찾기 단원에 중학교에서 취급하고 있는 이원일차연립방정식과 유사한 구조를 지닌 문제들이 포함되어 있다.

[표 10.2]에서 보듯이 초등학교 교과서에 제시된 문장제는 중학교 교과서에서 소개하는 이원일차연립방정식 문장제와 동일한 구조를 가지고 있다. 하지만 동일한 구조를 지녔음에도 불구하고, 문자와 변수 사용 여부, 문제 해결 전략에서 다른 접근을 취하고 있다. 초등학교에서는 예상과 확인하기 전략과 표 만들기 전략을 사용하여 해결하도록 권장하고 있으며, 중학교에서는 일차방정식 2개를 세운 다음 각 방정식과 관련된 표를 제시하여 완성하도록 하고, 두 표의 공동 (x, y) 순서쌍이 해가 됨을 익히게 하고 있다. 또한 위의 활동 이후에 등식의 기본 성질을 바탕으로 가감법과 대입법과 같은 대수적인 문제 해결 전략을 익혀서 문제를 해결하도록 구성되어 있어서 초등학교 학생들이 경험했던 해결 전략과 연계성을 띠지 못하고 있다.

[표 10.2] 초등학교와 중학교 교과서의 이원일차방정식 형태의 문장제

초등학교 교과서에 제시된 문제	중학교 교과서에 제시된 문제
• 어른 입장료가 600원, 어린이 입장료가 400원인 놀이동산의 입장권 15장을 사는 데 7200원이 들었을 때 어른과 어린이의 수는 각각 몇 명인가?	• 농구 경기에서 한 선수가 2점짜리 슛과 3점짜리 슛을 합해서 모두 7번 공을 넣어 16점을 득점하였다. 2점짜리 슛과 3점짜리 슛은 몇 개인가?
• 200원인 연필, 300원인 볼펜을 더하여 30자루 사면서 6800원을 지불했다면 200원인 연필과 300원인 연필의 수는 얼마인가?	• 연주가 토끼와 닭을 세어보니 합쳐서 8마리였다. 또 토끼와 닭의 다리를 세어보니 20개였다. 토끼와 닭은 각각 몇 마리인가?

3. 초등학교 학생들의 방정식 문제에 대한 해결 방법

초등학교 학생들은 자신들이 지닌 수학적 지식 수준과 능력에 따라 주어진 문제나 상황을 다른 방법으로 이해하고 해결한다. 다음 문제를 통해 방정식 문제에 대한 해결 방법을 알아보자.

아래 문제를 초등학교 학생들에게 제시했을 때, 학년 수준 또는 지식 수준에 따라 다양한 전략을 사용해 해결한다. 따라서 학생들이 사용한 해결전략을 통해 그 학생의 지식과 능력수준을 가늠하고, 향후 학습은 어떠한 점에 초점을 맞추어야 할지에 대한 정보를 얻을 수 있다. 학생들이 사용한 전략은 다음과 같이 분류할 수 있다.

[문] 예준이는 파티를 하고 있다. 처음 초인종이 울리면서 손님 1명이 들어온다.
두 번째로 초인종이 울리면서 손님 3명이 들어온다.
세 번째로 초인종이 울리면서 손님 5명이 들어온다.
네 번째로 초인종이 울리면서 손님 7명이 들어온다.
같은 방법으로 계속 진행된다. 다음 초인종이 울리면 그 전에 벨이 울렸을 때 들어왔던 그룹의 사람보다 2명 더 많은 사람이 들어온다.

• 손님 99명은 몇 번째 벨이 울릴 때 들어왔나?

(1) 문자나 기호를 사용한 대수적 해결 방법(형식적 일반화)

이 방법을 사용한 학생은 n번째 종이 울릴 때 들어온 손님의 수를 구하기 위해 먼저, 초인종이 울린 수에 대한 일반적인 공식 '2×□-1'를 세운다. 질문에 답하기 위해 2n-1=99라는 식을 세운 후, n에 50을 넣고 해결한다.

(2) 비형식적 일반화와 예상과 확인하기 전략의 결합

이 방법을 사용한 학생은 주어진 상황에 대한 일반적인 법칙을 찾았다. 즉, 손님의 수 = 울린 초인종의 수 + (울린 초인종의 수 - 1). 그리고 난 다음 학생은 손님 99명이 들어왔을 때 울린 초인종의 수를 올바르게 구하기 위해 예상과 확인하기 전략을 사용했다.

(3) 산술적 해결 방법

이 방법을 사용한 학생은 주어진 상황이 2씩 늘어나는 패턴이 있다는 점을 발견한다. 그리고 난 다음 질문에 답하기 위해서 다음과 같은 표를 작성했다. 특히, 몇 번째 초인종에서 손님 99명이 들어왔는지 구하기 위해, 첫 번째 초인종에서 손님 99명이 들어왔을 때의 초인종의 수를 모두 기록한 후 답을 구하였다.

초인종 수	1번째	2번째	3번째	4번째	5번째	6번째	7번째	8번째	....	50
손님의 수	1	3	5	7	9	11	13	15		99

생각해 볼 문제 10-1

1. 초등 수학에서 다루는 문자의 의미를 제시하고, 각각의 예를 제시하여라.

2. $x^3-3x^2+x+1=0$의 해를 구하여라.

3. $x^4-4x^3+2x^2+4x-3=0$의 해를 구하여라.

Chapter 11

함수 지도

일반적으로 함수라 하면 수학의 한 내용인 '함수' 그 자체 예를 들어, 1차 함수, 2차 함수, 지수 함수, 로그 함수 등을 떠올리기 마련이다. 그러나 위의 것들은 중등학교 수학의 내용이며, 초등학교 수학에서는 이러한 것을 직접적으로 다루지 않는다. 그런 만큼 함수는 초등학교에서 지도될 수 없는 것으로 잘못 인식될 수 있다. 그러나 우리 주변에는 일정한 관계를 가지고 변화하는 두 양이 많이 존재한다. 산의 높이에 따른 온도, 추의 무게에 따른 용수철의 늘어난 길이, 정사각형 한 변의 길이와 넓이, 원의 반지름과 원주 사이의 관계 등이 있다.

초등학교 수학에서 위와 같이 관계가 성립하는 현상에 '함수'라는 이름을 붙여 직접 지도하지는 않지만, '함수'를 특징짓는 아이디어인 '두 변화하는 양 사이의 관계 인식과 표현'에 기초한 사고를 경험하게 해야 할 필요가 있다(박교식, 1993).

함수의 개념은 수학, 과학, 경제학 등의 분야에서 중요한 내용의 하나로 여겨지고 있다. 함수 개념은 많은 기간 동안 무의식적으로 사용되어졌으나 20세기에 현대적으로 확립되었다고 할 수 있다. 우리는 중, 고등학교에서 함수의 개념을 다음과 같이 배웠다.

'집합 X의 모든 원소는 반드시 집합 Y의 원소에 하나씩 대응한다' 이러한 이해는 어떤 면에서 직관적인 것이고 애매하다. 위의 개념에서 '대응한다'라는 정의가 엄밀하게 이루어져야 할 필요가 있다. 전통적으로 '두 집합 X에서 Y로의 함수란 X의 임의의 원소 x가 Y의 원소 y에 유일하게 대응되는 것'으로 이해되었다. 여기에서의 대응은 관계relation의 특별한 경우이다. 따라서 함수를 다음과 같이 정의할 수 있다.

> [정의 11.1] 집합 X에서 Y로 관계 f가
> i) $\forall x \in X \ \exists y \in Y, (x, y) \in f$
> ii) $(x, y) \in f \wedge (x, z) \in f$ 이면 $y = z$이다

를 만족할 때 f를 X에서 Y로의 함수라고 하며 $f: X \to Y$라고 쓴다. 이때 X를 함수 f의 정의역domain, Y를 공역codomain이라고 한다. 또한 $y = f(x)$를 $(x, y) \in f$로 표현한다. $f(x)$를 x에서의 함수값이며 모든 $x \in X$의 함수값들의 집합을 $f(X) = \{f(x) | x \in X\}$로 표현하며 이를 f의 치역range이라 한다.

> [정의 11.2]
> i) $\mathbb{R}$ 에서의 관계 f에 대하여 $y = x^2$은 함수이다.
> ii) X에서 Y로의 관계 f가 $\{(x, y) | x^2 + y^2 = 1\}$로 정의될 때 f는 함수가 아니다.
> $(\frac{1}{2}, \frac{\sqrt{3}}{2}) \in f \wedge (\frac{1}{2}, -\frac{\sqrt{3}}{2}) \in f$이지만
> $\frac{\sqrt{3}}{2} = -\frac{\sqrt{3}}{2}$이 성립하지 않으므로 함수의 정의 ii)에 위배된다.

[정의 11.3] 두 함수 $f: X \to Y, g: X \to Y$에 대하여 $\forall x \in X, f(x) = g(x)$일 때 $f = g$이다.

증명 f가 X에서 Y로의 함수이므로 $(x, y) \in f$이다. 따라서 $y = f(x)$이다. $f(x) = g(x)$이므로 $y = g(x)$가 된다.
그러므로 $(x, y) \in g$이다.
$(\Leftarrow)$도 동일한 방식으로 증명된다.

[정의 11.4] 함수 $f: X \to Y$가 X의 임의의 원소 x에 대하여 $f(x) = x$일 때 이를 항등함수(identify function)라고 한다.

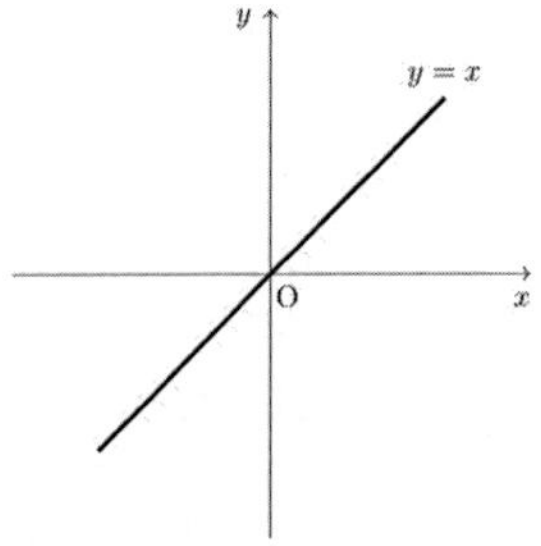

[정의 11.5] 함수 $f: X \to Y$가 X의 임의의 원소 x에 대하여 $f(x) = c$일 때 이를 상수함수(constant function)라고 한다.

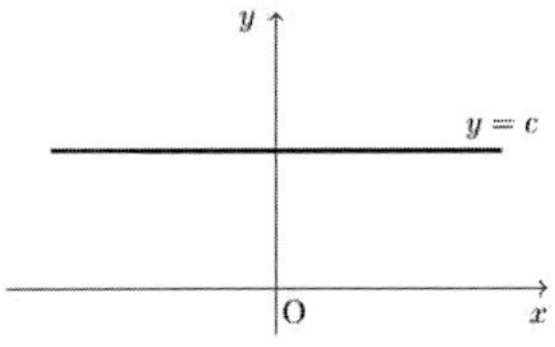

> [정의 11.6] 두 함수 $f:X\to Y$, $g:Y\to Z$에 대하여 $h:X\to Z$를 $h(x)=g(f(x))$로 정의하였을 때, 이 함수 h를 f와 g의 합성함수(composite function)라고 하고 이를 $g\circ f$로 나타낸다.

예 11.7) $\mathbb{R}$ 에서의 두 함수 f, g에 대하여
$f(x)=2x$, $g(x)=3x+1$로 정의하였을 때 합성함수 $g\circ f:\mathbb{R}\to\mathbb{R}$ 는

$$g\circ f(x)=g(f(x))=3(2x)+1=6x+1$$

로 정의한다. 한편 $f\circ g:\mathbb{R}\to\mathbb{R}$ 는

$$f\circ g(x)=f(g(x))=2(3x+1)=6x+2$$

이 되어 $f\circ g=g\circ f$는 성립하지 않는다.

> [정의 11.7] 함수 $f:X\to Y$가
> (1) 임의의 원소 $x_1, x_2\in X$에 대하여 $f(x_1)=f(x_2)$일 때 $x_1=x_2$를 만족하면 f를 일대일함수(one-to-one function) 또는 단사함수(injective function)라고 한다.
> (2) 임의의 $y\in Y$에 대하여 $f(x)=y$를 만족시키는 $x\in X$가 존재할 때 f를 위로의 함수(onto function) 또는 전사함수(surjective function)라고 한다.
> (3) (1)과 (2)를 모두 만족할 때 f를 일대일대응(one-to-one correspondence) 또는 전단사함수(bijective function)라고 한다.

(1)에서 대우를 취하면 $x_1\neq x_2$이면 $f(x_1)\neq f(x_2)$이 된다. 또한 f가 전단사함수 일 때 $g:Y\to X$를 $g(y)=x$로 정의하는 g를 f의 역함수inverse function라고 하며 이를 f^{-1}로 나타낸다.

예 (1) $f:\mathbb{R}\to\mathbb{R}$ 가 $f(x)=x^2$로 정의되었을 때 f는 단사함수가 아니다. 그 이유는 $f(-2)=f(2)=4$일 때 $-2\neq 2$이기 때문이다. 한편, $g:\mathbb{R}\to\mathbb{R}$ 가 $g(x)=x^3$로 정의 되었을 때 g는 단사함수이다.

(2) (1)에서 정의된 함수 f는 전사함수가 아니다. 왜냐하면 $y=-1\in\mathbb{R}$ 에 대하여 $f(x)=-2$를 만족하는 즉, $x^2=-2$를 만족하는 $x\in\mathbb{R}$ 가 존재하지 않기 때문이다. 한편 $g:\mathbb{R}\to\mathbb{R}$ 는 전사함수이다. 임의의 $y\in\mathbb{R}$ 에 대하여 $g(x)=y$를 만족시키는 x, 즉 $x^3=y$를 만족하는 $x\in\mathbb{R}$ 가 $x=\sqrt[3]{y}$ 로 존재한다. 따라서 g는 전사함수이다.

(3) 항등함수 $I_X: X\to X$는 전단사 함수이다.

[정의 11.8] $f:X\to Y,\ g:Y\to Z$일 때
(1) f와 g가 단사이면 $g\circ f$도 단사이다.
(2) f와 g가 전사이면 $g\circ f$도 전사이다.
(3) f와 g가 전단사이면 $g\circ f$도 전사이다.

증명 (1) 임의의 원소 $x_1, x_2\in X$에 대하여,
$(g\circ f)(x_1)=(g\circ f)(x_2)\Rightarrow g(f(x_1))=g(f(x_2))$ g가 단사이므로 $f(x_1)=f(x_2)$이다. 한편, f가 단사이므로 $x_1=x_2$이다. 따라서 $g\circ f$도 단사이다.

(2) f와 g가 전사이므로 $f(X)=Y,\ g(Y)=Z$이다.
$(g\circ f)(X)=g(f(X))=g(Y)=Z$가 되어 $g\circ f$도 전사이다.

01 학교 수학에서 함수 지도 내용

2015년 개정 교육과정에서 함수와 관련된 초등학교 내용은 생활 주변의 물체, 그림, 구체물, 색, 수 등의 간단한 배열에서 규칙을 찾아보기, 기하적 배열에서의 변화의 규칙을 수로 나타내기, 간단한 대응표를 이용하여 대응을 이해하고 규칙을 말이나 수식으로 설명하기, 이를 활용한 실제적인 문제를 해결하기, 그리고 비율을 이해하고 비율을 분수, 소수, 백분율로 나타내기, 비례식을 알고 이를 활용하여 비례식 문제 해결하기, 비례 배분을 알고 주어진 양을 비례배분하기이다. 이 후 중학교에서는 함수의 정의로부터 일차함수, 이차함수, 고등학교에서는 좀 더 엄밀한 정의로 부터 다항함수, 유리함수와 무리함수, 삼각함수, 지수함수, 합성함수와 역함수 등을 다룬다.

이처럼 초등수학에서는 규칙 찾기, 규칙과 대응, 비와 비율, 비례식과 비례배분을 취급하고 있어 초등수학에서 직접적으로 함수를 지도하고 있다고 단정할 수 없다. 하지만 함수라는 용어를 명시적으로 사용하지 않는다고 해서 함수를 다루고 있지 않다고 볼 수 없다. 오히려 초등학교에서는 함수를 덜 강조한다기보다는 다양한 활동을 통해 함수의 기초적인 관념과 함수적 사고를 폭넓게 경험시킬 필요가 있다(박교식, 1993).

다음에서는 함수 개념 도입의 발판이 되는 규칙과 대응, 비례 개념, 변화와 대응으로서의 함수 개념, 함수적 사고에 대해서 알아본다.

02 함수의 역사

1. 함수 개념의 발생

역사적으로 볼 때 명시적으로 함수라는 용어를 사용하고 함수가 무엇인지에 대한 논의가 있기 오래 전부터 인류는 함수에 대한 직관적인 관념을 지니고 사용하였다. 이러한 직관적인 함수 개념은 수학적 필요성에 의해 여러 단계의 변화를 거쳐 발달해 왔다(김남희 외, 2006).

고대 수학을 살펴보면, 아라비아에서는 운동에 관한 수학적 연구가 없었으며, 수학이 발달한 그리스에서조차도 속도에 대한 개념이 없었다. 그 뒤 갈릴레이Galilei, 1564~1642 등에 의한 역학의 연구에서 두 변화하는 양 사이의 관계를 생각하기 시작한 것이 함수 개념의 출발이다.

함수가 수학적으로 사용되고 정의되기 시작한 것은 17세기인데, 이 단계의 함수 개념은 여러 가지 운동을 양적으로 수학화하려는 것에서 발생하였으며, 함수의 본질을 '변하는 두 변량 사이의 대응 관계'에 있다고 규정하였다. 최초로 이러한 생각을 하고 강조한 사람은 Decartes 1596~1650이다. 그러한 이유로 데카르트를 함수의 창시자로 보는 사람도 많다. 데카르트는 공간에 좌표를 설정하여 도형을 수 사이의 관계로 나타내고, 또 역으로 수 사이의 관계를 도형으로 표현할 수 있다고 생각했다. 수와 도형을 연결시킨 그의 착상은 도형 그 자체의 연구를 위하여 중요한 수단이 됨과 동시에 함수를 도형적으로 나타내는 생각을 결합하여 직관적인 고찰을 가능하게 하였다.

2. 라이프니츠의 함수 개념(기하적 함수 개념)

17세기에 운동하거나 변화하는 구체적인 현상을 수학화하려는 데서 발생한 함수 개념은 라이프니츠Leibniz, 1646~1716에 의하여 처음으로 용어화되었다. 그는 도형에 나타나는 변량, 예를 들어 곡선 위의 점에서의 접선, 법선, 접선의 길이, 수선의 길이 등을 일반화하여 'functio'라는 함수의 기원이 되는 용어를 사용하였다. 그 후, 그는 변수 x의 값의 변화에 따라서 다른 변수 y가 정해지면 y를 함수라고 정의하였고, 특히 곡선의 방정식이 곧 함수라고 생각하였다.

3. 오일러의 함수 개념(해석적 함수 개념)

라이프니츠의 함수 개념을 더욱 확실히 한 사람은 오일러Euler, 1707~1783이다. 그는 '무한소 해석 입문'이란 책에서 '1개의 변수를 가진 함수'란 '그 변수와 몇 개의 상수로 이루어진 해석적인 식'이라고 하여, 곡선과 함수의 개념을 분리하려 하였다. 그가 말하는 함수란 다항식, 유리식, 무리식 등의 대수적 함수(변량과 상수들 사이에 사칙 계산을 유한 번 시행하여 얻어지는 함수)와 지수함수, 로그함수, 삼각함수 등이 포함된 초월 함수(변량과 상수들 사이에 사칙 계산을 무한 번 시행하여 얻어지는 함수)를 의미한다. 이 때부터 '함수function'라는 말이 널리 사용되었으며, 특히 현재의 함수 기호인 $f(x)$가 처음으로 사용되었다. 그러나 오일러는 함수가 식에서 얻어진다는 제한을 벗어나지 못하였다.

4. 코시의 함수 개념(집합적 함수 개념)

코시Cauchy, 1789~1857는 1821년 출간된 '해석 교정'이라는 책에서 여러 변수 가운데 하나에 어떤 값을 주면 그에 따라 다른 변수의 값이 정해지는 관계가 있을 때, 처음 변수를 '독립변수', 그 외의 변수를 '종속변수'라 부르고, 이것을 그 독립 변수의 함수라고 정의하였다. 코시는 오일러와 같은 입장에서 함수를 취급하였지만, 그의 함수의 정의는 오일러와는 달리 '해석적인 식으로 나타내어진다'는 조건이 없고, 변수 사이의 관계 곧, 대응으로 간단히 규정을 짓고 있다. 코시의 이 정의는 함수라는 것을 개개의 x값에 대하여 y의 값이 정해지는 일종의 규칙으로 파악하게 되었다는 점에서 주목할만하다.

5. 디리클레레의 함수 개념(관계로서의 함수 개념)

19세기 해석학의 눈부신 발전과 함께 함수개념도 발달하게 되었다. 그 중 디리클레Dirichlet, 1805~1859는 함수를 '어느 구간 내의 어떤 변량 x 각각의 값에 대하여 y의 값이 각각 정해질 때 y를 x의 함수라고 한다'고 정의하였으며 이 때 y가 전 구간에서 x의 하나의 법칙에 따를 필요도 없고, 또 종속 변수가 수학적 연산에 의하여 나타내어질 필요가 없다고 하였다. 이것은 이전의 함수를 완전히 바꾸어서 두 집합 사이의 일대일 대응 관계에 의하여 함수를 정의하려는 생각이다.

지금까지 살펴본 것과 같이 함수 개념은 원시적인 함수 개념에서 시작하여 기하적 표현으로서의 함수 개념, 해석적 표현으로서의 함수 개념, 대응으로서의 함수 개념, 관계로서의 함수 개념 순으로 발달해 왔다.

03 함수 지도를 위한 교수학적 내용 지식

1. 규칙과 대응

초등학교 학생들에게 패턴이라는 용어가 친숙하지 않기 때문에 규칙 또는 규칙성이라는 용어를 대신 사용한다. 저학년에서는 주로 그림이나 물건을 이용하여 직관적으로 증가하는 패턴의 규칙을 찾아보고, 규칙을 찾아 설명하며, 계속해서 배열해 나가는 활동을 하게 한다. 고학년에서는 도형수와 같이 그림이나 물건의 증가하는 규칙을 수와 관련짓거나 순수한 수에서 증가하는 규칙을 찾고 확장할 뿐만 아니라, 일반화나 대수적 관계를 탐구할 수 있도록 한다. 특히 증가하는 규칙은 수학적 발달을 가져올 뿐만 아니라, 함수적 사고의 개념을 개발하는 의미있는 경험을 제공할 수 있다.

패턴을 어떤 방식으로 생성하느냐에 따라 다음 다섯 가지 유형으로 분류할 수 있다. 패턴의 생성 방식에 따른 이 다섯 가지의 유형들도 하나의 패턴에서 다양하게 나타날 수 있으며, 대부분 여러 가지 생성 방식이 복합적으로 적용된 패턴일수록 인식하기에 더욱 어렵다. 패턴의 생성 방식을 이해하는 것은 규칙의 구조를 설명하는 하나의 틀이 되며, 수학적 패턴 인식의 핵심적인 사항이기도 하다.

(1) 반복하는 패턴

기본 단위나 기본 규칙이 변화없이 그대로 유지되면서 반복되는 패턴이다. 예를 들면 다음과 같은 것을 들 수 있다.

① △▲▲△▲▲△▲▲△▲▲ …

〈**규칙**〉 흰색 삼각형 1개와 검은색 삼각형 2개가 규칙적으로 반복되고 있다.

② 1, 3, 5, 1, 3, 5, 1, 3, 5, …

〈**규칙**〉 수 1, 3, 5가 반복되고 있다.

반복하는 패턴은 주로 저학년에서 다루어지게 되는데, 처음에는 간단히 2개의 핵심요소가 반복하는 선형적 패턴(ABAB…와 같은 형태)으로부터 시작해서 보다 복잡한 패턴(AAB 또는 ABAAB와 같은 형태)으로 나아가도록 한다. 반복하는 패턴은 다음과 같이 그림, 물건, 소리, 신체 활동, 기호, 위치, 수 등 다양한 제재를 활용하여 사고의 폭을 넓혀 주어야 한다.

① 그림

㉠ 모양 : ○ □ ○ □ ○ □
원 정사각형 원 정사각형 원 정사각형

㉡ 색깔 : ★ ☆ ★ ☆ ★ ☆
검은색 흰색 검은색 흰색 검은색 흰색

② 물건 

③ 소리 멍멍 야옹 멍멍 야옹 멍멍 야옹

④ 신체활동 
앉고 서고 앉고 서고 앉고 서고

⑤ 기호 # % # % # %

⑥ **위치**

위 아래 위 아래 위 아래

⑦ **수**

3 4 3 4 3 4

(2) 증가·감소하는 패턴

기본 단위나 기본 규칙이 증가 또는 감소하면서 만들어지는 패턴이다. 증가 또는 감소하는 패턴은 차원에 따라 1차원, 2차원 패턴으로 나눌 수 있다.

① 1차원 패턴의 예

□○□□○○□□□○○○□□□□○○○○

② 2차원 패턴의 예

1항, 2항, 3항에는 각각 몇 개의 정사각형이 있는가?

- 예 1 : n^2

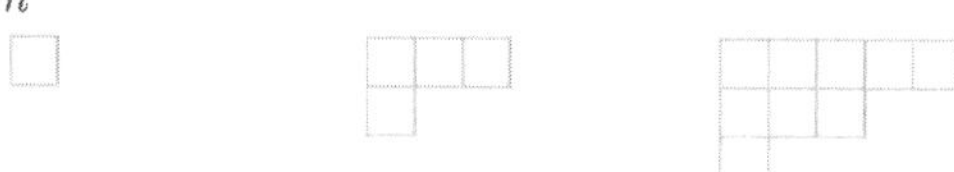

- 예 2 : n^2+1

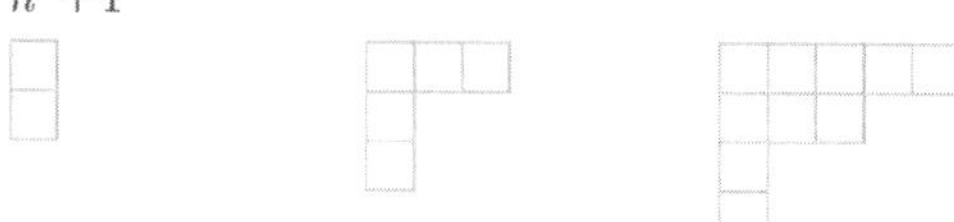

- 예 3 : $2n^2$

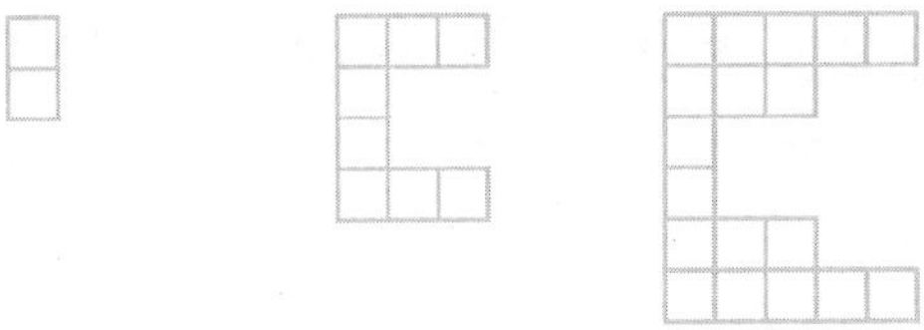

또, 관계적 속성을 이용하거나 기하적 속성을 이용한 증가 또는 감소 패턴도 가능하다.

③ 관계적 속성을 이용한 패턴의 예

1, 1, 2, 1, 1, 2, 3, 2, 1, 1, 2, 3, 4, 3, 2, 1, ⋯

〈**규칙**〉 (1, 2, 1), (1, 2, 3, 2, 1)과 같이 묶으면 가운데 수 1, 2, 3, ⋯을 중심으로 1개, 3개, 5개, ⋯와 같은 식으로 증가하고 있다.

④ 기하적 속성을 이용한 패턴의 예

〈**규칙**〉 한 변에 점이 1개, 2개, 3개, ⋯와 같은 식으로 점의 개수가 증가하는 삼각수이다.

(3) 대칭에 의한 패턴

기본 단위가 대칭 되면서 만들어지는 패턴이다. 예를 들면, 1, -1, 2, -2, 3, -3, 4, -4, ⋯ 은 절댓값이 같은 양의 정수와 음의 정수가 교대로 반복되고 있다. 또 ≦, ≧, ≦, ≧, ≦, ≧, ≦, ≧, ⋯ 는 부등호 기호 ≦와 ≧가 교대로 반복되고 있다.

(4) 회전에 의한 패턴

기본 단위가 회전되어 만들어지는 패턴이다. 예를 들면, ↑, →, ↓, ←, ↑, →, ↓는 기본단위 화살표가 오른쪽으로 90°씩 회전하면서 만들어진 규칙적 배열이다.

(5) 카오스 현상에 의한 패턴

자연에서 흔히 볼 수 있는 비정규적인 규칙으로 유체의 난류 현상, 해안선의 구조, 구름의 규칙, 고사리 잎의 규칙, 허파의 가지 구조, 우주의 은하계의 분포, 번개의 구조 등을 들 수 있다. 이러한 카오스 현상이 드러내는 기하학적인 규칙을 프랙탈fractal이라고 하며, 칸토르 집합이나 아래 그림과 같은 시어핀스키 삼각형과 코흐 눈송이는 수학에서 잘 알려진 프랙탈의 예이다.

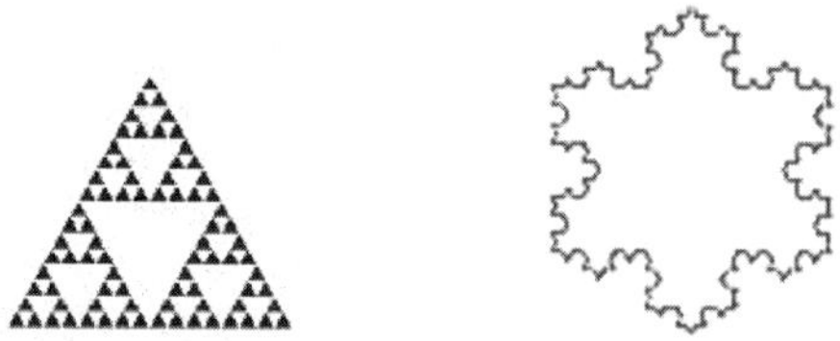

시어핀스키삼각형　　코흐 눈송이

[그림 11.1] 카오스 현상에 의한 패턴의 예

앞에서 크게 분류한 유형은 독립적인 패턴의 유형이 아니라, 서로 중복되기도 하기 때문에 독립적으로 지도하려고 하지 않아도 된다. 예컨대, 수 배열표는 관계적인 속성에 따른 패턴, 증가 또는 감소하는 패턴, 수를 이용한 패턴에 해당한다고 볼 수 있다. 이외에 소재에 따라서, 신체 동작 패턴, 기호 패턴, 퀼트 패턴, 달력 패턴, 프랙탈 패턴 등으로 분류하고 탐구하기도 한다.

생각해 볼 문제 11-1

점의 개수가 아래와 같이 증가할 때 14번째 모양의 점의 개수는 모두 몇 개인지 구하여라.

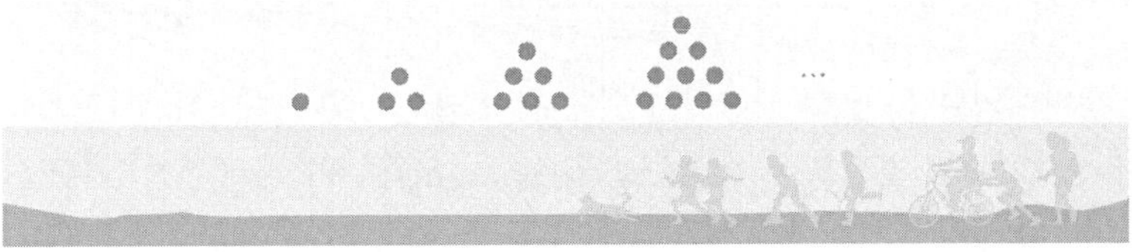

2. 정비례와 반비례

2009개정 교육과정에서는 5~6학년 군에서 정비례와 반비례를 다루었으나 2015개정 교육과정에서는 정비례와 반비례에 대한 생활의 예가 매우 제한적이고 이에 대한 문제 해결은 학습자의 학습 부담을 가중시킨다는 점에서 중학교로 이동되었다.

(1) 정비례

변화하는 두 양 x, y에서 x의 값이 2배, 3배, 4배, … 로 변함에 따라 y의 값도 2배, 3배, 4배, … 로 변할 때, y는 x에 정비례正比例한다고 한다. 일반적으로 0이 아닌 수 a에 대하여 x와 y 사이의 관계식이 $y=ax$로 나타내어질 때, y는 x에 정비례正比例한다 하고, a를 비례상수라고 한다.

예를 들면, 한 변의 길이가 $x$cm인 정사각형의 둘레의 길이를 $y$cm라고 하면 x와 y는 다음과 같이 대응시킬 수 있다. 여기서, y는 x에 정비례

하고, x와 y사이의 관계식은 $y = 4x$이다.

x	1	2	3	4	…	x
	⇓	⇓	⇓	⇓		⇓
y	4×1	4×2	4×3	4×4	…	$4\times x$

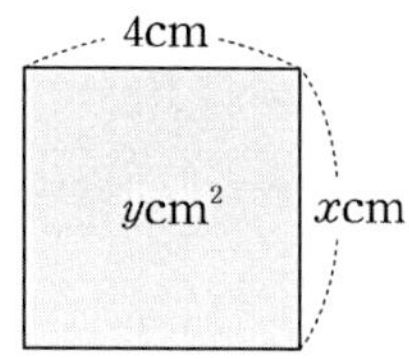

정비례의 예는 우리 생활에서 쉽게 찾아 볼 수 있다. 예컨대, 자판기에서 500원 짜리 음료수 캔을 살 때, 500원 짜리 동전을 1개, 2개, 3개, … 넣을 때마다 음료수 캔이 1개, 2개, 3개, … 나온다는 것을 알 수 있다. 따라서 만약 6명이 음료수를 하나씩 빼내 마시려면 500원짜리 동전이 6개, 즉 3,000원이 필요하다는 것을 쉽게 알 수 있다.

교과서에서는 ....

활동 2 김치 통조림 1개의 무게는 70g입니다. 김치 통조림의 수와 무게 사이의 관계를 알아보시오.

- 김치 통조림의 수를 x, 무게를 y(g)라 하고 표를 완성하시오.

김치 통조림의 수 x	1	2	3	4	5	……
무게 y(g)						

- 위의 표에서 x가 2배, 3배, 4배……로 변함에 따라 y는 어떻게 변합니까?

- x와 y사이의 대응 관계를 식으로 나타내어 보시오.

쓰고 읽기

두 양, x, y에서 x가 2배, 3배, 4배……로 변함에 따라 y도 2배, 3배, 4배……로 변하는 관계가 있으면 x와 y는 정비례한다고 합니다. x와 y가 정비례할 때, $y = 2\times x$, $y = 3\times x$ $y = 4\times x$ …… 와 같이 나타낼 수 있습니다. 이때 일정한 2,3,4……를 비례상수라고 합니다.

[그림 11.2] 정비례 지도

(2) 반비례

두 개의 변화하는 양 x, y가 있을 때 x의 값이 변하면 y의 값은 거기에 따라서 변하면서 x와 이에 대응하는 y의 곱이 항상 a가 될 때, 즉 0이 아닌 수 a에 대하여 x와 y의 관계식이 $y=\frac{a}{x}$로 나타내어질 때, y는 x에 반비례反比例한다고 하고, a를 비례상수라고 한다. 예를 들면, 넓이가 48cm^{2}인 직사각형의 가로의 길이를 $x$cm, 세로의 길이를 $y$cm라고 하면, x와 y는 다음과 같이 대응시킬 수 있다.

x	1	2	3	4	⋯	x
	⬇	⬇	⬇	⬇		⬇
y	48	48/2	48/3	48/4	⋯	48/x

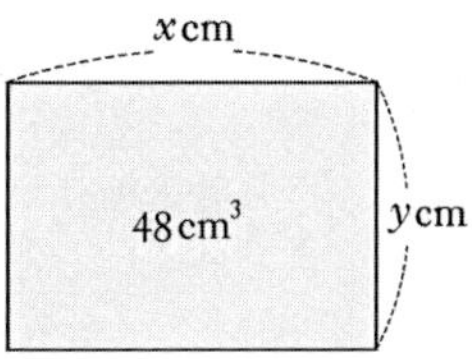

여기서, y는 x에 반비례하고, x와 y 사이의 관계식은 $y=\frac{48}{x}$이다.

정비례 관계, 반비례 관계는 수학뿐만 아니라 과학, 사회, 미술, 음악 등에서도 찾을 수 있다. 한 가지 예로, '일정 온도에서 압력(P)은 부피(V)에 반비례한다.'는 보일Boil의 법칙을 들 수 있다. 이 법칙은 온도가 일정할 때, 압력이 2배, 3배, 4배, ⋯ 가 되면, 기체의 부피는 $\frac{1}{2}$배, $\frac{1}{3}$배, $\frac{1}{4}$배, ⋯ 가 된다는 것이다.

교과서에서는 ....

활동 2 구조선의 속력과 탐사선까지 가는 데 걸리는 시간 사이의 관계를 알아보시오.

- 구조선이 한 시간에 가는 거리를 x(km), 탐사선까지 가는 데 걸리는 시간을 x(시간)라 할 때 표를 완성하고 □안에 알맞은 수를 써넣으시오.

2배 3배 4배

한 시간에 가는 거리 x(km)	1	2	3	4	6	12	24
걸리는 시간 y(시간)							

□배 □배 □배

- 위의 표에서 x가 2배, 3배, 4배……로 변함에 따라 y는 어떻게 변합니까?

- x와 y사이의 대응 관계를 식으로 나타내어 보시오.

[그림 11.3] 반비례 지도

생각해 볼 문제 11-2

일상생활에서 (1)정비례 관계와 (2)반비례 관계가 성립하는 상황의 예를 각각 한 개씩 제시하여라.

3. 함수

함수 개념을 도입하는 방법은 크게 종속 관점과 대응 관점으로 나누어 생각해 볼 수 있다. 제6차 교육과정에서는 함수의 뜻을 두 집합의 원소 사이의 대응으로 설명하였으나, 제7차 수학과 교육과정과 개정 교육과정에서는 변화하는 두 양사이의 관계로서 특히 정비례와 반비례 현상을 중심으로 변수의 의미를 강조하며, 함수 개념과 용어를 도입하고 있다.

위의 정비례와 반비례에서 x의 값이 하나 정해지면 그에 따라 y의 값이 하나씩 정해짐을 알 수 있었다. 이와 같이, 변화하는 두 양 x, y에 대하여 변수 x의 값이 하나 정해지면 그에 따라 변수 y의 값이 하나씩 정해지는 관계가 있을 때, 이 관계를 y는 x의 함수函數, function라고 하며, 이것을 기호로 $y=f(x)$와 같이 나타낸다. 예컨대, 앞의 예에서 $y=4x$와 $y=\dfrac{48}{x}$는 x의 값이 하나 정해지면 그에 따라 y의 값이 하나씩 정해지므로 함수이다. 그리고 함수 $y=f(x)$에서 변수 x의 값을 나타내는 수 전체의 집합을 정의역domain이라 하고, 변수 y의 값을 나타내는 수 전체의 집합을 공역codomain이라 한다.

이 정의는 변하는 두 양의 관계를 수학적으로 받아들인 함수의 정의이다. 즉, 서로 관계를 맺고 있는 두 양 A, B가 있을 때 A의 크기가 변함에 따라 B의 크기가 변하게 되는데, 이때 두 양의 사이의 관계를 함수라 한다. 그러나 '따라서 변한다'는 의미는 직관적으로는 알기 쉽지만, 논리적이지 못한 경우가 있다. 이를 논리적으로 설명하기 위해 집합의 관점에서 대응으로 함수의 개념을 일반화여 다음과 같이 지도할 수 있다.

2개의 집합 X, Y에서 X의 한 원소 x에 Y의 원소 y가 꼭 하나 대응해 있을 때, 이 대응을 X에서 Y로의 함수라고 하며, 기호 f 등을 사용하여 $f:X\to Y$나 $y=f(x)$라고 쓴다. 함수 $f:X\to Y$에 있어서, 집합

X를 함수 f의 정의역定義域이라 하고, X의 각 원소에 대응하는 Y의 원소 전체가 만드는 집합을 함수 f의 공역 또는 치역値域이라고 한다. 함수가 수식數式으로 표현되는 경우 정의역은 그 수식이 의미를 갖는 변수의 값 전체로 생각해도 좋다. 이를테면 반지름 r인 원의 면적을 v라고 하면 $v = \pi r^2$이라는 관계가 있고, r의 값이 정해지면 그에 대응하여 v의 값이 정해지는데, 이때 원의 반지름에 그 면적을 대응시키는 함수 $v = \pi r^2$은 수식으로서는 모두 실수 r에 대응하지만, 정의역은 모든 정수 r가 된다.

교과서에서는 ....

활동 3 큰 톱니바퀴와 작은 톱니바퀴가 서로 맞물려 돌아가고 있습니다. 큰 바퀴의 톱니가 60개일 때 작은 바퀴의 톱니 수와 회전수 사이의 관계를 알아보시오.

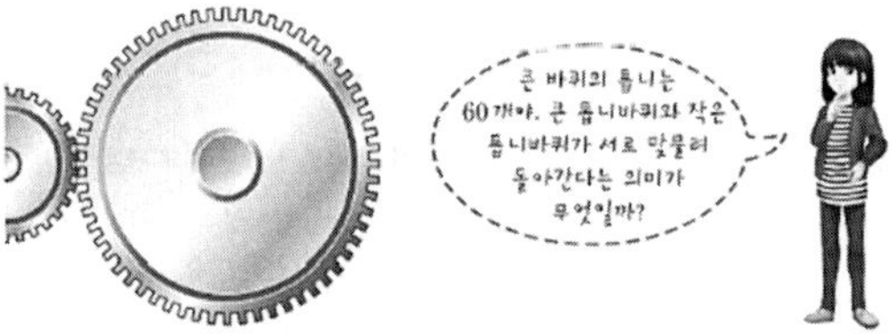

- 작은 바퀴의 톱니 수를 x, 큰 바퀴가 한 바퀴 도는 동안 작은 작은 바퀴가 도는 회전수를 y라 하고 표를 완성하시오.

작은 바퀴의 톱니 수 x	5	10	15	20	30
작은 바퀴의 회전수 y					

- 위의 표에서 x가 2배, 3배, 4배……로 변함에 따라 y는 어떻게 변합니까?
- x와 y사이에는 어떤 관계가 있습니까?
- x와 y사이의 대응 관계를 식으로 나타내어 보시오.

[그림 11.4] 대응 관계를 식으로 나타내기

4. 함수의 그래프

정의역이 X이고 공역이 Y인 함수 f에 대하여 정의역의 원소와 그의 함수값으로 이루어진 순서쌍의 집합 $\{(x, f(x)) \mid x \in X\}$를 함수 f의 그래프라고 한다. 그러나 흔히 원소 x와 이에 대한 공역의 원소 y로 이루어지는 순서쌍 $(x,\ y)$를 좌표평면 위에 나타낸 그림을 함수 f의 그래프라고 한다.

(1) 함수 $y = ax(a \neq 0)$의 그래프

정의역이 수 전체의 집합일 때, 함수 $y = 2x$의 그래프는 어떻게 그리는지 알아보면, 함수 $y = 2x$의 정의역이

$$X = \{\cdots,\ -2,\ -1.5,\ -1,\ -0.5,\ 0,\ 0.5,\ 1,\ 1.5,\ 2,\ \cdots\}$$

이면, X의 각 원소 x에 대응하는 함숫값 y를 구하여 다음과 같이 표로 나타낼 수 있다.

x	⋯	-2	-1.5	-1	-0.5	0	0.5	1	1.5	2	⋯
y	⋯	-4	-3	-2	-1	0	1	2	3	4	⋯

위의 표에서 대응하는 $x,\ y$의 값의 순서쌍

$$\cdots,\ (-2,\ -4),\ (-1.5,\ -3),\ (-1,\ -2),\ (-0.5,\ -1),$$
$$(0,\ 0),\ (0.5,\ 1),\ (1,\ 2),\ (1.5,\ 3),\ (2,\ 4),\ \cdots$$

를 좌표로 하는 점들을 좌표평면 위에 모두 나타내면 [그림 11.2]와 같고, 이것은 정의역 X에서의 함수 $y = 2x$의 그래프이다.

함수 $y = 2x$에서 정의역의 원소 x의 값 사이의 간격을 점점 더 작게 하여 정의역을 수 전체의 집합으로 하면, 함수 $y = 2x$의 그래프는 [그림

11.5]와 같이 원점을 지나는 직선이 된다.

한편, 함수 $y=ax(a \neq 0)$의 그래프는 원점을 지나는 직선이다. 그런데 서로 다른 두 점을 지나는 직선은 하나뿐이므로 $y=ax(a \neq 0)$의 그래프는 원점과 이 그래프가 지나는 원점 이외의 한 점을 찾아 직선으로 이으면 쉽게 그릴 수 있다.

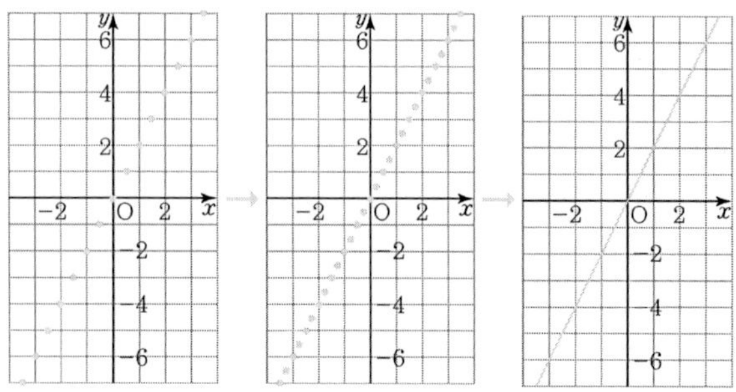

[그림 11.5] $y=2x$의 그래프

함수 $y=ax(a \neq 0)$의 그래프

원점 O를 지나는 직선이다.

(1) $a>0$일 때,

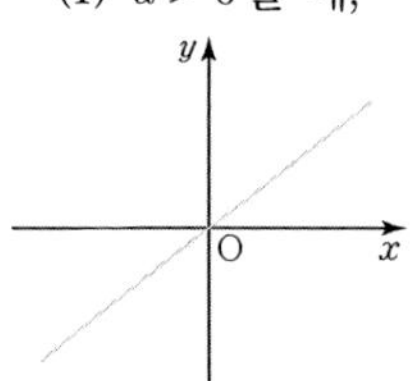

제1사분면과 제3사분면을 지난다.

(2) $a<0$일 때,

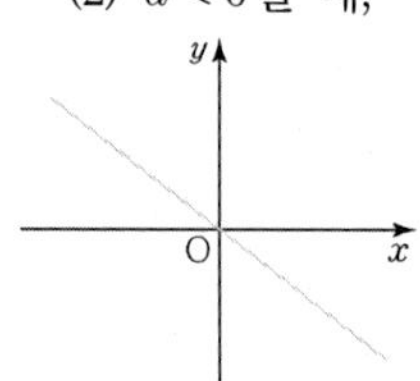

제2사분면과 제4사분면을 지난다.

(2) 함수 $y=\dfrac{a}{x}(a\neq 0,\ x\neq 0)$의 그래프

정의역이 0을 제외한 수 전체의 집합일 때, 함수 $y=\dfrac{6}{x}$의 그래프는 어떻게 그리는지 알아보자. 함수 $y=\dfrac{6}{x}$의 정의역이

$$X=\{\cdots,\ -4,\ -3, -2,\ -1,\ 1,\ 2,\ 3,\ 4,\ \cdots\}$$

이면, X의 각 원소 x에 대응하는 함숫값 y를 구하여 다음과 같이 표로 나타낼 수 있다.

x	…	-4	-3	-2	-1	1	2	3	4	…
y	…	-1.5	-2	-3	-6	6	3	2	1.5	…

위의 표에서 대응하는 x, y의 값의 순서쌍

$$\cdots,\ (-4,\ -1.5),\ (-3,\ -2),\ (-2,\ -3),\ (-1,\ -6),$$
$$(1,\ 6),\ (2,\ 3),\ (3,\ 2),\ (4,\ 1.5),\ \cdots$$

를 좌표로 하는 점들을 좌표평면 위에 모두 나타내면 [그림 11.3]과 같고, 이것은 정의역 X에서의 함수 $y=\dfrac{6}{x}$의 그래프이다.

함수 $y=\dfrac{6}{x}$에서 정의역의 원소 x의 값 사이의 간격을 점점 더 작게 하여 정의역을 0을 제외한 수 전체의 집합으로 하면, 함수 $y=\dfrac{6}{x}$의 그래프는 [그림 11.6]과 같이 좌표축에 접근하면서 한없이 뻗어 나가는 한 쌍의 매끄러운 곡선이 된다.

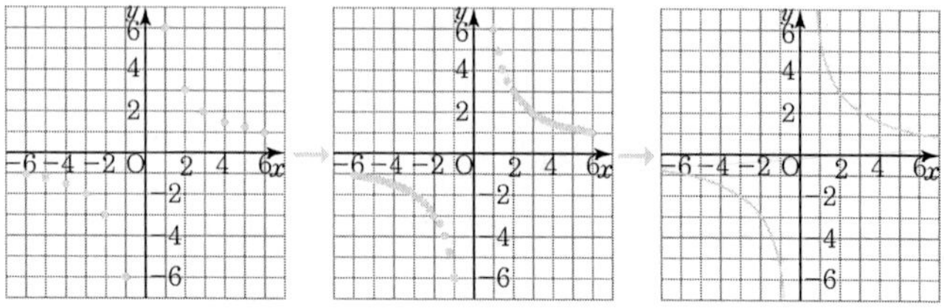

[그림 11.6] $y=\dfrac{6}{x}$ 의 그래프

함수 $y=\dfrac{a}{x}(a\neq 0,\ x\neq 0)$의 그래프

좌표축에 접근하면서 한없이 뻗어 나가는 한 쌍의 매끄러운 곡선이다.

(1) $a>0$일 때,

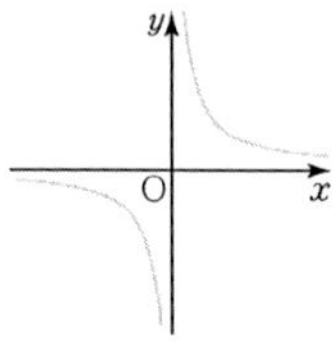

제1사분면과 제3사분면을 지난다.

(2) $a<0$일 때,

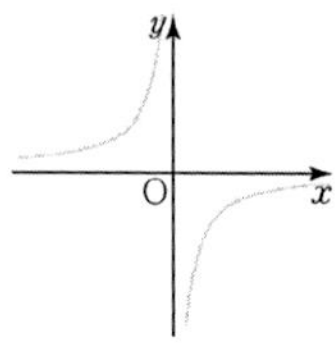

제2사분면과 제4사분면을 지난다.

생각해 볼 문제 11-3

1. 다음 그림과 같은 원기둥 모양의 통에 일정한 속도록 물을 가득 채울 때 독립변수와 종속변수를 정하고, 그 관계를 그래프로 나타내어라.

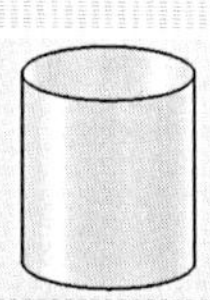

2. 다음 그림과 같은 원뿔모양의 통에 일정한 속도록 물을 가득 채울 때 독립변수와 종속변수를 정하고, 그 관계를 그래프로 나타내어라.

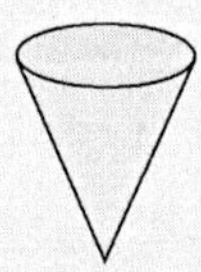

REFERENCE
참 고 문 헌

강문봉 외 18인 역(1999). **초등 수학 학습지도의 이해**. 서울: 양서원.

권현직(2001). **자와 컴퍼스로 배우는 수학**. 서울: 수학사랑.

김남희 외 5인(2006). **수학교육과정과 교재 연구**. 서울: 경문사.

김상미(1997). **수학적 패턴에 대한 학습 프로그램 개발 연구 : 초등학교 4학년을 대상으로**. 한국교원대학교 석사학위 논문.

김용운, 김용국(2003). **도형이야기**. 서울: 도서출판 우성.

김진호, 김인경(2010). **피보나치 수열과 황금비**. 서울: 교우사.

김향숙 외 8인(2007). **기하학 다시보기**. 서울: 경문사.

박교식(1992). **함수 개념 지도의 교수현상학적 접근**. 서울대학교 박사학위논문.

______(1993). **초등학교에서 함수적 사고와 그의 지도에 관한 연구**. 인천교육대학교 논문집, 27(1). 279-295.

박교홍 외 3인(2003). **수학 Ⅰ**. 서울: 교학사.

박규홍 외 5인(2007). **미분과 적분 교사용 지도서**. 서울: 교학사.

박윤범 외 3인(2001). **수학 7-가**. 서울: 대한교과서.

____________(2002). **수학 7-나**. 서울: 대한교과서.

____________(2002). **수학 8-나**. 서울: 대한교과서.

박세희(1995). **수학의 세계**. 서울대학교출판부.

성창근(2013). 문제해결에서 비형식적 증명활동의 기능과 교사의 역할. **학교수학**, 15(3), 651-665.

우정호 외 5인(2003). **미분과 적분**. 서울: 대한교과서.

이대현(2008). 직관에 관한 연구 역사와 수학교육적 의미 고찰. **한국학교수학회 논문집**, 11(3), 363-376.

이대현, 최승현(2006). **문제해결을 통한 수학적 경험**. 서울: 경문사.

이용진외 3인 역(1992). **수학적인 생각의 구체화**. 서울: 경문사.

이우형 역(1995). **수학사**. 서울: 경문사.

이정재(2004). **초등수학교육론**. 서울: 형설출판사.

임근광(2006). **눈금없는 자와 컴퍼스로 디자인하기**. 서울: 한국교육개발원.

임재훈 외 7인(2002). **고등학교 수학 10-나**. 서울: 두산.

임재훈 외 9인(2003). **고등학교 수학 Ⅰ**. 서울: 두산.

현종익(2006). **교사를 위한 초등수학교육론**. 서울: 교우사.

홍진곤, 권석일(2004). **전형식적 증명의 교수학적 의미에 대한 고찰**. 수학교육, 43(4), 381~390.

Balacheff, N. (1987). Processes of proof and situation of validation. *Educational Studies in Mathematics*, 18(3), 147~176.

Dale, S., & Reuber, S. (1994). *Creative Constructions*. Ideal School Supply Company Prinetd in U.S.A

Dale, S. (1988). *Geometric Designs*. Dale Seymour publication.

Devlin, K. (1994). *Mathematics, the science of patterns: The Search for Order in Life, Mind and the Universe*. New York: Scientific American Library.

Harel, G., & Sowder, L. (1998). Type of student's justification. *The Mathematics Teacher*, 91(8), 670~675.

NCTM(1990). *Reshaping School Mathematics*. Washing, DC: National Academy Press.

______(2000). *Principle and Standards for School Mathematics*. Reston, VA: Author.

Schoenfeld, A. H. (1994). *Mathematical Thinking and Problem Solving*. NJ: Lawrence Erlbaum Associates, Inc.

Steen, L. (1988). The science of patterns. *Science*, 240, 611~616.

SOLUTION
생각해 볼 문제 정답

[생각해 볼 문제 1-1]

1. 330
2. $\dfrac{M(M+1)}{2} \times \dfrac{N(N+1)}{2}$
3. 생략
4. 실용성, 도야성, 심미성, 문화성
5. 생성 과정 : 추상성, 형식성, 이상성
   적용 및 발전 과정 : 일반성, 특수성
   보존 과정 : 계통성, 논리성
6. (1) $F_{n+2}-1$ (2) $F_n \times F_{n+1}$ (3) F_{2n} (4) $F_{2n+1}-1$

[생각해 볼 문제 2-1]

1. 24323= 
2. 63명 : 예순 세 명, 324 : 삼백이십사, 11시 : 열한시
3. 생략

[생각해 볼 문제 2-2]

1. $M=\{x \in N \mid {}^{\exists}y \in N,\ y'=x\}$라 하고, $M'=M \cup \{1\}$이라 하자.
   ① $1 \in M'$
   ② $x \in M'$이면 $x \in N$이므로 $x' \in M \subset M'$이다.
   즉, M'은 공리 ⑤에 의하여 모든 자연수를 포함한다. 그러므로

$M=N-\{1\}$

2. x를 고정시키고, $x+y=y+x$을 만족시키는 y의 집합을 M이라 하자.

① 먼저, $x+1=1+x$를 증명하자. 이 등식을 만족하는 x전체의 집합을 M'이라 하면, 1+1=1+1이므로 1은 M'에 속하고, x가 M'에 속한다고 하면 $x+1=1+x$이므로 $x'+1=(x+1)+1=(1+x)+1=1+(x+1)$ $=1+x'$이 되어 x'도 M'에 속한다.

② y가 M에 속한다고 하면 $x+y=y+x$이므로

$x+y'=(x+y)'=(y+x)'=y+x'=y+(x+1)$

$=y+(1+x)=(y+1)+x=y'+x$

따라서 y'도 M에 속하게 된다.

3. $3+2=3+1'=(3+1)'=(3')'=4'=5$

4. 집합수 : 사과 3개, 연필 2 자루 등.

순서수 : 내가 오늘 첫 번째로 왔어.

명칭수 : 나는 105동 906호에 살아.

[생각해 볼 문제 2-3]

1. (68, 48)=(48, 20)=(20, 8)=(8, 4)=4이다.

2. 완전수 : 진약수의 합이 본래의 수와 같은 수, 6

과잉수 : 진약수의 합이 본래의 수보다 큰 수, 18

부족수 : 진약수의 합이 본래의 수보다 작은 수, 8

[생각해 볼 문제 3-1]

1. 분수 : 수를 여러 가지 기호로 나타내는 숫자

유리수 : 양의 크기를 나타내는 수, a가 정수이고 b가 0이 아닌 정수일 때 $\frac{a}{b}$로 표현되는 수

2. $\frac{2}{13}=\frac{1}{7}+\frac{1}{91}$

3. $\frac{1}{2}$과 $\frac{2}{4}$는 상대적인 비를 나타내는 수의 의미에서는 같은 값을 갖는 동치류이다. 그러나 실제적인 상황에서는 다른 의미를 갖는다. 예를 들어 사과 1개

를 2개로 나눈 것 중의 1개나 사과를 4개로 나눈 것 중의 2개는 같은 양을 나타내지만, 등분할 되는 상황은 다르며, 2명 중 1명이나 4명 중 2명은 상대적인 비에서는 같은 양이지만, 상황이 다르다는 것을 알 수 있다.

4. $(-2)\times(-3)=2\times3$을 형식 불역의 원리를 적용하면
   $(-2)+2=0$, $(-3)+3=0$의 양 변에 각각 3, -2를 곱하면
   $3\times(-2)+3\times2=0$, $(-2)\times(-3)+(-2)\times3=0$
   따라서 $-\{3\times(-2)\}=3\times2$, $-\{(-2)\times3\}=(-2)\times(-3)$
   곱셈의 교환법칙에 의해

$$-\{3\times(-2)\}=3\times2=2\times3,\ -\{3\times(-2)\}=(-2)\times(-3)$$

   그러므로 $(-2)\times(-3)=2\times3$

5. 양변을 2나 3으로도 나눌 수 있기 때문에 $\frac{0}{6}$은 기약분수가 아니다.

[생각해 볼 문제 4-1]

1. 임의의 m, $n\in Z$에 대하여 $f(m+n)=(-1)^{m+n}=(-1)^m\cdot(-1)^n=f(m)\cdot f(n)$이 되어 f는 준동형사상이다. 그러나 f는 전사(surjective)이지만, 단사(injective)는 아니다. 따라서 f는 동형사상이 아니다.
2. 정사각형이 아닌 직사각형을 공간상에서의 중심 0를 지나는 직각을 축으로 하는 회전 중에서 직사각형이 자신과 겹쳐지도록 하는 회전은 다음 4가지가 있다.
   1: 부동의 상태
   σ: 0를 지나 이 직사각형을 품는 평면에 수직인 직선을 축으로 하는 180° 회전
   τ: 수평인 대칭축을 축으로 하는 180° 회전
   ρ: 수직인 대칭축을 축으로 하는 180° 회전
   이상의 네 가지 원소로 된 집합을 $V=\{1,\ \sigma,\ \tau,\ \rho\}$라 하고, V 상에 사상의 합성을 연산으로 정의하면 V는 군이 되며, 이 군을 Klein의 4원군(Klein's four group)이라고 한다.
3. $f:G\rightarrow H$가 동형사상이면 $f^{-1}:H\rightarrow G$는 일대일대응이다.
   이제 f^{-1}가 준동형사상임을 보이기 위하여 a', $b'\in H$라고 하고,

$f^{-1}(a')=a$, $f^{-1}(b')=b$라 하면 $f(a)=a'$, $f(b)=b'$이므로
$f(ab)=f(a)f(b)=a'b'$.
즉 $f^{-1}(a'b')=ab=f^{-1}(a')f^{-1}(b')$이다.
따라서 $f^{-1}:H\rightarrow G$는 군동형사상이다.

[생각해 볼 문제 4-2]

1. 집합 $R=\left\{\begin{pmatrix} a & 0 \\ 0 & a \end{pmatrix} \mid a \in R\right\}$에 대하여
   ① $(R,\ +,\ \cdot)$은 가환군이다.
   ② $(R,\ \cdot)$은 결합법칙이 성립하므로 반군이다.
   ③ 임의의 $a,\ b,\ c \in R$에 대하여 좌, 우 분배법칙을 만족한다.
   따라서 $(R,\ +,\ \cdot)$은 환이다.

[생각해 볼 문제 4-3]

1. 모든 α에 대하여 $(S_\alpha,\ +)$는 이므로 $(\cap S_\alpha,\ +)$도 $(R,\ +)$의 부분군이다.
   이제 $a,\ b\in \cap S_\alpha$라 하면, 각 α에 대하여 $a,\ b\in S_\alpha$이므로 $a\cdot b\in S_\alpha$,
   즉 $a\cdot b\in \cap S_\alpha$이다. 따라서 $\cap S_\alpha$는 부분환이다.
   특히 S_α들이 체 F의 부분체일 때, $a\in S_\alpha$, $a\neq 0$라 하면 각 α에 대하여
   $a\in S_\alpha$이므로 $a^{-1}\in S_\alpha$, 즉 $a^{-1}\in \cap S_\alpha$이다. 따라서 $\cap S_\alpha$는 부분체이다.

[생각해 볼 문제 5-1]

1. $\varnothing$: 공집합, $\{0\}$: 0을 원소로 갖는 집합, $\{\varnothing\}$: $\varnothing$를 원소로 갖는 집합
2. $2^A=\{\varnothing,\ \{a\},\ \{b\},\ \{\{a,\ b\}\},\ \{\{a\},\ \{b\}\},\ \{\{a\},\ \{a,\ b\}\},\ \{\{b\},\ \{a,\ b\}\},$
   $\{\{a\},\ \{b\},\ \{\{a,\ b\}\}\}$
3. 생략

[생각해 볼 문제 5-2]

1. $\{(0,0),\ (1,1),\ (2,2)\}$

$\{(0,0),\ (0,1),\ (0,2),\ (1,0),\ (1,1),\ (1,2),\ (2,0),\ (2,1),\ (2,2)\}$

2. $\overline{1}=\{x\in A \mid (1,X)\in R\}=\{1,2\}$

[생각해 볼 문제 5-3]

1. 거짓, $\exists x\in \mathrm{U},\ x+3\neq 0$
2. 필요조건
3. 생략

[생각해 볼 문제 5-4]

1. 타당한 추론이 아니다.

[생각해 볼 문제 5-5]

1. 생략

[생각해 볼 문제 5-6]

(방법 1) 피타고라스 정리에 의해 $\overline{AC}^2=a^2+(\frac{a}{2})^2$에서 $\overline{AC}^2=\frac{5a^2}{4}$이므로 $\overline{AC}$ $=\frac{a\sqrt{5}}{2}$이고, $\overline{CD}=\overline{BC}=\frac{a}{2}$이므로, $\overline{AS}=\overline{AD}=\overline{AC}-\overline{CD}=\frac{\sqrt{5}-1}{2}a$ 이다. 그런데 $\frac{\sqrt{5}-1}{2}a=\frac{1}{\frac{\sqrt{5}+1}{2}}a$이기 때문에 $\overline{AS}:\overline{AB}=1:\ \frac{\sqrt{5}+1}{2}$ 가 되어 $\overline{AB}$를 점 S로 황금분할한 것이다.

(방법 2) 삼각형의 한 변의 길이를 $2a$라 하자. 그러면 $\overline{SY}=\overline{SZ}=a$이다. 그리고 중점연결정리에 의해 $\overline{AS}=a$가 된다. $\overline{BS}$의 길이를 b라고 하면 $\overline{AC}=b$ 이다. 여기서 할선에 성립하는 공식에 의해 $\overline{SY}$ · $\overline{SZ}=\overline{SB}$ · $\overline{SC}$가 된다. 이 식을 정리하면 다음과 같다.

$a^2=b(a+b)=ab+b^2$

$(\frac{a}{b})^2 = \frac{a}{b}+1$

$(\frac{a}{b})^2 - \frac{a}{b} - 1 = 0$

$\frac{a}{b} = \frac{\sqrt{5}+1}{2}$ 이다. 따라서 점 S가 $\overline{AB}$의 황금분할한다.

(방법 3) $\overline{AB}$가 한 점 S에서 황금분할되는 사실에서 $\frac{\overline{AB}}{\overline{AS}} = \frac{\sqrt{5}+1}{2}$, $\overline{AC} = \overline{AS}$

$= \frac{\overline{AB}}{\frac{\sqrt{5}+1}{2}}$ 이다. 따라서 $\frac{\overline{AB}}{\overline{AC}} = \frac{\sqrt{5}+1}{2}$ 이다.

(문제 2) ① $\overline{AB}$를 한 변으로 하는 정사각형을 그린다.

② 정사각형 ABCD에서 $\overline{AB}$의 중점 O를 잡는다.

③ 중점 O를 중심으로 하고, $\overline{OC}$를 반지름으로 하는 원을 그려 $\overline{AB}$의 연장선과의 교점을 E를 잡는다.

④ 점 E에서 $\overline{AE}$에 수선을 그어 $\overline{DC}$의 연장선과 만나는 점을 F라 하면 직사각형 AEFD가 황금직사각형이 된다.

(문제 3) 우리 신체 중 배꼽을 중심으로 상반신과 하반신이 황금비를 이루면 아름답다고 느낀다. 머리끝에서 목까지와 목에서 배꼽까지의 길이가 황금비를 이룬다. 하반신에서는 발끝부터 무릎까지와 무릎부터 배꼽까지의 비율이 황금비이다.

[생각해 볼 문제 6-1]

1. (1) 선분 : 두 점을 곧게 이은 선

(2) 직선 : 선분을 양쪽으로 끝없이 늘인 곧은 선

(3) 4개의 선분으로 둘러싸인 도형

(4) 3개의 선분으로 둘러싸인 도형

[생각해 볼 문제 6-2]

1.

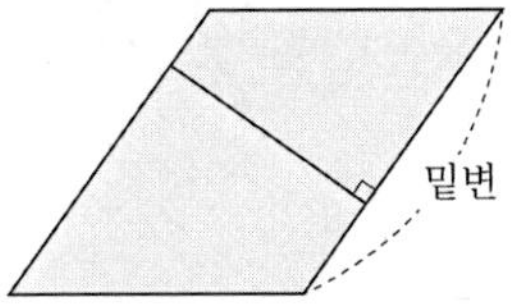

2. X에서 X'으로 평행이동

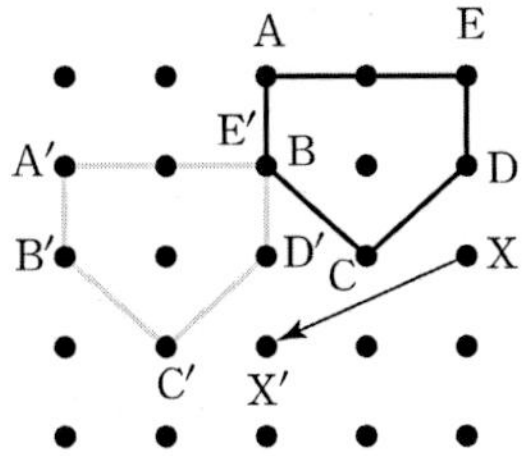

점 0를 중심으로 180도 회전이동

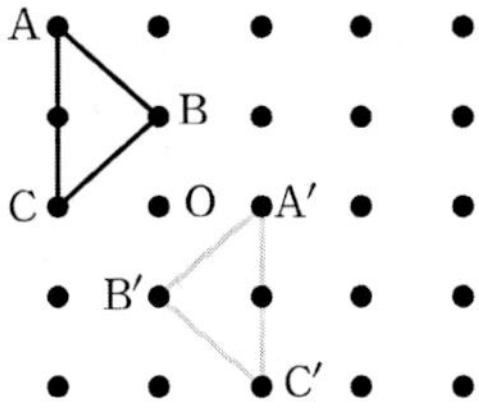

[생각해 볼 문제 7-1]

1.

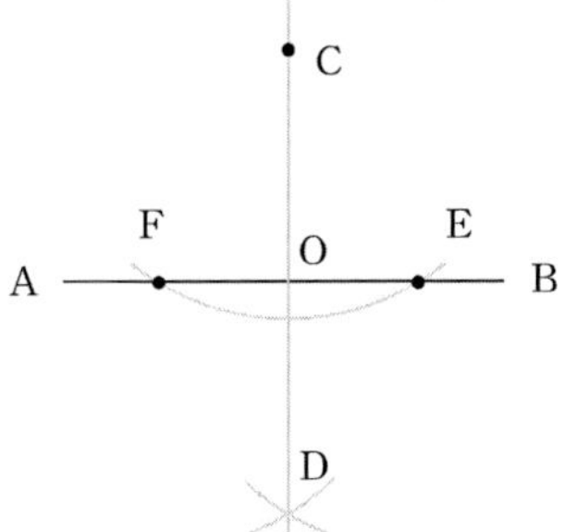

점 C를 중심으로 직선 AB위에 반원을 그린 후 직선과 반원이 만나는 점 E, F에서 다시 반지름이 같은 원을 그려 만나는 점 D를 잡고 점 C와 D를 연결한다. 이와 같이 한 직선에 대해 서로 반대편에 위치하고 두 점을 연결한 선분이 직선에 의해 수직이등분될 때 두 점을 직선에 대한 대칭점이라고 한다. 예를 들어 점 C의 대칭점은 점 D이고, 점 A의 대칭점은 점 B이다.

2.

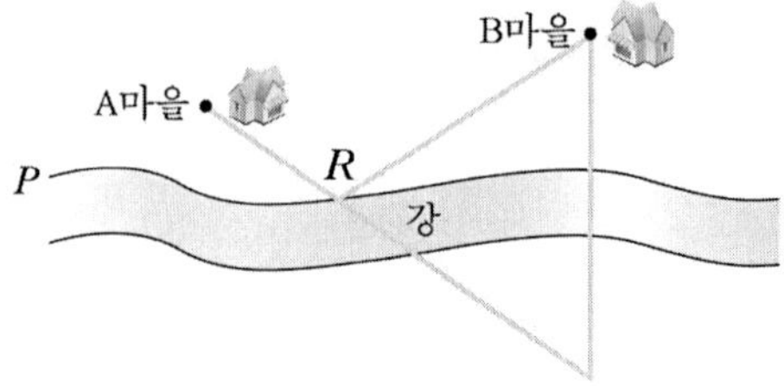

수도관을 가장 적게 사용할 수 있는 위치에 정수장을 세우는 것이 가장 경제적일 것이다. 따라서 직선 P에 대해 점 B의 대칭점을 작도한 후(점 Q) 점 A와 점 Q를 잇는 선분이 직선 P와 만나는 점 R에 정수장을 건설하는 것이 수도관을 가장 적게 사용하는 것이다.

먼저 정수장을 건설하는 사장의 입장에서 경제적이란 어떤 것인지? 또 건설 비용을 가장 적게 하려면 어떻게 해야 하는지에 대해 충분한 이해가 우선되어야 할 것이다.

[생각해 볼 문제 7-2]

선분 OX에 대해 점 A의 대칭점을 P라하고 선분 OY에 대해 점 A의 대칭점을 Q라 하면 직선 PQ를 그려, 선분 OT와 만나는 점을, 선분 OX와 만나는 점을 C라고 하면 이 때 삼각형 ABC의 둘레가 가장 짧다.

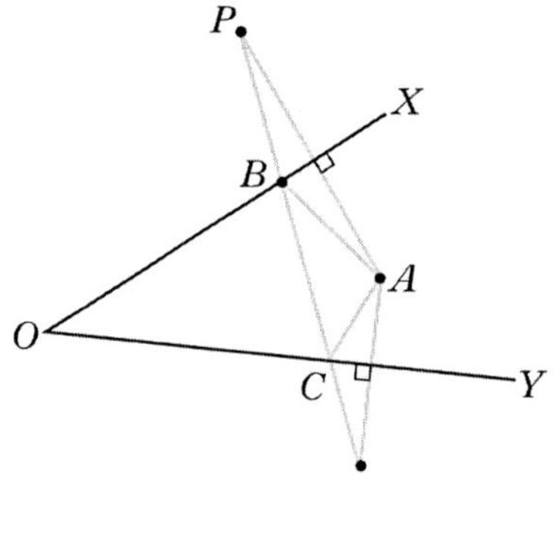

[생각해 볼 문제 7-3]

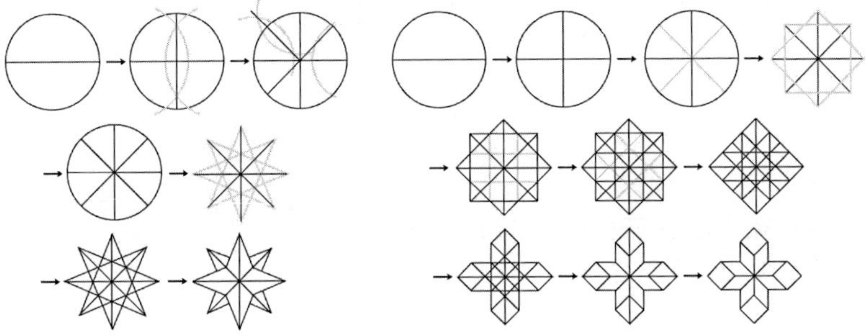

[생각해 볼 문제 7-4]

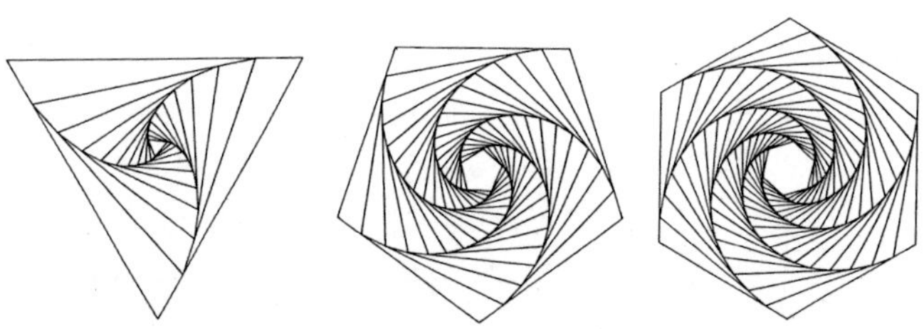

위와 같은 곡선을 추적곡선이라고 한다. 정삼각형 각각의 변에 똑같은 정삼각형을 이어 붙여서 만든 큰 정삼각형(4개의 작은 삼각형으로 이루어진)을 이와 같은 방법으로 각각 추적곡선을 그리게 하면 더 매력적인 디자인을 할 수 있을 것이다.

[생각해 볼 문제 8-1]

1. 첫째, 외연량은 양의 외형적 크기이며, 내포량은 양의 성질을 의미한다. 둘째, 가법성의 적용 여부에 따라 외연량은 가법성이 적용 가능하지만 내포량을 그렇지 않다. 예를 들어 외연량인 길이 10cm와 20cm를 더하면 30cm이지만, 내포량인 온도 10℃의 물과 20℃의 물을 합하면 30℃가 되지 않는다. 셋째, 외연량의 측정에서는 한 개의 양이 관여하지만(길이는 길이로, 넓이는 넓이로 측정), 내포량은 서로 다른 세 개의 양이 포함된다. 예를 들어 속력은

시간과 거리의 나눗셈 또는 비를 통해 생성되며, 시간과 거리와는 전혀 다른 새로운 양이다.

[생각해 볼 문제 8-2]

2. 생략
3. 생략
4. 예 바닥에 깔린 타일을 측정 단위로 생각하고, 타일 하나의 넓이를 구한 후 전체 넓이를 어림한다.

[생각해 볼 문제 9-1]

대부분의 학생들은 자료가 주어지면 이를 정리 · 분석하여 자료를 해석하는데 중점을 두고 학습이 이루어졌으나, 문제에 제시된 탐구활동은 학생들이 다양한 사고뿐만 아니라 생활에서 그래프의 이해, 타학문과의 연결성을 촉진할 수 있다. 학생들의 의견은 다양할 수 있다. 예를 들어 연간강수량이나 연간기온 등에 대한 과학적 사실을 바탕으로 1월부터 시작하여 8월에 기온에 가장 놓고 다시 기온이 떨어진다는 그래프로 해석할 수 있으며, 개인적 경험에 의해 그래프를 해석할 수도 있을 것이다.

[생각해 볼 문제 9-2]

각 계급의 값을 구하여 각 계급값에 도수를 곱하여 합을 한 후 50으로 나누면 평균은 156.6이다.

[생각해 볼 문제 9-3]

각각의 어린이들이 쏘아 나오는 경우를 (하은, 수지, 은섭)과 같이 나타내 보면

(3, 4, 1), (3, 4, 2), (3, 4, 9), (3, 5, 1), (3, 5, 2), (3, 5, 9), (3, 6, 1), (3, 6, 2), (3, 6, 9)
(7, 4, 1), (7, 4, 2), (7, 4, 9), (7, 5, 1), (7, 5, 2), (7, 5, 9), (7, 6, 1), (7, 6, 2), (7, 6, 9)
(8, 4, 1), (8, 4, 2), (8, 4, 9), (8, 5, 1), (8, 5, 2), (8, 5, 9), (8, 6, 1), (8, 6, 2), (8, 6, 9)

과 같이 모두 27가지이다. 따라서 각각의 사람이 이길 수 있는 확률은
하은 : 12/27 수지 : 6/27 은섭 : 9/27

[생각해 볼 문제 9-4]

1. 뽑힌 학생이 수학사 과목을 수강할 사건을 A라 하고, 1, 2, 3, 4학년 학생일 확률을 각각 B_1, B_2, B_3, B_4라고 하면 B_1, B_2, B_3, B_4는 전체사건의 분할이 된다.
즉 $A = \cup_{i=1}^{4} (A \cap B_i)$이다.
문제의 조건에 따라 $P(B_1) = 0.3$, $P(B_2) = 0.3$, $P(B_3) = 0.2$, $P(B_4) = 0.2$, $P(A \mid B_1) = 0.8$, $P(A \mid B_2) = 0.5$, $P(A \mid B_3) = 0.3$, $P(A \mid B_4) = 0.1$
이다.
$$P(A) = \sum_{i=1}^{4} P(B_i)P(A \mid B_i)$$
$$= 0.3 \times 0.8 + 0.3 \times 0.5 + 0.2 \times 0.3 + 0.2 \times 0.1$$
$$= 0.47$$
$$P(B_1 \mid A) = \frac{P(A \mid B_1)P(B_1)}{P(A)}$$
$$= \frac{0.3 \times 0.8}{0.47} = \frac{24}{47}$$

2. 지영이가 처음 뽑을 때 당첨확률은 6장의 카드 중 한 장이 당첨 제비이므로 1/6이다.
둘째 번으로 건호가 뽑을 때 당첨 확률은 먼저 지영이가 당첨 되었을 때 건호가 뽑을 당첨 확률은 $1/6 \times 0 = 0$이다. 따라서 지영이가 당첨되지 않았을 경우 건호가 당첨될 확률을 생각하면 지영이가 당첨되지 않을 확률은 6장 중 당첨제비기 아닌 5장을 뽑으면 되므로 5/6이고 남은 5장 중 당첨제비 1장을 건호가 뽑으면 된다. 따라서 $5/6 \times 1/5 = 1/6$이다.
세 번째로 성호가 뽑았을 때 당첨 확률은 지영이나 건호가 당첨되지 않고 남은 카드 4장 중 당첨제비 1장을 뽑을 확률을 구하면 된다. 지영이가 당첨제비를 뽑지 않을 확률은 5/6, 두 번째로 건호가 당첨제비를 뽑지 않을 확률은

4/5, 성호가 남은 4장중 당첨 제비 한 장을 뽑을 확률은 1/4이므로 $5/6\times 4/5\times 1/4=1/6$이다.

따라서 순서에 관계없이 당첨 확률은 모두 같으므로 어떤 순서대로 뽑아도 된다.

[생각해 볼 문제 9-5]

1. $$F(x)=\begin{cases}0, & x<0\\ \frac{1}{4}, & 0\le x<1\\ \frac{3}{4}, & 1\le x<2\\ 1, & x\ge 2\end{cases}$$ 이거나 $$F(x)=\begin{cases}\frac{1}{4}, & x\le 0\\ \frac{3}{4}, & 0<x\le 1\\ 1, & 1<x\le 2\\ 1, & x>2\end{cases}$$

2. 그림과 같이 검은 바둑돌과 흰 바둑돌 3개씩 6개를 그려 일어날 경우를 줄로 이어보면 다음과 같다.

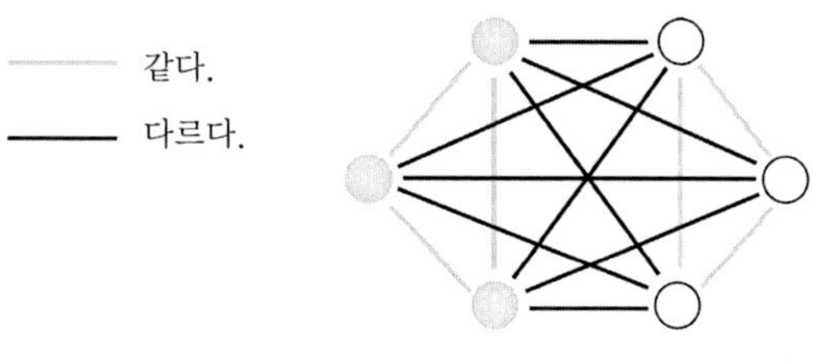

즉 모든 경우의 수는 15에 대해 같은 색깔일 경우는 6번, 다른 색깔일 경우는 9번이다. 따라서 같은 색깔일 확률은 6/15, 다른 색깔일 확률은 9/15이다. 따라서 공정한 게임이 아니다. 공정한 게임이 되기 위해 바꾸어야 할 조건은 검은 색 바둑돌이 6개, 흰색 바둑돌이 3개일 때, 흰 바둑돌이 3개, 검은 바둑돌이 1개 등이 있다.

3. 실제 게임에서 나올 수 있는 경우를 표로 제시하면 다음과 같다.
[표 1]은 친구가 A컵을 선택하고, 다른 하나의 빈 컵이 제거된 후에도 선택을 바꾸지 않았을 경우를 나타내는데, 이 때 이길 확률은 1/3이다. B컵이나

C컵을 선택했을 때도 같은 결과가 나타난다.

[표 1] 친구가 선택을 바꾸지 않는다면...

A 컵	B 컵	C 컵	결과
사탕	없음	없음 (×)	이긴다
없음	사탕	없음 (×)	진다
없음	없음 (×)	사탕	진다

[표 2] 친구가 선택을 바꾼다면...

A 컵	B 컵	C 컵	결과
사탕	없음	없음 (×)	진다
없음	사탕	없음 (×)	이긴다
없음	없음 (×)	사탕	이긴다

※ (×)는 컵을 제거했음을 의미한다.

반면에, [표 2]는 친구가 빈 컵 한 개가 제거된 뒤에 의견을 바꿨을 경우를 나타낸 것이다. 이 때, 이길 확률은 2/3가 된다. [표 1]과 [표 2]를 통해서 살펴본 결과, 빈 컵이 제거된 후 선택을 바꿨을 때 이길 확률이 높다는 것을 알 수 있다.

[생각해 볼 문제 9-6]

$$E(X) = \int_{-1}^{1} \frac{3}{4} x(1-x^2)dx = 0$$

$$E(X^2) = \int_{-1}^{1} \frac{3}{4} x^2(1-x^2)dx = \frac{1}{5}$$

$$E(X) = 0,\ Var = E(X^2) - E(X)^2 = \frac{1}{5}$$

[생각해 볼 문제 9-6]

교과목의 성적을 X라 하면 X는 $N(80,\ 4^2)$을 따른다. 그러므로 구하고자 하는 확률은

$$P(X \geq 90) = P\left(\frac{X-80}{4} \geq \frac{90-80}{4}\right) = P(Z \geq 2.5)$$

$$= 1 - P(Z < 2.5) = 1 - 0.9938 - 0.0062$$

[생각해 볼 문제 10-1]

1. 생략

2. $x^3 - 3x^2 + x + 1 = 0$에서 $a=1,\ b=-3,\ c=1,\ d=1$ 이므로, $x = y - \dfrac{b}{3a}$ 에서 $x = y+1$이다. 즉, $y^3 - 2y = 0$ 이고, $p=-2,\ q=0$이다.

   여기서 $t_1 = \sqrt{(-\frac{2}{3})^3}$, $t_2 =- \sqrt{(-\frac{2}{3})^3}$ 이므로

   구하고자 하는 해는 $-\dfrac{(-3)}{3} + \sqrt[3]{t_1} + \sqrt[3]{t_2} = 1$

   $-\dfrac{(-3)}{3} + \sqrt[3]{t_1}\,w + \sqrt[3]{t_2}\,w^2 = 1 - \sqrt{2}$

   $-\dfrac{(-3)}{3} + \sqrt[3]{t_1}\,w^2 + \sqrt[3]{t_2}\,w = 1 + \sqrt{2}$

3. $x^4 - 4x^3 + 2x^2 + 4x - 3 = 0$에서 $a=1,\ b=-4,\ c=2,\ d=4,\ e=-3$이므로,

   $x = y - \dfrac{b}{4a}$에서 $x = y+1$이다. 즉, $y^4 - 4y^2 = 0$이다. 여기에서 t에 대한 삼

   차방정식이 $t^3 + 4t = 0$이므로 이 방정식의 한 해는 $t_0 =-4$이다. 그런데 $t_o =-4 = p$이므로, 바로 $y^4 - 4y^2 = 0$이 된다. 그러므로 구하고자 하는 해는

   $y^2 = 0$에서 $y=0$이므로 $x = y+1$에서, $x=1$ (중근)

   $y^2 = 4$에서 $y = \pm 2$이므로 $x = y+1$에서, $x = 3,\ -1$

[생각해 볼 문제 11-1]

1. $1+2+3+\cdots+14$. $\frac{14(14+1)}{2}=105$

[생각해 볼 문제 11-2]

2. 생략

[생각해 볼 문제 11-3]

1. 독립변수와 종속변수를 시간과 물의 높이라고 하고 x, y축을 각각 시간, 물의 높이라 놓으면, 다음과 같은 그래프를 생각할 수 있다.

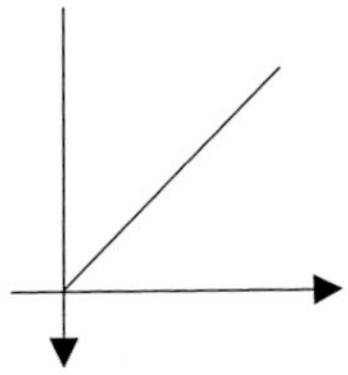

2. 독립변수와 종속변수를 각각 시간과 물의 높이라고 하고 x, y축을 각각 시간, 물의 높이라 놓으면, 다음과 같은 그래프를 생각할 수 있다.

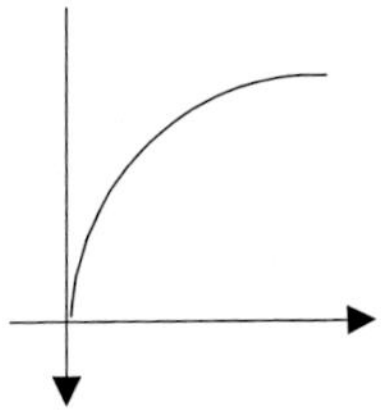

만약 종속변수를 물의 높이가 아닌 부피라고 하면, 1번 그래프와 동일하다. 왜냐하면, 일정한 속도로 물을 부으므로, 부피는 시간에 비례하기 때문이다.

INDEX 찾 아 보 기

이 대 현
한국교원대학교 대학원 교육학박사 / 한국교육과정평가원 전문연구원
Califirnia State University, LA Visiting Professor
(현) 광주교육대학교 교수

박 창 우
광주교육대학교 수학교육과 / 조선대학교 대학원 수학과 이학박사
University of Connecticut, Confratute 과정 수료
조선대학교 교육대학원 시간강사 / 광주교육대학교 시간강사

방 신 옥
전남대학교 수학과 / 전남대학교대학원 이학박사
전남대학교 시간강사

성 창 근
광주교육대학교 / 한국교원대학교 교육학박사
광주영천초등학교 교사 / 광주교육대학교 시간강사

초등수학 속에 담긴 수학

2017년 3월 02일 초판 발행
2024년 1월 25일 초판 2쇄 발행

저　자 • 이대현·박창우·방신옥·성창근
발행자 • 오판근
발행처 • (주) 교우

주　소 • 서울특별시 동대문구 약령시로 8 교우빌딩 2층
전　화 • 925-2861~2, 편집부 / 925-2825, 홈쇼핑 / 969-5762
팩　스 • 925-2860
E-mail • kyowoo@kyowoo.co.kr
홈페이지 • http://www.kyowoo.co.kr
북스토어(쇼핑몰) • http://www.kyowoo.co.kr

등록 / 1994. 3. 24 제1994-000013호

ISBN 979-11-251-0197-0 (03410)

값 **26,000**원